W0045855

DIE AUTOREN

CHRISTIAN LUKAS, geboren 1970 in Witten, schreibt mit Vorliebe Sachbücher über TV-Serien wie STARGATE, AKTE X oder MILLENNIUM, weshalb er kaum noch Zeit hat, an seiner Promotion zum Thema FRANKENSTEIN IM FILM zu arbeiten. Als Filmkritiker und Interviewer ist er überdies für eine Reihe von Tageszeitungen und Stadtmagazinen tätig. Außerdem gehört er der Redaktion des Science-fiction-Magazins *Space View* an.

CLAUDIA KERN wurde in Gummersbach geboren (wofür sie aber nichts kann) und ist heute Chefredakteurin ebenjenes Science-fiction-Magazins *Space View*. Sie ist Autorin mehrerer Sachbücher zu Fernsehserien und Science-fiction, außerdem Mitautorin des Science-fiction-Romans *Hagar Qim* und Fernseh-Junkie der ersten Stunde.

ANMERKUNG:
Das mehrfach in diesem Buch zitierte Interview mit Roland Emmerich über den Film STARGATE im Graf-Adolf-Hotel zu Düsseldorf führten Christian Frank und Christian Lukas im Februar 1995.

Christian Lukas
Claudia Kern

STARGATE

Der inoffizielle Führer durch neue »alte« Welten

Originalausgabe

WILHELM HEYNE VERLAG
MÜNCHEN

HEYNE ALLGEMEINE REIHE
Nr. 01/10189

BILDNACHWEIS

Archiv des Autors 23, 84, 113, 127, 133, 141, 159, 211, 243, 257, 295; Archiv für Kunst und Geschichte 70, 151, 152, 153, 194 / Henning Bock 50 / Erich Lessing 55, 58, 67; Bavaria Bild-agentur / TCL 35 / VCL 301; Deutsche Presse-Agentur 29, 73 / AFP 43, 77 / 20th Century Fox 24; Interfoto 10, 19, 42, 187, 215; Dieter Lidl 62

Umwelthinweis:
Das Buch wurde auf chlor- und säurefreiem Papier gedruckt.

Redaktion: Werner Bauer

Copyright © 1999
by Wilhelm Heyne Verlag GmbH & Co. KG; München
Printed in Germany 1999
Umschlagillustration: Archiv des Autors
Herstellung: H + G Lidl, München
Satz: Fotosatz Völkl, Puchheim
Druck und Bindung: Ebner, Ulm

ISBN 3-453-15404-5

http://www.heyne.de

Inhalt

DER EPISODENFÜHRER

AUSBLICK IN DIE ZUKUNFT

Vorwort

Basiert die gesamte Hochkultur der Menschheit auf dem Besuch außerirdischer Kulturen? Waren es Besucher einer fremden Welt, die die Pyramiden in Ägypten erbauten? Mehr noch: Waren die Götter in Wahrheit außerirdische Astronauten?

Diese Idee verarbeitete Roland Emmerich in seinem Spielfilm STARGATE, mit dem er 1994 seinen internationalen Durchbruch feierte. Weltweit belegte der Film Spitzenplätze in den jeweiligen Kinocharts, womit Emmerich bewies, daß das Thema offenbar rund um den Globus die Menschen faszinierte.

1997 gab der amerikanische TV-Sender Showtime bekannt, die Rechte an STARGATE erworben und eine TV-Serie in Auftrag gegeben zu haben. STARGATE SG-1 sollte diese in den USA heißen.

Dies weckte unser Interesse. Wir entschlossen uns, die Entwicklung dieser Serie zu beobachten. Schon wenige Monate nach dem Start der Serie in den USA erschienen die ersten Episoden unter dem Serientitel Stargate-Kommando SG-1 auch schon in Deutschland auf Video und entwickelten sich hier zu einem Überraschungshit.

Spätestens zu diesem Zeitpunkt stand für uns fest: STARGATE, wie RTL 2 die Serie schließlich schlicht benennen sollte, ist ein Buch wert. Wie aber sollte ein solches Buch aussehen? Sollte es ein reiner Episodenführer mit ein paar Schauspielerbiographien werden? Nein, denn dies schien uns nicht angemessen. Inhaltlich gibt STARGATE viel zuviel her, als daß die erste Staffel dieser SciFi-Serie einfach in einem normalen Episodenführer abgehandelt werden konnte. Also haben wir uns für folgende Aufteilung entschieden:

In der Einführung befassen wir uns mit dem Spielfilm

STARGATE, seinem Regisseur und Autor Roland Emmerich sowie der Frage, warum aus erfolgreichen Kinofilmen Fernsehserien werden, welche Chancen ihnen dieser Medienwechsel bietet, fragen aber auch nach, welche Gefahren für eine solche Serie entstehen.

Im Anschluß verlassen wir dann die Welt des Films und widmen uns jenen Hintergründen, die sich als roter Faden durch die Serie ziehen. Wir beschäftigen uns mit außerirdischen Besuchern, die die Kultur der Menschheit nachhaltig beeinflußt haben sollen, geben einen Einblick in die ägyptische Hochkultur, die den Autoren als Vorbild für die Gestaltung der außerirdischen Rasse der Goa'ulds diente, und werfen einen Blick in wurmartige Löcher im Weltall, die angeblich Reisen von Planet zu Planet innerhalb weniger Minuten ermöglichen.

Einen direkten Einstieg in die Serie bieten dann die Schauspielerbiographien, bevor wir uns schließlich dem Herzstück dieses Buches widmen, dem Episodenführer, der weit mehr als nur ein paar Inhaltsangaben zu bieten hat.

So bleibt nur noch, Ihnen, liebe Leserinnen und Leser, eines zu wünschen: Viel Spaß mit Ihrem Führer in die Welt von STARGATE.

Die Autoren, Witten und Bonn im November 1998.

VOM FILM ZUR SERIE
ODER WIE ALLES BEGANN

Einführung

STARGATE basiert auf dem Spielfilm STARGATE (STARGATE, USA 1994) von Deutschlands Hollywood-Regisseur Nummer eins: Roland Emmerich. Die Idee, aus einem erfolgreichen Spielfilm eine TV-Serie zu konzipieren, ist jedoch alles andere als neu oder gar revolutionär, denn bereits in den 50er Jahren haben amerikanische Produzenten erfolgreiche Kinofilme in Serie geschickt. TV-Serienklassiker wie LASSIE, DAKTARI oder FLIPPER basieren beispielsweise auf gleichnamigen Spielfilmen. Und die Liste läßt sich fortsetzen. SHAFT (SHAFT, USA 1971) ging vier Jahre später via Bildschirm auf Gangsterjagd, die Sitcom MÄNNERWIRTSCHAFT mit Jack Klugman und Tony Randall als ungleiche Wohnungsgenossen basiert auf dem Spielfilm EIN SELTSAMES PAAR (THE ODD COUPLE, USA 1968), aus REMO WILLIAMS (REMO WILLIAMS, USA 1987) wurde zwei Jahre später ein TV-Held. Und die Liste läßt sich fortsetzen: Eine unbekannte Jungschauspielerin namens Sandra Bullock stellte in der Serie WORKING GIRL von 1990 eine Sekretärin dar, die in die Rolle ihrer Chefin schlüpft und als solche Erfolge an der Wall Street feiert. Die gleiche Rolle spielte Melanie Griffith zwei Jahre zuvor in dem Spielfilm DIE WAFFEN DER FRAUEN (WORKING GIRL, USA 1988). Aus M.A.S.H (M.A.S.H., USA 1970) wurde eine der langlebigsten TV-Serien aller Zeiten, der HIGHLANDER – ES KANN NUR EINEN GEBEN (HIGHLANDER, GB 1986) erfuhr ein Spin-Off in Form einer Serie rund sechs Jahre später unter französisch/kanadischer Federführung.

Warum entsteht aus einem Kinofilm eine TV-Serie? In der Regel sind es finanzielle Überlegungen, die Produ-

Christopher Lambert spielte 1986 die Titelrolle in ›Highlander‹. Sechs Jahre später wurde aus dem Erfolgsfilm eine TV-Serie.

zenten oder andere Rechteinhaber dazu veranlassen, eine Serie in Auftrag zu geben. Man stelle sich den folgenden Fall vor: Der Film ABC wird ein Kassenhit. Der Produzent möchte nun eine Fortsetzung produzieren, doch dies ist nicht möglich, da die Darsteller vertraglich anderweitig gebunden sind. In der Regel beinhalten Verträge zwar eine Klausel, nach der sich die Hauptdarsteller verpflichten, in einem Sequel mitzuspielen. Doch oft dauert es Jahre, bis ein solches Sequel in Produktion gehen kann. Wie bereits gesagt, die Schauspieler haben möglicherweise anderweitige Verpflichtungen, die Autoren sind in andere Projekte involviert – oder die Rechtesituation hat sich so verändert, daß bezüglich einer Fortsetzung gänzlich neue Verträge ausgehandelt werden müssen.

Irgend jemand aber besitzt letztendlich die Rechte und hat das letzte Wort, wenn es um die Fortsetzung eines erfolgreichen Kinostoffes geht. Und diese Personen wollen einen Stoff, der einmal gutes Geld eingespielt hat, nicht einfach im Sande verlaufen lassen. Wo einmal Geld zu verdienen war, so die Rechnung, ist auch ein zweites Mal Geld zu verdienen. Da eine Kinoproduktion aber nicht zu realisieren ist, wird der Auftrag erteilt, aus dem Spielfilm ein serienreifes Konzept zu erstellen.

Für die Produzenten hat diese Vorgehensweise sogar einen nicht zu unterschätzenden Vorteil, denn es muß kein Pilotfilm produziert werden. Normalerweise entsteht eine TV-Serie in den folgenden Schritten: Ein Autor bietet einem Produzenten ein Konzept an – oder ein Produzent beauftragt seine Autoren, ein Konzept zu entwickeln. Es entstehen ein Exposé oder ein Treatment, mit dem bei den Sendern hausieren gegangen wird. Von 100 solchen Vorlagen landen erfahrungsgemäß 99 im Altpapier, eines wird weiterverfolgt. Nun geht dieses Konzept durch den Sender, von Abteilung zu Abteilung, und vielleicht entschließt sich dieser Sender tatsächlich, einen Pilotfilm in Auftrag zu geben. Ob aus diesem dann aber eine Serie hervorgeht, steht immer noch auf einem anderen Blatt.

Liegt bereits ein Kinofilm vor, braucht diese Ochsentour nicht mehr beschritten zu werden. Es gibt Ausnahmen, so wurde zur TV-Serie LA FEMME NIKITA, die auf Luc Bessons Spielfilm NIKITA (NIKITA, Frankreich 1988) beruht, ein Pilotfilm inszeniert, der die Geschichte des Kinofilms noch einmal erzählt, aber dies ist, wie gesagt, die Ausnahme von der Regel.

Eines haben alle Serien, die auf Spielfilmen beruhen, gemeinsam: neue Schauspieler! Nur selten lassen sich Darsteller eines Kinofilms darauf ein, auch in der Serie mitzuspielen: SHAFT wurde im Kino und im Fernsehen von Richard Roundtree dargestellt, Christopher Lambert hatte einen Gastauftritt in der Pilotepisode von HIGHLANDER und führte in dieser Funktion Adrian Paul ein, seinen Bildschirmnachfolger. Doch in der Regel müssen die Hauptrollen neu besetzt werden. STARGATE macht da keine Ausnahme. Aus Kurt Russell wurde flugs Richard Dean Anderson, aus James Spader Michael Shanks. Lediglich im Nebenrollenbereich können hin und wieder Darsteller des Kinofilms gehalten werden, wenn diese darauf spekulieren, durch eine dauerhafte Präsenz auf dem Bildschirm ihren Marktwert möglicherweise steigern zu können.

Nur weil ein Film erfolgreich im Kino lief, muß sich dieser Erfolg in Serie nicht unbedingt wiederholen. Neben Hits wie HIGHLANDER – DIE SERIE, LA FEMME NIKITA oder M.A.S.H. ist die Liste der Flops lang. Ob REMO WILLIAMS, DAS FLIEGENDE AUGE – DIE SERIE, oder WORKING GIRL: keine der Serien überlebte mehr als eine Staffel. Die Gründe dafür können mannigfaltig sein. Die Hubschrauber-Actionserie DAS FLIEGENDE AUGE beispielsweise nutzte für die Actionszenen fast ausschließlich Bildmaterial des Spielfilms aus dem Jahr 1982, statt ein eigenes Actionszenario zu entwickeln. Außerdem wollten die Produzenten vom Erfolg der thematisch ähnlich gelagerten Actionserie AIRWOLF profitieren, die jedoch mit einem ungleich höheren Aufwand inszeniert wurde. WORKING GIRL hingegen hatte sich in der Thematik überlebt. Yuppies, im Spielfilm eine nicht unsympathische Nebengattung des Neuzeitmenschen, hatten sich spätestens seit Beginn der 90er Jahre zu unsympathischen Profitgeiern entwickelt, die als Bösewichter noch taugen mochten. Sandra Bullock mochte sich als sympathischer Yuppie noch so mühen: Ihre Rolle und mit ihr die gesamte Serie waren zum Scheitern verurteilt.

Den größten Flop der letzten Jahre stellt die Serie TIMECOP dar, die auf dem gleichnamigen Film von Peter Hyams, in dem Jean-Claude van Damme die Hauptrolle spielte, basiert. Im Spätherbst 1997 als Megaserie des US-Senders ABC gestartet, wurde die Ausstrahlung aufgrund katastrophaler Einschaltquoten mitten während der ersten Staffel abgebrochen.

STARGATE hat solche Probleme nicht. Als Serie eines Pay-TV-Senders, in diesem Fall Showtime, ist die Finanzierung auf lange Sicht gesichert. 21 Episoden (die 22. wird wohl noch folgen) umfaßt die erste Staffel, und 22 weitere sind vorbestellt. Mit 44 Episoden haben die Rechtebesitzer außerdem ein ordentliches Paket für den Verkauf auf dem internationalen freien Fernsehmarkt, da mit 44 Episoden einer TV-Serie im Rahmen einer wöchentlichen Ausstrahlung rund ein Jahr ein Sendeplatz konstant besetzt werden kann. Bringt die Serie dann gesunde Quoten, bringt sie auch konstant zu verbuchende Werbeeinnahmen. Und dies ist heutzutage alles, was auf dem privaten Fernsehmarkt zählt. Aufgrund der Finanzierungssicherheit hat sich STARGATE für die Produzenten als profitables Geschäft herausgestellt, und aus marktwirtschaftlicher Sicht hat es sich gelohnt, den Spielfilm in Serie gehen zu lassen.

Ob STARGATE-Erfinder Roland Emmerich dies ebenso sieht?

Roland Emmerich

Roland Emmerich wurde am 10. November 1955 in Stuttgart geboren. Schon in Kindertagen hatte der Sohn eines Rasenmäherfabrikanten begonnen, Comics zu zeichnen und seine Ideen in ihnen umzusetzen. Die so erlernten Fähigkeiten kommen Emmerich bis heute zugute, wenn er die Storyboards seiner Filme entwirft. Storyboard nennt man eine Abfolge von Zeichnungen, die ein Regisseur anfertigt, um den Ausstattern und Kameraleuten klarzumachen, wie der Film auszusehen hat. Natürlich ist Zeichnen nicht jedermanns Sache, weshalb – böse gesagt – die Storyboards vieler Regisseure eher wie die Strichmännchenzeichnungen von kleinen Kindern aussehen als wie Vorlagen für hochbezahlte Filmmitarbeiter. Im Falle von Roland Emmerich verhält es sich anders: Comicexperten bezeichnen seine Storyboards als veröffentlichungsfähig. Neben dem aus dem Zeichentrickgewerbe stammenden Tim Burton war der letzte Regisseur, dem dieses Kompliment gemacht wurde, kein Geringerer als Alfred Hitchcock.

1974 stellte der junge Schwabe erstmals Bilder in einer Ausstellung aus. Im Anschluß arbeitete er unter anderem für eine Werbeagentur; und er illustrierte ein Kinderbuch. Ursprünglich wollte er nach New York und dort eine Filmschule besuchen, statt dessen aber führte ihn sein Weg zum Süddeutschen Rundfunk, wo er ein Produktionsvolontariat abschloß. 1978 zog er schließlich nach München, wo er an der Hochschule für Film und Fernsehen studierte.

Für Roland Emmerich war dies keine einfache Zeit, denn im Gegensatz zu den meisten seiner kulturpessimistischen Kommilitonen, die Film mit Rainer Werner Fassbinder und Wim Wenders gleichsetzten, galt Roland Emmerichs Blick dem amerikanischen Kino. Emmerich war mit Filmen wie DER WEISSE HAI (JAWS, USA 1976) oder Krieg der Sterne (STAR WARS, USA 1977) zu begeistern. Sein Faible für Steven Spielberg sollte ihm Jahre später auch zu dem Beinamen ›Spielbergle‹ verhelfen – mit Blick auf seine schwäbische Herkunft. Ohne sich jedoch durch seine Kommilitonen auf seinem Weg beirren zu lassen, drehte er 1979 zusammen mit Oswald von Richthofen den Kurzfilm FRANZMANN. Mit seiner Abschlußarbeit schrieb er sich in die Almanache der deutschen Filmgeschichte ein, denn noch nie zuvor hatte ein Student einen derart teuren Abschlußfilm gedreht. DAS ARCHE NOAH PRINZIP (D 1983) hieß der Streifen, der 300.000 Mark kosten sollte (andere Quellen sprechen sogar von 1,3 Millionen Mark, wenngleich dieser Betrag übertrieben sein dürfte). DAS ARCHE NOAH PRINZIP erzählt die Geschichte eines amerikanischen Astronauten, der während eines Aufenthalts in einer Raumstation im Orbit einer Wettermanipulationsverschwörung auf die Schliche kommt. Am Ende wird der Astronaut – nach seiner Rückkehr zur Erde – von Regierungsbeamten abgeholt und vermutlich ermordet.

Obwohl sich Emmerich selten zu dem Finale seines Debütspielfilms äußert, scheint er mit ihm nicht zufrieden gewesen zu sein. Für die Realisation des Spielfilms war er jedoch auf Fördergelder angewiesen, und man darf vermuten, daß er den zu jener Zeit größtenteils linksliberalen Filmförderern ein links-politisches, gesellschaftskritisches Ende vorlegen mußte, um ihr Wohlwollen zu erheischen und sie von der Notwendigkeit der Kofinanzierung eines Science-fiction-Films zu überzeugen. Man darf nicht vergessen: 1983 wurden Science-fiction-Filme in Deutschland noch immer mit niveaulosen Kinderfilmen gleichgesetzt. Emmerich erhielt das Geld, der Film fand sogar einen Verleiher, kam in die Kinos, erhielt eine Veröffentlichung auf Video und wurde inzwischen mehrfach im Fernsehen gezeigt.

Bereits während seines Studiums entwickelte Roland Emmerich die Idee zu STARGATE. 1979 schrieb er eine Urfassung der Geschichte, die er seinerzeit noch NECROPOLE – Totenstadt – nannte. Schnell aber erkannte er, daß eine Realisation finanziell unmöglich war, daher legte er das Konzept zunächst zurück in die Schublade, ohne es jedoch aus den Augen zu verlieren.

Mit DAS ARCHE NOAH PRINZIP war es Emmerich gelungen, das Publikum und vor allem einige Finanziers auf sich aufmerksam zu machen. Bereits mit seinem nächsten

Film stellte Emmerich unter Beweis, daß er nicht für das deutsche Feuilleton, sondern für den internationalen Markt arbeiten wollte. JOEY (D 1984) hieß der Spielfilm, der die Geschichte eines kleinen Jungen erzählt, welcher über ein Spielzeugtelefon zu seinem toten Vater Kontakt aufnimmt. Mit ungewöhnlich vielen Spezialeffekten ausgestattet, spielte der Film – obwohl in Deutschland gedreht – in den USA.

Obschon der Film gefördert wurde, nahm Roland Emmerich Stück für Stück Abstand von der Praxis der Filmförderung. Er mißtraute dem System und dessen Einflußnahme auf die Inhalte der Filme. JOEY hatte er zwar recht unbeobachtet inszenieren können, doch aufgrund der hämischen Kritiken eines deutschen Filmjournalismus, der nach Jahren bejubelter Fassbinderscher Tristesse und Wendersscher Monotonie nicht mehr daran gewöhnt war, Unterhaltungsfilme im Kino präsentiert zu bekommen, geriet er ins Blickfeld der Filmförderer. Diese mißtrauten dem jungen Schwaben und wußten nicht, was sie mit ihm anfangen sollten. Einerseits gelangten seine Filme ins Kino und waren sogar relativ erfolgreich, doch Erfolg zählte Mitte der 80er Jahre nicht als Argument. Anspruchsvoll mußten die Filme sein, wenngleich es bis heute keine Richtlinien dafür gibt, wie der Begriff Anspruch definiert wird. So heißt es bis heute, förderungswürdig seien Filme, die gesellschaftlich relevante Themen aufgreifen. Eine Antwort darauf, was ein gesellschaftlich relevantes Thema ist, liegt im Ermessen des Förderers.

Nun hatte Roland Emmerich vorgesorgt und 1982 zusammen mit seiner Schwester Ute und seinem Freund Oliver Eberle eine eigene Produktionsfirma namens Centropolis gegründet, mit der er sich Stück für Stück vom System der Filmförderung löste und private Finanziers für seine Filme interessierte.

JOEY folgte 1987 HOLLYWOOD MONSTER, der thematisch stark an JOEY erinnerte, ging es doch erneut um einen

Verstorbenen, der aus dem Reich des Todes zurückkehrt, nur mit dem kleinen Unterschied, daß dieser nicht über ein Spielzeugtelefon mit der Welt der Lebenden in Kontakt tritt, sondern sich in einer Bauchrednerpuppe niedergelassen hat. Im Gegensatz zu dem eher dramatischen JOEY geizte Emmerich in HOLLYWOOD MONSTER nicht mit Humor.

Zum erstenmal arbeitete Emmerich ausschließlich mit amerikanischen Schauspielern, nach 47 Drehtagen in Schwaben reiste er schließlich in die USA, um einige Schlüsselszenen des Filmes direkt im Land der unbegrenzten Möglichkeiten zu inszenieren.

Mit dem Science-fiction-Actionspektakel MOON 44 (D 1989) gelang es ihm schließlich, amerikanische Studios auf sich aufmerksam zu machen. MOON 44, die Geschichte eines Corporate War, also des Krieges zweier Konzerne, hier auf einem Minenplaneten angesiedelt, schlug sich an den Kinokassen recht tapfer. Was die amerikanischen Produzenten an dem Film begeisterte, erzählte Emmerich der Zeitschrift *Blickpunkt Film* anläßlich des Starts von STARGATE in einem Interview, war die Tatsache, daß der Film von der ersten bis zur letzten Minute mit Spezialeffekten aufwarten konnte, dabei aber gerade einmal sechs Millionen Mark gekostet hatte. In den USA hätte ein vergleichbarer Film das Dreifache, wenn nicht gar noch mehr gekostet.

MOON 44 zahlte sich für Emmerich aus. Er bekam nicht nur erste Angebote aus den USA, er schloß während der Dreharbeiten vor allem eine Freundschaft, die sein Leben verändern sollte. Dean Devlin war ein junger Schauspieler, der eine der Hauptrollen in seinem Film spielen sollte. Wie Emmerich war und ist auch Devlin ein begeisterter Science-fiction-Fan. Beide interessierten sich für die gleichen Bücher, Filme, Actionfiguren (!). Nur in einem Punkt unterschieden sich die beiden: Emmerich liebte die Inszenierung eines Spielfilms und die Produktion, das Auftreiben von Geldmitteln aber behagte ihm überhaupt nicht. Im Gegensatz zu Dean Devlin, dem als Sproß einer reichen New Yorker Bankiersfamilie das Thema Geld keine Angst einjagte.

Nur wenige Monate nach ihrem ersten Zusammentreffen in Sindelfingen, wo Emmerich inzwischen eine eigene Produktionshalle unterhielt, stieg Dean Devlin bei Centropolis ein.

Der Ruf Hollywoods ereilte Roland Emmerich im Jahre 1990. Der Schwabe, daran gewöhnt, unabhängig zu arbeiten und eigene Ideen verwirklichen zu können, tat sich mit dem US-System, in dem der Regisseur ein Angestellter des Produktionsstudios ist, zu Beginn schwer. Nach dem Ausstieg aus IDOBAR, einem Science-fiction-Projekt, wegen dem er überhaupt engagiert worden war, ging Roland Emmerich aufs Ganze und legte dem Produzenten Mario Kassar das Drehbuch zu STARGATE auf den Tisch. Kassar mochte das Skript, doch er machte Emmerich klar, daß STARGATE nur ein Traum bleiben müßte, wenn er den Hollywood-Studios nicht beweisen würde, daß er auch in den USA Filme inszenieren konnte. Und so mußte Roland Emmerich die Regie des eher simpel gestrickten Actionknallers UNIVERSAL SOLDIER mit Jean-Claude van Damme und Dolph Lundgren in den Hauptrollen übernehmen.

»Nach meinem Ausstieg aus IDOBAR haben sich alle Kollegen nur gewundert: Wie kann der Emmerich nur aus einem so teuren Film aussteigen? Aber das Drehbuch wurde immer schlechter, und ich habe gesagt: ›Ich verstehe die Geschichte nicht mehr und will keinen HUDSON HAWK drehen.‹ Daraufhin hat Mario Kassar gesagt: ›O. k., dann machst du eben UNIVERSAL SOLDIER.‹ Ich wollte zuerst nicht, denn dies war nicht meine Art von Film. Es gab allerdings ein Science-fiction-Element, das mich interessierte, nämlich diese Frankenstein-Story, diese Soldaten, die getötet und deren Körper daraufhin zu Robo-

Die Herrscher von Centropolis: Roland Emmerich und Richard Devlin.

tern abgerichtet wurden. Mir blieb keine andere Wahl, als diesen Film zu drehen, sonst wäre STARGATE niemals entstanden, denn Mario Kassar sagte: ›STARGATE ist so teuer, daß, wenn du vorher nicht einen anderen Film gemacht hast, dir kein Produzent, inklusive mir, das Geld geben wird.‹ Ich drehte also UNIVERSAL SOLDIER, und Kassar behielt recht. Durch den Erfolg [der Film spielte weltweit über 100 Millionen Dollar ein] wurden mir viele Projekte angeboten.«

So Roland Emmerich im Interview im Februar 1995 im Düsseldorfer Graf-Adolf-Hotel. Emmerich aber nahm keines dieser Angebote an. »Und wenn dir in Hollywood viel angeboten wird und du das alles ablehnst, entsteht so eine Art Hype. Die Angebote werden immer höher, weil alle glauben, du seist ein Genie, weil nur Genies den Mut besitzen, derart große Projekte abzulehnen. Ich habe diesen Hype genutzt, indem ich einfach mein Drehbuch auf den Tisch gelegt habe.«

Von diesem Drehbuch waren die Finanziers jedoch alles andere als begeistert. Sie wollten mehr Action. Sie fürchteten, die Geschichte sei zu sehr auf das Sciencefiction-Stammpublikum konzentriert und würde über diese Gruppierung hinaus kaum Potential besitzen, das Restpublikum anzusprechen. Der Erfolg von UNIVERSAL SOLDIER aber ließ sie das Projekt ernsthaft diskutieren – und mit Mario Kassar als Produzent wurden die Finanziers weich. Kassar hatte mit CHAPLIN (CHAPLIN, USA 1993) kurze Zeit zuvor zwar einen Megaflop produziert, auf der Habenseite standen jedoch Filme wie CLIFFHANGER (CLIFFHANGER, USA 1993), TERMINATOR 2 (T2, USA 1992), BASIC INSTINCT (BASIC INSTINCT, USA 1993) und eben UNIVERSAL SOLDIER.

Mit einem Budget von 55 Millionen Dollar ausgerüstet, machte Roland Emmerich sich an die Arbeit.

(Inhalt, Produktionsnotizen und Hintergründe zum Kinofilm gibt es im Episodenführer nachzulesen!)

Das Phänomen STARGATE

STARGATE wurde Roland Emmerichs Triumphzug. Über 250 Millionen Dollar hat der Film international einge-spielt, allein in Deutschland sahen ihn mehr als sechs Millionen Zuschauer in den Kinos. In den USA, Italien, Frankreich, Japan, natürlich Deutschland und weiteren Ländern belegte er den ersten Platz der Kinocharts. Nicht eingerechnet in den Gewinn sind die Einnahmen aus der Video- und Laserdisc-Verwertung sowie Fernsehaus-strahlungen. Für Roland Emmerich war der Erfolg natür-lich auch eine große Genugtuung. Von der Kritik oft als ›Spielberglе‹ aus dem Schwabenland verlacht, hatte ihn der Erfolg seines Spielfilms aus dem Schatten Spielbergs, mit dem er immer und immer wieder verglichen wurde, hinauskatapultiert. Mehr noch: Emmerich war es mit STARGATE gelungen, in die Topliste der Big-Budget-Regis-seure aufgenommen zu werden. Immerhin hatte er nicht nur eine Auftragsregie übernommen, die Geschichte ba-sierte vielmehr auf seiner eigenen Idee, sein Centropolis-Geschäftspartner Dean Devlin zeichnete darüber hinaus für die Produktion verantwortlich (Mario Kassar fungier-te als Ausführender Produzent). Drehbuch, Produktion, Regie vereint in einer Hand, das ist sogar im Land der un-begrenzten Möglichkeiten eine Seltenheit.

Dabei konnte der Erfolg in dieser Form nicht voraus-geplant werden. Noch während der Dreharbeiten wurde Emmerich vom Studio Metro-Goldwyn-Mayer, das den Film vertreiben sollte, vorgeworfen, sein Film sei nicht zielgruppenverwertbar. »MGM hat geglaubt, daß die Zielgruppe für den Film zwischen zwölf und 26 liege.« Emmerich war anderer Meinung, doch auch in den USA glauben Produzenten, Science-fiction sei vor allem ein auf Jugendliche und junge Erwachsene zugeschnittenes Genre. »Daraufhin wurde auch die Werbung abgestimmt. Als der Film herauskam, haben die Produzenten in den ersten zwei Wochen eine Umfrage unter den Zuschauern durchgeführt. Dabei wurde festgestellt, daß 70 Prozent der Zuschauer über 25 waren«, erzählt Emmerich nicht ohne eine gewisse Genugtuung. Handelte es sich bei den Zuschauern von STARGATE demnach um jenes Publikum, das im Kindesalter KRIEG DER STERNE und UNHEIMLICHE BEGEGNUNG DER DRITTEN ART (CLOSE ENCOUNTERS OF THE THIRD KIND, USA 1978) bei ihren Erstaufführungen im Kino gesehen hatte? »Auf jeden Fall«, glaubt auch Emmerich. »Sie fühlten sich an diese Filme erinnert.« Erst in der dritten Laufwoche fanden auch die Kids schließlich ihren Weg in die US-Kinos und sorgten dafür, daß STARGATE seine Topposition in den Kinocharts halten konnte.

Dabei hätte STARGATE noch viel mehr Geld einspielen können, wäre er in den USA nicht fast zeitgleich mit dem siebten STAR TREK-Kinofilm angelaufen (STAR TREK: GENERATION, USA 1994). »Ich glaube, daß wir uns gegenseitig weltweit ein bißchen die Zuschauer geklaut haben«, sinniert denn auch Emmerich. »Wenn die Filme zeitversetzt gestartet wären, dann wäre es besser gewesen. Das haben wir deutlich gemerkt: In dem Augenblick, als STAR TREK rauskam, sind unsere Zuschauerzahlen rapide gesunken. Aber das ist o. k., letztendlich sind beide Filme im Prinzip erfolgreich genug gewesen, so daß es kein wirklicher Schaden für den Film war. Wir haben eher andere Filme geschädigt, so zum Beispiel FRANKENSTEIN (MARY SHELLEY'S FRANKENSTEIN, USA 1994). Der ist eine Woche nach uns gestartet und galt im Vorfeld bei der Kritik und dem interessierten Publikum als potentieller Hitfilm. Als wir rauskamen, wurde dessen Studio, die Columbia Tri-Star, total nervös und hat noch stärker in die Werbung investiert; doch das funktionierte nicht mehr. Alle sprachen nur noch über STARGATE, während STAR TREK als potentieller Selbstläufer funktionierte. Zusammen haben wir FRANKENSTEIN in Amerika praktisch ›gekillt‹.«

Den Hollywood-Studios gefiel neben dem Erfolg sei-

Der Aufwand bei den Dreharbeiten zum Kinofilm ›Stargate‹ war beachtlich. Allein für das Aufstellen des Sternentores waren Dutzende von Mitarbeitern nötig.

ner Arbeit vor allem seine Denkweise: »Ich gehe zunächst einmal von mir als Kinogänger aus: Was würde ich gerne sehen? Wenn ich motivierende Aspekte finde«, so Emmerich im Interview mit *Blickpunkt Film*, »werde ich den Film drehen.«

Am meisten aber schätzten die Studios Emmerichs Sparsamkeit. Jede Einstellung von STARGATE wurde minutiös vorausgeplant, kein Meter Film wurde verschwendet. »Ich will nicht an Filmen beteiligt sein, die, wenn sie nicht funktionieren, Arbeitsplätze kosten. Da werden, wenn das Studio einen großen Flop baut, einfach ein paar hundert Leute entlassen, um die Kosten wieder zu decken.

Ufos über New York! Mit ›Independence Day‹ erlebte Roland Emmerich seinen bislang größten Erfolg.

Manche Filme spielen zum Teil nicht mehr ihr Geld ein, obwohl sie weltweit absolute Hits sind. Ich glaube, nur als Beispiel, James Camerons TRUE LIES (TRUE LIES, USA 1994) hat nichts an Geld eingespielt. Das ist eine ganz bedenkliche Tendenz, und da ich einfach diese Filme liebe, versuche ich auch meinen Teil dazu beizusteuern, daß das nicht passiert.«

Getreu diesem Motto kalkulierte er auch sein folgendes Projekt. Obwohl er eine ganze Reihe von Angeboten erhalten hatte, darunter einige wirklich teure Prestigeobjekte der unterschiedlichsten Major Studios, wollte er ein eigenes Projekt realisieren. 1995 erzählte er dazu folgende Anekdote: »Mein Koautor Dean Devlin und ich haben ein Drehbuch geschrieben und es allen Studios mit der

Auflage angeboten, daß der Film nicht mehr als 60 Millionen Dollar kosten darf und nicht mit zu teuren Stars gedreht werden soll. Dies hat bewirkt, daß die Studios um das Projekt richtiggehend gekämpft haben. Manche wollten uns nicht einmal mehr vom Gelände lassen und haben fast versucht, uns einzusperren, nur damit wir bei ihnen blieben und für sie das Projekt realisierten. Die Produktionsfirmen haben furchtbare Angst vor teuren Großprojekten und sind sehr überrascht, wenn eine Gruppe wie Centropolis auftaucht, die einen Film für 60 Millionen Dollar drehen will, der bei all dem Aufwand und den laufenden Kosten eines Studios eigentlich schon 120 Millionen kosten müßte ...«

Das Projekt hieß INDEPENDENCE DAY. Der Rest ist, wie es so schön heißt, (Film-)Geschichte.

Roland Emmerich und STARGATE

Eingangs wurde die Frage gestellt, ob Roland Emmerich mit der Serie zufrieden sei. Die Antwort ist ganz einfach beantwortet: Nein, er ist es nicht. Warum? Darüber läßt sich leider nur spekulieren.

Tatsache ist, daß die TV-Serie Emmerichs Pläne vereitelt hat, STARGATE selbst fortzusetzen. Auf die Frage, ob es einen zweiten Teil geben könnte, antwortete Emmerich 1995 im Interview mit *Blickpunkt Film*: »Es gibt Storyelemente, die noch nicht in unserem Film zu sehen sind.« Ganz direkt spricht Emmerich daraufhin die Idee an, einen zweiten Teil rund um die Kultur der Mamas aufzubauen. Insgesamt plante er sogar eine Trilogie. Diese Idee aber kann er nun begraben. Für ihn und seinen Kompagnon Dean Devlin ist das Kapitel STARGATE beendet.

Wie konnte es soweit kommen? Junge Autoren verzichten oft auf die Rechte an ihren Werken, da es für sie wichtiger ist, erst einmal publiziert zu werden, um auf dem Markt Fuß fassen zu können. Für sie ist es ein Lehrgeld, das zu zahlen ist. Wird ein Buch oder ein Drehbuch daraufhin ein Megahit, bedeutet dies für den Autor ganz einfach gesagt: Pech gehabt.

Diesen Fehler haben Emmerich und Devlin natürlich nicht gemacht. Wovon auszugehen ist, ist folgende Situation: Emmerich und Devlin werden die Rechte an den Figuren besitzen, MGM aber die Rechte am Film. Dies ist eine durchaus gängige Praxis. Als Beispiel sei die Serie MILLENNIUM genannt, die von AKTE X-Erfinder Chris Carter erdacht und produziert wurde. Als bei MILLENNIUM der erhoffte Erfolg ausblieb, wurde dies vor allem Carter vorgeworfen. Die Dreifachbelastung – AKTE X, der AKTE X-Spielfilm und MILLENNIUM – sei zuviel gewesen. Daher wollte ihn der TV-Sender FOX aus der Serie hinauswerfen, denn die Rechte zur Serie lagen bei FOX. Allerdings besaß Carter die uneingeschränkten Rechte an den Figuren. FOX blieb demnach nur die Möglichkeit, einen Kompromiß zu schließen. Carter gab seinen Produzentenposten frei, dafür blieb die Produktion in den Händen seiner Firma.

Daß sich Emmerich und Devlin nicht entschieden gegen die Serie gewehrt haben, mag viele Gründe haben. Vielleicht haben sie in Wahrheit keine Lust mehr gehabt, eine Fortsetzung zu machen, und waren ganz froh, das Projekt abgeben zu können. Vielleicht aber war die Rechtesituation so vertrackt, daß sie tatsächlich nichts gegen das Projekt unternehmen konnten. Tatsache ist, laut einer Aussage von Jonathan Glassner, dem Produzenten der Serie, daß Emmerich und Devlin von MGM eine Art Ablösesumme kassiert haben.

Wie immer ihr Vertrag aber auch ausgesehen haben mag: Dies ändert nichts daran, daß sie – wie bereits gesagt – keinerlei Mitspracherecht an der Serie besitzen. Punkt, Ende, aus!

Besonders wird Emmerich die Tatsache ärgern, daß 44 Episoden beschlossene Sache sind. Ende 1997 nämlich versuchten sich auch Roland Emmerich und Dean Devlin als Produzenten einer TV-Serie. THE VISITOR hieß das Projekt. THE VISITOR erzählt die Geschichte eines 1945 verschollenen US-Bomberpiloten, der nach über 50 Jahren, äußerlich unverändert, plötzlich in die USA zurückkehrt. Tatsächlich wurde er das Opfer einer Entführung durch Außerirdische. Sein Auftrag: die Menschheit auf die Ankunft der (freundlichen) Aliens vorzubereiten, was kein einfaches Unterfangen ist. Die US Army ist ihm nämlich auf den Fersen, da diese, wie üblich, glaubt, daß die Außerirdischen nichts Gutes im Sinn haben können.

THE VISITOR entpuppte sich zum Leidwesen der Zuschauer weniger als moderne Adaption von AUF DER FLUCHT oder INVASION VON DER WEGA, sondern vielmehr als eine Mischung aus E.T. – DER AUSSERIRDISCHE (E.T., USA 1981) und EIN ENGEL AUF ERDEN. Obwohl 13 Episoden gedreht wurden, kamen in den USA nur acht zur Ausstrahlung.

Während THE VISITOR floppte, erweist sich STARGATE für die Produzenten als einträgliches Geschäft. So bleibt Roland Emmerich am Ende wohl nur die Erfahrung, daß er im Kino einer der Größten sein mag, im Fernsehgeschäft aber noch ein paar Dinge zu lernen hat.

HINTERGRÜNDE

1. BESUCH AUS DEM ALL?

Einführung

Der Mensch entwickelte sich in Millionen Jahren. Zu Beginn seiner Existenz lebte er auf den Bäumen, dann verließ er die Äste, um sich auf dem Boden niederzulassen und den Winter in Höhlen zu verbringen. Er erlernte den aufrechten Gang und begann, erste Werkzeuge nutzbar zu machen. Eines Tages entdeckte er das Rad und machte sich das Feuer untertan. Von da an ging es Schlag auf Schlag: Er entdeckte die Kunst des Schmiedens, baute Pyramiden in Ägypten und große Burgen in Europa, vermehrte sich unaufhörlich, baute Atombomben, erfand das Satellitenfernsehen und führte ein ungerechtes Steuersystem ein.

Dies ist die Geschichte der Menschheit, erzählt in fünf Sätzen. Was aber wäre, wenn der dritte Satz in Wirklichkeit lauten müßte: »Dann kamen die Besucher aus dem All und griffen in die natürliche Evolution des Primaten Mensch ein«?

Es gibt eine ganze Reihe von Theorien, die besagen, daß der Mensch noch heute in Höhlen hausen würde, hätte er im Laufe der Geschichte keinen Besuch fremder Intelligenzen bekommen. Auf dieser Idee basiert die Prämisse des Spielfilms STARGATE, in dem Roland Emmerich die gesamte altägyptische Hochkultur als das Resultat einer außerirdischen Beeinflussung darstellt, in der Pyramiden als Landeplätze gigantischer Raumschiffe dienten und Außerirdische sich als Götter verehren ließen, auf denen schließlich der gesamte Glaube der alten Ägypter basieren sollte.

Von Göttersöhnen und Menschentöchtern

Die Überlegung, die Menschheit könnte Besuch aus dem All bekommen haben, ist nicht neu. In nahezu jeder Religion wird an irgendeiner Stelle davon gesprochen, daß (ein) Gott vom Himmel zu den Menschen herabfuhr. Wie soll er das getan haben? Ra, der ägyptische Gott der Sonne (und Schurke aus Roland Emmerichs STARGATE), bewegte sich zum Beispiel mit Hilfe eines Sonnenwagens voran, der es ihm ermöglichte, bis zu den Sternen zu fliegen!

Ist Ras Sonnenwagen ein Raumschiff? Sind die Götter, von denen uns Geschichten und Religionen berichten, in Wahrheit außerirdische Besucher gewesen?

Daß die Götter von den Sternen kamen, ist für diesen Schweizer eine bewiesene Tatsache: Bestsellerautor Erich von Däniken.

Wer offen über diese Möglichkeiten diskutiert, erntet in der Regel kaum mehr als Kopfschütteln oder – im besten Fall – ein nachdenkliches Stirnrunzeln. In diesem Zusammenhang stellt der Schweizer Autor Erich von Däniken eine Ausnahme dar, dessen Bücher – in denen er sich mit Theorien beschäftigt, die aussagen, daß jede Kultur von Außerirdischen nicht nur beobachtet wurde, sondern daß extraterrestrische Besucher aktiv in kulturelle, ja sogar in evolutionäre Entwicklungen eingriffen – allesamt Bestseller wurden. Neu sind von Dänikens Theorien übrigens nicht. Bereits in den 40er Jahren wagten sich die Franzosen Louis Pauwels und Jacques Bergier mit ihren Thesen von außerirdischen Besuchern, die als Götter verehrt wurden, an die Öffentlichkeit. Auch englische Autoren wie Brinsley le Poer Trench, John Mitchell und Raymond Drake schlugen in diese Kerbe. Nur fanden sie in der Öffentlichkeit weit weniger Gehör als von Däniken, der es einfach versteht, seine Theorien äußerst unterhaltsam und vor allem für jedermann verständlich zu präsentieren.

Doch ist die Idee, Außerirdische hätten in die kulturelle Entwicklung der Menschheit eingegriffen, nicht ziemlich weit hergeholt? Vielleicht, gab der britische Autor Raymond Drake schon in den 50er Jahren zu. Andererseits verwies er auf eine Reihe von vor allem religiösen Texten, die in seinen Augen eindeutig von dem Besuch außerirdischer Astronauten Zeugnis ablegen. Man müsse, erklärte er, in diesen Texten das Wort Gott nur durch den Begriff ›außerirdischen Besucher‹ ersetzen.

Eines der bekanntesten Beispiele, mit denen die Verfechter der sogenannten Astronautengötter-Theorie versuchen, ihre These zu belegen, findet sich im Buch der Bücher, in Mose 1, Kapitel 1, Vers 26. »Und Gott sprach: Lasset uns Menschen machen, ein Bild, das uns gleich sei, die da herrschen über die Vögel unter dem Himmel und über das Vieh und über alle Tiere des Feldes und über alles Gewürm, das auf Erden kriecht. Und Gott schuf den Menschen zu seinem Bilde, zum Bilde Gottes schuf er ihn; und schuf sie als Mann und Weib.« Jeder, der schon einmal in die Bibel geschaut hat, kennt diese Textstelle. Der Mensch sei geformt nach dem Ebenbild Gottes, des einzigen Gottes. Einzigen Gottes? Warum heißt es dann »Lasset uns Menschen machen, ein Bild, das uns gleich sei ...« Uns?

Für einen Forscher wie von Däniken steht fest: Mit ›uns‹ sind mehrere Personen gemeint. Und diese Personen sind Außerirdische. Auf mögliche Einwände geht er in seinen Theorien nicht ein. So zum Beispiel spricht die Bibel von einem allmächtigen Gott. Dieser selbst gab Moses, dem Verkünder seiner Worte, die Zehn Gebote, deren oberste Vorschrift lautet: »Du sollst keine anderen Götter haben neben mir.« Handelt es sich bei der Formulierung ›uns‹ demnach nur um einen Übersetzungsfehler Martin Luthers? Dies ist durchaus möglich. Das hebräische Wort für Gott und seine Pluralform Götter lautet gleich: Elohim. Da der jüdische Glaube von der absoluten Einzigartigkeit Gottes ausgeht, bedurfte es in der hebräischen Sprache keiner Unterscheidung des Begriffes in eine Singular- und eine Pluralform, und ›uns‹ wäre demnach keineswegs ein wirklicher Pluralbegriff.

Dieses Beispiel soll aufzeigen, daß Theorien wie die, die seitens von Dänikens aufgestellt werden, immer mit Vorsicht zu genießen sind. Oft gibt es einfache, nachvollziehbare Erklärungen für offenbar ungewöhnliche Schilderungen.

Wer in der Bibel aber nur ein paar Seiten weiterblättert, stößt auf ein Kapitel, das mehr Fragen als Antworten zuläßt. Es handelt sich um das sechste Kapitel des ersten Buches Mose. Seine Überschrift lautet: »Gottessöhne und Menschentöchter«!

In diesem Kapitel, das sich hauptsächlich mit dem Bau von Noahs Arche beschäftigt, heißt es eingangs: »Als aber die Menschen sich zu mehren begannen auf Erden und ihnen Töchter geboren wurden, da sahen die Gottessöhne, wie schön die Töchter der Menschen waren, und nahmen sie zu Frauen, welche sie wollten. Da sprach der Herr: Mein Geist soll nicht immerdar im Menschen walten, denn auch der Mensch ist Fleisch. Ich will ihm Lebenszeit geben 120 Jahre. Zu der Zeit und auch später noch, als die Gottessöhne zu den Töchtern der Menschen eingingen und sie ihnen Kinder gebaren, wurden daraus Riesen auf Erden. Das sind die Helden der Vorzeit, die hochberühmten.«

Bis heute ist es nicht gelungen, zu erklären, was mit der Bezeichnung Göttersöhne wirklich gemeint ist. Spekulationen gibt es viele. Zum Beispiel ist es durchaus möglich, daß sich die Söhne eines Pharaos mit jüdischen Sklavinnen einließen und aus diesen Beziehungen Kinder hervorgingen. Da sich die ägyptischen Könige selbst als Götter betrachteten, waren ihre Söhne Göttersöhne. Warum aber wurden aus diesen Kindern Riesen? Was meint Moses überhaupt mit Riesen? Menschen von gigantischer Größe oder einfach nur große Menschen? Und was machte sie zu Helden? Wurden sie etwa in späteren Jahren als Feldherren eingesetzt und errangen glorreiche Siege?

Dies sind reine Spekulationen.

Tatsache ist, daß der Anfang des Prologs des sechsten Kapitels gegen jede Lehre der Bibel verstößt und den Dogmen des jüdischen wie auch des christlichen Glaubens eklatant widerspricht. Natürlich ist die Bibel inhaltlich nicht frei von Widersprüchen. Was ihre Lehren von der Existenz des einzigen Gottes betrifft, ist die Bibel jedoch konsequent, unabhängig davon, ob es sich um die Lehren der Propheten des Alten Testaments oder die der Evangelisten des Neuen Testaments handelt.

Ist dies also der Beweis von der Theorie der Astronautengötter? Extremisten unter den Befürwortern dieser

Theorie gehen sogar so weit, zu behaupten, der gesamte Schöpfungsakt der Menschheit, wie er in der Bibel nachzulesen steht, sei die Beschreibung eines genetischen Manipulationsvorganges. So erschafft Gott, ein Außerirdischer, ein Wesen, das seinem Ebenbild gleicht. Da dieses Wesen einsam erscheint, entnimmt er ihm Zellstruktur (in der Bibel als Rippe bezeichnet) und formt daraus ein weibliches Wesen, um die Fortpflanzungsfähigkeit seines Geschöpfes zu gewährleisten.

Anzeichen für außerirdische Beeinflussungen während der Entwicklung der Menschheit glauben die Verfechter dieser Theorie nicht nur in der Bibel, sondern in den Kulturen verschiedenster Völker auf allen fünf Kontinenten nachweisen zu können. In der abendländischen Kultur sind es vor allem die griechischen Sagen, die sie zu dem Schluß kommen lassen, daß es sich bei Zeus, Hera, Poseidon und wie die Götter alle heißen nur um Außerirdische gehandelt haben kann, Außerirdische, die zur Erde kamen und in diesem Fall die Kultur der Griechen maßgeblich beeinflußten. Da der Mensch der Antike nichts über die Ausmaße des Weltalls wußte, glaubte er, die Götter kämen vom Berg Olymp, da dieser Berg in der damaligen Zeit als höchster Punkt der Erde galt, für die Griechen zumindest. Wenn die Götter in die Täler kamen, dann kamen sie nicht aus dem All, sie kamen vom Olymp, weshalb die Legende entstand, die Spitze des Olymps sei die Heimat der Götter. Und so gibt es auch in der griechischen Mythologie Geschichten, die davon erzählen, wie die Götter sich mit menschlichen Frauen einließen. Vor allem Zeus, der oberste aller Götter, war kein Kostverächter, und aus einer seiner Beziehungen zu einer Erdenfrau entstand ein Sohn: Herkules!

Man mag von dieser Theorie halten, was man will: Auffällig sind doch die Parallelen in den Erzählungen der griechischen Antike und der Bibel. Die Göttersöhne der

Bibel zeugten mit den Frauen Riesen, die sich als Helden hervortaten. Zeus zeugte Herkules, dessen glorreiche Taten bis heute Stoff für allerlei Geschichten liefern.

Erstaunlich ist die Tatsache, daß es in den verschiedensten Kulturen – vollkommen unabhängig voneinander – Schilderungen gibt, in denen von Göttern erzählt wird, die vom Himmel kamen und die Menschen in den wichtigsten landwirtschaftlichen und handwerklichen Techniken unterwiesen. Die walisische Legende des Braddas berichtet zum Beispiel von Hu, einem Gott, der vom Himmel herabkam und den Menschen erklärte, wie das Land zu bestellen und wie das Feuer nutzbar zu machen sei. Die Babylonier erzählen von einer fischschwänzigen, nichtmenschlichen Rasse, die ihre Vorfahren in allen Künsten und Wissenschaften unterrichtete. Eine ähnliche Erzählung gibt es in der griechischen Mythologie, wo die Telchinen, amphibienartige Götter, auftauchten und den Menschen das Handwerk der Metallurgie beibrachten.

Götter, die äußerlich die Gestalt eines Hybriden aus Mensch und Fisch besaßen, finden sich auch in den Legenden der Dogo aus Westafrika wieder. Nommo wurden diese Götter genannt, die mit rotierenden Fahrzeugen vom Himmel kamen. Im Gegensatz zu den Griechen, die bekanntlich daran glaubten, ihre Götter seien auf dem Olymp beheimatet, stand für die Dogo fest, daß ihre Götter definitiv von den Sternen kamen. Um genau zu sein, kamen sie von dem Planeten Sirius B. Dies wäre nicht weiter erwähnenswert, würden seriöse Astronomen ihre Radioteleskope nicht mit Vorliebe auf den Sirius B ausrichten, da es dieser Stern ist, von dem einige der bislang ungewöhnlichsten Signale aufgefangen wurden.

Von Wesen, die in hellen Lichtern zur Erde reisten, die Menschen erschufen und diese in den wichtigsten Handwerkskünsten unterrichteten, erzählen die Wondjina-Geschichten der australischen Ureinwohner. Bis heute gibt es Ureinwohner, die die Wondjina verehren und die glau-

Planeten einer fernen Welt. Leben hier Außerirdische, die von uns Menschen als Götter verehrt werden?

ben, daß auch der weiße Mann die weißen Lichter kennt, mit denen sie vom Himmel herabstiegen. Nur nennt er diese Gefährte nicht Lichter, sondern Ufos.

Von Göttern, die das Feuer brachten, berichten indianische Legenden. In diesen Legenden kamen die Götter in Donnervögeln direkt aus dem Himmel. Mit solchen Gefährten sollen die Vorfahren der Eskimos wiederum sogar geflogen sein. Die Götter, so heißt es, hätten ihre Vorfahren mit diesen Luftfahrzeugen in den Norden gebracht.

Auch die neuseeländischen Maori erzählen von einer Verbindung zwischen einem Menschen und einem Gott.

Eines Tages, berichtet eine alte Legende, kamen Wesen aus dem Himmelsland auf die Erde. Die Menschen hatten vor ihnen Angst, denn sie wirkten fremdartig und bedrohlich. Es kam zu einem Kampf, in dessen Verlauf ein Prinz des Himmelslandes von den Menschen gefangengenommen wurde. Betrachteten ihn die Menschen zuerst als Gefangenen, erkannten sie sehr schnell, daß von ihm keine Gefahr ausging. Obwohl sein Volk über ungemein beeindruckende Fähigkeiten verfügte – immerhin kam es aus den Wolken zur Erde herunter –, schien er an allem, was die Menschen taten, interessiert und teilweise sogar fasziniert. So erlaubten ihm die Maori schließlich, sich als freier Mann unter ihnen bewegen zu dürfen. Eines Tages verliebte er sich in die Tochter des Häuptlings und nahm sie zur Frau. Die Besucher aus dem Himmelsland aber hatten ihren Kameraden nicht vergessen, fährt die Sage fort. Eine Tages kehrten sie auf die Erde zurück, doch der Prinz beschützte die Menschen vor ihrem Zorn. Als die Fremden verstanden, daß es sich bei dem Kampf und der Gefangennahme des Prinzen offenbar um ein Mißverständnis gehandelt hatte, legten die Fremden ihre Waffen nieder. Um in Zukunft ähnliche Mißverständnisse zu vermeiden, nahmen die Besucher aus dem Himmelsland Abordnungen der Maori mit in ihre Heimat, um sie in verschiedensten handwerklichen Techniken zu schulen, auf denen schließlich der größte Teil der Maori-Kultur basieren sollte.

Außerirdische Besucher, die einen Pendelverkehr zwischen ihrer Welt und der Erde einrichteten?

Eine ähnliche Geschichte läßt sich in der japanischen Frühkultur wiederfinden, in der ein Mythos davon berichtet, daß es einst eine Brücke zwischen der Erde und dem Himmel gab, über die die Götter die Menschen häufig besuchten. Im Gegensatz zur Geschichte der Maori war es den Menschen dieser Geschichte jedoch verboten, diese Brücke zu benutzen.

Eine inhaltlich vollkommen identische Legende findet

man auch in den Erzählungen der peruanischen Machinguenga-Indianer, in der die Brücke ›Pfad, der vom Himmel auf die Erde herabkam‹ genannt wird.

Die ausführlichsten Beschreibungen von Götterbesuchen aus dem Weltall bietet die Mythologie der Mayas, das Popol Vuh. Präzise erklärt das Popol Vuh, daß die Götter aus dem Weltall kamen und den Menschen ein Wissen schenkten, das weit über den täglichen Gebrauch hinausging. Es war so gigantisch, daß es den Menschen nicht gelang, all das, was die Götter sie lehrten, zu verstehen. In einer Zeit, in der in Europa Menschen auf dem Scheiterhaufen verbrannt wurden, wenn sie behaupteten, die Sonne sei nicht der Mittelpunkt des Weltalls, wußten die Maya, daß die Erde rund ist und als Planet um die Sonne kreist. Dieses Wissen erhielten sie von den Göttern, erzählt das Popol Vuh. Und diese Götter schenkten den Menschen nicht nur das Wissen um die Beschaffenheit der Erde, sie schulten die Menschen auch in Mathematik und Astronomie.

Nachdem die Konquistadoren über die Maya hergefallen waren und das gesamte Volk mit dem Segen der katholischen Kirche niedergemetzelt hatten, schien ihre Kultur für alle Zeiten verloren, bis in den 90er Jahren des 19. Jahrhunderts erstmals Archäologen begannen, ihre Kultur anhand der hinterlassenen Ruinen und der erhaltenen Schriften zu rekonstruieren. Was sie dabei im Verlauf der Jahrzehnte entdecken sollten, überraschte selbst die euphorischsten Optimisten. So besaßen die Maya einen Kalender, der ein Erdenjahr in 365,2420 Tage einteilte (tatsächlich beträgt ein Jahr 365,2422 Tage). Sogar ein Venusjahr konnten sie errechnen. Gemäß ihrem Kalender dauerte es 584 Tage; genauer kann man es heute nur im Hundertstelbereich errechnen. Insgesamt verfügten die Maya über ein solch fundiertes astronomisches Wissen, wie es heute nur mit Hilfe modernster Computertechnologie erstellt werden kann.

Zweifel am Pseudoglauben

All diese Sagen und Legenden berichten von guten Göttern, die kamen und den Menschen Wissen schenkten. Kritiker der Astronautengötter-Theorie machen sich diese Tatsache zunutze und erklären die Existenz dieser Götterlegenden mit der menschlichen Psyche. Wenn ein Mensch, so argumentieren sie, etwas nicht versteht, setzt er alles daran, dies zu ändern. Nun darf man nicht vergessen: Die Zeiten haben sich geändert. Heute reicht ein Mausklick aus, um via Internet jede mögliche Information – egal, ob kultureller, handwerklicher oder technischer Art – bequem ins Haus zu holen. Der Computer hat es möglich gemacht. Doch versetzt man sich in der Geschichte zurück, nicht 20 oder 30 Jahre, auch nicht 100 oder 200, sondern 500, 1000 oder gleich 2000 Jahre: auf welche Informationen konnten die Menschen jener Zeit zurückgreifen! Man stelle sich vor, was für ein kulturelles, evolutionäres Wunder es gewesen sein muß, plötzlich über die Fähigkeit zu verfügen, Feuer beliebig einzusetzen. Diese Erfahrung muß unglaublich gewesen sein. Die Menschen hatten keine Ahnung von der Existenz physikalischer Gesetze, mit denen diese Vorgänge ganz einfach zu erklären sind. Für sie war es ein Wunder.

Das gleiche geschah in der Landwirtschaft. Statt das zu ernten, was der Wald ihnen gab, begannen die Menschen, Land zu kultivieren und ihren Bedürfnissen anzupassen. Die agrartechnischen Erklärungen dafür waren ihnen fremd. Sie konnten sich nicht erklären, warum sie über Generationen hinweg die Fähigkeiten entwickelten, Land zu kultivieren; auch dies war für sie ein Wunder. Ein Wunder, das einfach geschah? Natürlich nicht. Es mußte Wesen geben, die ihnen diese Wunder beigebracht hatten, Wesen, die über ein Wissen verfügten, das viel, viel größer war als ihr eigenes. Normale Menschen konnten das nicht sein. Es waren wohl höhere Wesen. Diese Überlegungen wurden von Generation zu Generation weitergegeben, bis diese Überlegungen als Wahrheit betrachtet wurden und diese an sich fiktiven Wesen eines Tages als Götter verehrt wurden. Verehrt, da sie den Menschen Wissen geschenkt hatten.

In unserer Zeit, so die Kritiker, gibt es Menschen, die diese Geschichten plötzlich für bare Münze nehmen und vor keiner Absurdität zurückschrecken, um sie als Wahrheit zu beweisen. Und da Außerirdische seit den Berichten von fliegenden Untertassen in den USA Ende der 40er Jahre in Zyklen immer wieder ein beliebtes Modethema darstellen, behaupten diese Leute nun, all die Legenden und Geschichten seien im Kern durchaus wahr, nur seien die Götter Außerirdische gewesen. Warum sie dies tun? Da sie sich in unserer hochtechnisierten Welt nicht mehr zurechtfinden und der Glaube an außerirdische Besucher einen Eskapismus darstellt, mit dem sich diese Menschen aus der Realität verabschieden und statt dessen einen Pseudoglauben praktizieren, der sektenähnliche Züge aufweist.

Der letzte Absatz zeigt auf, mit welchen Bandagen die Kämpfe zwischen Ufologen, zu denen die Verfechter einer Astronautengötter-Theorie zählen, und sogenannten ernsthaften Wissenschaftlern ausgetragen werden. Auch wenn die Theorie des Eskapismus auf einige Ufogläubige zutreffen mag, spricht sie wahrlich nicht für die große Mehrheit derjenigen, die sich – ob als Hobby oder professionell – mit Theorien wie denen der Astronautengötter beschäftigen. Auf einem solch niedrigen, polemischen Niveau sollte keine Diskussion geführt werden. Schon gar nicht, wenn niemand beweisen kann, daß Personen wie von Däniken vielleicht nicht doch recht haben könnten ...

Einen Vorwurf kann man Personen wie Erich von Däniken dennoch machen: ihr euphorisches, dabei aber oft naives Herangehen an die Materie. Indem von Däniken behauptet, unsere Vorväter könnten keine Pyramiden gebaut haben, da selbst moderne Architekten des 20. Jahrhunderts mit einem solchen Bauwerk ihre Probleme hätten, wertet er die Leistungen früherer Kulturen ab. Es entsteht der Eindruck, als könne erst der Mensch des 20. Jahrhunderts technologische Meisterleistungen vollbracht haben, seinen Vorvätern aber, die unter weitaus ungünstigeren Bedingungen arbeiten mußten, werden solche Meisterleistungen nicht zugetraut.

Wer nilabwärts fährt, in Richtung Sudan, findet beispielsweise an mehreren Stellen kleinere Pyramiden, die keinesfalls dem Weltwunder der Cheopspyramide gleichen. Sie sind klein, verfallen, schief. Da sie aber älter sind, belegen sie, daß sich die Architektur der Ägypter keinesfalls über Nacht entwickelt hat, sondern daß es einen Entwicklungsprozeß erforderte, Weltwunder wie die Cheopspyramide zu erschaffen. Diese kleinen, oft nur noch in Ruinen erhaltenen Bauwerke zeigen auf, daß auch die Ägypter ihr Handwerk erst einmal erlernen mußten – und aus Fehlern älterer Bauwerke durchaus zu lernen wußten.

INDEPENDENCE DAY im Indianerland

Nicht in jedem Fall wird von freundlichen, den Intellekt befruchtenden Besuchen der Götter berichtet. Nicht allen Göttern scheint die Entwicklung des Menschen am Herzen gelegen zu haben; eine der eindrucksvollsten Legenden ist die der »Himmelgeschöpfe« der Thompson-Indianer aus dem kanadischen British Columbia. Der Besuch der Götter gleicht in dieser Legende weit mehr einem Kriegsspektakel wie Roland Emmerichs INDEPENDENCE DAY denn der Geschichte eines freundlichen Blumensammlers, der den Namen E.T. trägt. Die Himmelsgeschöpfe, erzählt die Legende, kamen aus den Wolken und entführten eine verheiratete Frau. Umgehend zogen die

Erdenmenschen in den Kampf gegen die fremden Besucher, doch bevor sie ihre Kräfte zum Gegenschlag sammeln konnten, waren die Wesen, die aus den Wolken kamen, schon wieder verschwunden. In ihrer Wut begannen die Menschen, einen Wagen zu bauen, mit dem sie in den Himmel aufsteigen wollten. Dies aber provozierte die Himmelsgeschöpfe – und sie kehrten auf die Erde zurück, um das Gefährt zu zerstören. Doch damit ließen es die Himmelsgeschöpfe nicht bewenden. Sie begannen eine vernichtende Schlacht, die den Stamm der Thompson-Indianer fast vollständig auslöschte. Dabei setzten sie Waffen ein, die nicht nur Menschen töteten, sondern auch Dutzende von Tierarten ausrotteten.

In der Version dieser Legende der Quinalt-Indianer, die heute im US-Staat Washington leben, stammen die Aggressoren aus dem ›Land im Himmel, wo die Sterne sind‹.

Interessant ist an diesem Fall die Tatsache, daß in der Geschichte der Thompson-Indianer ausdrücklich von der Entführung eines Menschen gesprochen wird.

Ufo-Entführungen

STARGATE nutzt nicht nur die Idee, daß außerirdische Intelligenzen die Geschichte der Menschheitsentwicklung massiv beeinflußt haben, vielmehr haben sie während dieser Zeit auch Tausende von Menschen auf die unterschiedlichsten Planeten entführt und dort wieder angesiedelt. Gleichzeitig nahmen sie von den Körpern einiger Menschen Besitz, um diese als Wirtskörper zu mißbrauchen und in ihnen zu leben.

Tatsächliche Berichte über diese sogenannten Ufo-Entführungen hören sich anders an. Einer der berühmtesten und gleichzeitig bestdokumentierten Fälle hat sich in der Nacht des 20. Septembers 1961 im White-Mountains-Gebirge in New Hampshire ereignet. In dieser Nacht näherte sich dem Wagen von Barney und Betty Hill ein

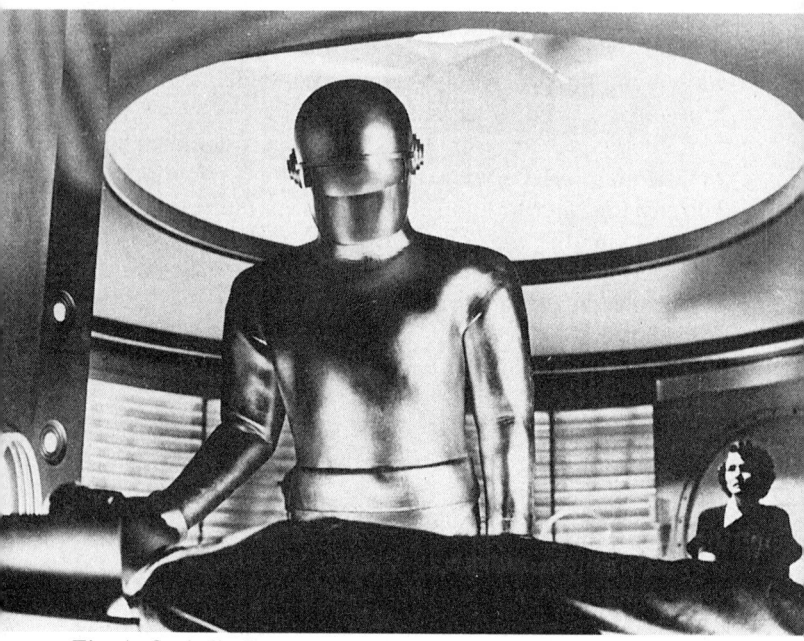

Ein Außerirdischer untersucht einen Menschen. Szene aus dem Film ›Der Tag, an dem die Erde stillstand‹ von 1951.

kreisförmiges Flugobjekt. Ihr Wagen wurde gestoppt, und Wesen, kleiner als Menschen, mit großen, grauen Köpfen und schwarzen Augen, schafften das Ehepaar in ihr eigenwilliges Flugobjekt. Kurze Zeit später wurde an Betty und Barney eine Reihe von Untersuchungen vorgenommen, von denen einige äußerst schmerzhaft waren. Die fremden Wesen untersuchten die Nervenbahnen; Betty, die zum damaligen Zeitpunkt 41 Jahre alt war, wurde auf eine mögliche Schwangerschaft untersucht.

Wieder daheim in Portsmouth, New Hampshire, konnten sich weder Betty noch Barney an die Geschehnisse erinnern. Als Betty jedoch Nacht für Nacht von Alpträumen heimgesucht wurde, suchte sie einen Psychiater auf, der sie in Hypnose versetzte und dem sie daraufhin von den Geschehnissen jener Nacht berichtete. Barney, der weder unter Alpträumen noch sonstigen psychischen Problemen litt, ließ sich auf Bitten des Psychologen ebenfalls in Hypnose versetzen – und erzählte die gleiche Geschichte wie seine Frau.

Der Fall drang an die Öffentlichkeit, mehrere Bücher wurden über die Hills geschrieben; um den Tod von Barney Hill im Jahre 1969 – er starb an einer plötzlich auftretenden Hirnblutung – ranken sich eine Reihe von Legenden. Ungewöhnlich macht den Fall die Tatsache, daß zwei Personen entführt worden sein sollen. Normalerweise

Ufo-Sichtungen gibt es nicht nur in den USA. Am 4. September 1995 entdeckte ein südkoreanischer Fotoreporter ein unidentifizierbares Flugobjekt, drückte auf den Auslöser seiner Kamera – und schickte dieses Bild um die Welt.

trifft es ausschließlich Einzelpersonen. Von diesem Punkt abgesehen aber ist der Fall der Hills repräsentativ für über 90 Prozent der Entführungsberichte.

Ufo-Entführungen gehören sicherlich zu den verwirrendsten Mysterien unserer Zeit. Verwirrend vor allem, da es für dieses Mysterium keine Erklärung gibt. Nicht, daß Psychologen keine Erklärungsmodelle in ihren Schubladen liegen hätten; es gibt Dutzende von Theorien, die behaupten, sie hätten das Geheimnis der Ufo-Entführungen entschlüsselt. Doch bei genauerem Hinsehen entpuppen sich all diese Theorien als – Theorien! Einen wirklichen Beweis dafür, was dieses Phänomen auslösen könnte, gibt es nicht.

Mysteriös bleibt die Tatsache, daß Tausende von Menschen, zumeist in den USA, bezüglich ihrer Entführungen die gleichen Geschichten erzählen: Sie wachen eines Nachts auf und finden sich in einem gleißenden Licht wieder, in dem ihnen kleine, grauhäutige Wesen mit großen, schwarzen Augen erscheinen. Diese transportieren sie in ein Raumschiff. Während dieser Zeit sind die Betroffenen vollkommen unfähig, sich zu bewegen und ihren Entführern somit möglicherweise zu entkommen. Ihr Geist ist wach, doch ihr Körper scheint gelähmt. Im Raumschiff angekommen, werden sie meist medizinischen Untersuchungen unterzogen, bei denen ihnen Sperma- oder Eizellen entnommen werden. Rund die Hälfte der Entführten berichtet weiter, daß sie nach dieser Prozedur durch das Raumschiff geführt wurden und dabei Wesen gezeigt bekamen, die eine Mischung aus Außerirdischen und Menschen darstellten.

Viele Menschen können sich nach ihrer Rückkehr an absolut gar nichts erinnern, andere Menschen hingegen werden zuerst von Panikanfällen und Alpträumen geplagt, bevor sie sich, zumeist unter Hypnose, an die Geschehnisse, denen sie ausgesetzt waren, erinnern können.

Sind diese Menschen – und wie gesagt, es sind Tausende – nur Spinner, Verrückte, psychisch Kranke?

Da sich bei den Opfern dieser Entführungen keine gemeinsamen Klassen- oder Sozialspezifika feststellen lassen, geht eine der populärsten Theorien zum Thema davon aus, daß es sich um eine Art spiritueller Erleuchtung handelt. Da wir in einer Zeit leben, in der das Unerklärbare längst erklärbar erscheint, suchen viele Menschen nach einer spirituellen Erleuchtung. Die Zeit, in der wir leben, hat ihren Mystizismus verloren. Alles erscheint heutzutage erklärbar. Selbst Themen wie die Gentechnik sind längst Realität und der Phantasie der Science-fiction-Autoren entzogen worden. Der Wunsch nach Spiritualität aber ist allgegenwärtig, doch viele Menschen sind sich dieses Wunsches nicht bewußt. Nun geschieht folgendes: In einer Phase der Erregung oder des Glücks erleben diese Menschen eben das, was als spirituelle Erleuchtung bezeichnet werden könnte. Doch wie sieht eine solche Erleuchtung aus?

In erster Linie handelt es sich um das Freisetzen von allerlei Hormonen im Körper, die mit einer solchen Wucht losgelassen werden, daß dem Menschen – nicht nur bildlich gesprochen – die Sinne schwinden. Der Effekt, der vollkommene Blackout, oder als was man den Höhepunkt dieses Zustandes bezeichnen möchte, kommt jedoch erst auf, wenn der Körper sich bereits wieder entspannt, weil Körper und Geist sich nun gehenlassen können und der Verstand ausgeschaltet wird. Daher erleben die meisten Menschen ihre Entführungen erst, wenn sie bereits schlafen gegangen sind.

Nun kommen wir zum Thema Sozialisation: Früher wurden Ereignisse wie diese als Marienerscheinungen gedeutet. Wie sollte dieses Ereignis sonst erklärt werden? Es war so überwältigend, angsteinflößend, aber auch faszinierend, daß es einfach göttlichen Ursprungs sein mußte. Da der christliche Glaube heute einen weit geringeren Einfluß auf die westlichen Industriegesell-schaften ausübt, suchen Menschen nach neuen Er-klärungsmustern. Ufos sind)in(. Also wurden die Betrof-fenen von Außerirdischen entführt.

Wie gesagt, dies ist eine Theorie, die vollkommen un-bewiesen ist und auf einer Reihe von Spekulationen be-ruht. Welche Hormone werden freigesetzt, warum sind es vor allem Amerikaner, die von solchen Erlebnissen be-richten – und warum tritt der Effekt erst auf, wenn man sich zur Ruhe bettet, und nicht, wenn man gerade den Höhepunkt dieses Hormonausbruchs erlebt hat? Und wie passen jene Entführungsberichte in diese Theorie, in de-nen Menschen während der Autofahrt auf offener Straße entführt wurden?

Welche Rolle spielen außerdem die Implantate, von de-nen viele Menschen unabhängig voneinander berichten? Dabei soll es sich um kleine Peilsender handeln, die den Entführten eingesetzt wurden. Wann hat man schon ein-mal davon gehört, daß Menschen, die eine Mariener-scheinung erlebt haben, von der Heiligen Jungfrau ein Peilsender implantiert worden wäre?

Eine zweite populäre Erklärung, mit der Skeptiker Ufo-Entführungen logisch erklären wollen, ergibt sich aus dem Geburtstrauma. Jeder Mensch hat dieses Trauma durchlebt, es ist universell und vor allem frei von jedem kulturellen Einfluß. Die Geburt ist auch das erste Erlebnis eines Menschen, das er bei vollem Bewußtsein erlebt. Das heißt, daß dieses Erlebnis irgendwo im menschlichen Ge-hirn abgespeichert liegen muß. Das Gehirn ist bekannt-lich eine Art Festplatte, auf der jede Erinnerung abge-speichert wird. Also auch jene Erinnerungen, an die wir uns eines Tages nicht mehr bewußt erinnern können. Nun geschieht folgendes: In einer Situation extremer emotionaler Belastungen werden Bruchstücke dieser Er-innerungen freigegeben und gelangen ins Bewußtsein. Der Verstand kann diese Erinnerungen jedoch nicht logisch umsetzen, er kann dieses Geschehen keinem Ereignis zuordnen.

Warum glauben die betroffenen Menschen nun, von einem Ufo entführt worden zu sein? Dies wird wie folgt erklärt: Von der Dunkelheit des Mutterleibes wird das Baby ins gleißende Licht gezerrt. Der weiße Lichtstrahl einer Ufo-Entführung entspräche nichts weiter als natürlichem Tages- oder künstlichem Deckenlicht. Das neugeborene Kind aber hat noch nie in seinem Leben Licht gesehen. Diese Erfahrung muß ein gewaltiger Schock sein. Die Augen des Kindes reagieren entsprechend irritiert, die Personen im Geburtszimmer, zumeist eine Hebamme, ein Arzt, erscheinen, mit den Augen eines Neugeborenen betrachtet, vollkommen irreal. Das Gehirn muß erst einmal Erfahrungen sammeln, um ein klares Bild zu erschaffen. Bis dahin erscheint vieles verzerrt, Körperproportionen werden in vollkommen absurden Maßen ans Gehirn weitergeleitet. Wird nun behauptet, Außerirdische hätten eine graue Haut, läßt sich auch dies über eine Sinnestäuschung der Augen erklären: Das Neugeborene besitzt noch keinen Farbsinn, es kommt aus der Dunkelheit des Mutterleibes. Auch der Farbsinn wird erst in den nächsten Wochen entwickelt.

Sind Ufo-Entführungen also in Wahrheit nur Erinnerungen an unsere Geburt, die falsch interpretiert werden?

Ein Buch macht Furore

Während der überwiegende Teil der Öffentlichkeit und der Presse jene Menschen, die behaupten, entführt worden zu sein, einfach als verrückt abstempeln, nehmen angelsächsische Psychologen das Phänomen inzwischen durchaus ernst; mit Akribie und Ernsthaftigkeit versuchen sie zu erforschen, welche Ursachen das Phänomen auslösen. Der bekannteste unter ihnen ist der Harvard-

Professor und Pulitzer-Preisträger John E. Mack. Die immer wiederkehrenden, sich häufenden Berichte über sogenannte Ufo-Entführungen ließen Mack keine Ruhe: Er glaubte, es gebe eine ganz einfache Erklärung für dieses Phänomen, und so begann er, Interviews mit Betroffenen zu führen. Doch schon sehr bald mußte Mack feststellen, daß sich dieses Phänomen alles andere als leicht lösen ließ.

Die Betroffenen übten die unterschiedlichsten Berufe aus, kamen aus den verschiedensten sozialen Schichten, und nur eine kleine Minderheit hatte vor dem Erlebnis ernstzunehmende psychologische Probleme gehabt. Je mehr Interviews Mack führte, desto weiter entfernte er sich von einer möglichen Antwort. Eines Tages tat er etwas für einen seriösen Wissenschaftler Ungewöhnliches: Er verfaßte ein Buch über seine Interviews und gab in diesem Buch zu, keine schlüssige Erklärung für das Phänomen der Ufo-Entführung gefunden zu haben. *Entführt durch Außerirdische* (*Abduction*, New York 1995) wurde ein Bestseller – und kostete Mack fast seinen Job, denn er distanzierte sich nicht von der Möglichkeit, daß die Betroffenen eventuell tatsächlich von Ufos entführt wurden. Mack verlor seine Reputation als seriöser Wissenschaftler, seine Kollegen gaben ihn der Lächerlichkeit preis. Und warum? Weil er keine Antwort gefunden hatte, sich aber weigerte, das Unmögliche als Möglichkeit auszuschließen? Der Fall Mack wurde von den Spöttern bis vor das höchste Gremium der Eliteuniversität getragen. Erst dort wurde Macks Reputation wiederhergestellt und sein Lehrstuhl bestätigt.

Bei solchen Forschern, die Macks Arbeiten mit Interesse verfolgt haben, sind seine Untersuchungsmethoden nicht unumstritten. Um die teilweise verschütteten Erinnerungen wieder an die Oberfläche zu befördern, benutzte er Hypnose. Der Psychologe Peter Brookesmith bemängelt an dieser Methode, daß viele Erinnerungen erst durch die suggestiven Fragen des Fragestellers erschaffen werden. Britische Forscher vermuten sogar, daß sogenannte Entführungen vollkommen künstlich im Gehirn entstehen können, da die Hypnose eine elektronische Reizung der Schläfenlappen im Gehirn verursacht, die im Unterbewußtsein der Testpersonen Bilder kreieren, welche denen einer möglichen Entführung nahekommen, in Wahrheit aber vollkommen künstlichen Ursprungs sind.

Auf welche Wahrheit, welche Ursachen Ufo-Entführungen auch zurückgehen mögen, eines steht fest: Bislang hat noch niemand behauptet, von Außerirdischen durch eine Art Wurmloch verschleppt worden zu sein. Diese Möglichkeit beschränkt sich auf die Fernsehserie STARGATE. Und im Gegensatz zu all den Theorien über Astronautengötter, außerirdische Einflußnahme auf die Kultur der Menschheit oder Entführungen durch Außerirdische, ist die Herkunft der Serie STARGATE unbestritten. Sie entsprang der Phantasie ihrer Autoren. Ausschließlich und unwiderlegbar.

Dies sei nur gesagt, um keine Mißverständnisse aufkommen zu lassen …

2. VON PHARAONEN UND PYRAMIDEN – EIN BLICK IN 3000 JAHRE ÄGYPTISCHE HOCHKULTUR

Allgemeines

Seit Jahrtausenden üben die Pyramiden Ägyptens einen unbeschreiblichen Reiz auf die Menschheit aus. Schon Griechen und Römer besangen die gigantischen Bauwerke am Nil, und man kann sich heutzutage kaum mehr vorstellen, daß auch diese Bauwerke einst erbaut werden

Gizeh und seine Weltwunder der Architektur: die Pyramiden von Cheops, Chephren und Mykerinos.

mußten. Die Pyramiden, die waren schon immer da, heißt es heute.

Die Idee von STARGATE und der Serie STARGATE basiert auf dem Gedanken, daß Außerirdische vor Jahrtausenden die Erde besuchten und die Menschheit kulturell beeinflußten.

Doch auf welche Kultur sollten sie einen optischen und auch mythologischen Einfluß ausgeübt haben? Welche alte Kultur übt auf die Menschen rund um den Globus, unabhängig von ihrer Herkunft, ihrer Religion, ihrem Bildungsstand, auch heute noch eine mystische Faszination aus und bietet die Grundlage für die verschiedensten, ungewöhnlichsten, phantastischsten Spekulationen?

Natürlich die der alten Ägypter. Wer sich mit STARGATE befaßt, muß sich demnach zwangsweise auch mit der Geschichte und der Mythologie des alten Ägypten auseinandersetzen.

Doch Hand aufs Herz: Was wissen wir schon über ihre Kultur und ihren Glauben? Wir wissen, es gibt heute noch die Pyramiden in Gizeh und diverse Kultstätten in Luxor. Die Schrift der alten Ägypter nennt man außerdem Hieroglyphen. Doch das war's dann auch schon. Bedenkt man, daß die ägyptische Hochkultur einen Zeitraum von 3000 Jahren umfaßt hat, mehr als jede andere Hochkultur der Erde, ist dies nicht viel.

Die Zeit der Pharaonen

Im 3. Jahrhundert vor Christus lebte in Heliopolis ein Mann namens Manetho. Er war Hohepriester und ein für seine Zeit überaus vorausblickender Mann. Er wußte, daß die Geschichte seiner Vorfahren eines Tages verlorengehen würde. Vieles war bereits vergessen, Könige hatten die Geschichte nach ihrem Belieben umschreiben lassen, die mündlich überlieferten Geschichten unterlagen der ständigen Gefahr, fehlerhaft weitergegeben zu werden. Ebenso vorausschauend war sein Herrscher, der Pharao Ptolemaios II. Dieser gab Manetho den Auftrag, die Geschichte Ägyptens niederzuschreiben. Natürlich handelte es sich dabei keinesfalls um einen modernen, historischen Almanach, Manetho schrieb vielmehr die Geschichte der Könige nieder. Doch die Akribie, mit der er dies tat, stellt noch heute die Grundlage für die Einteilung der Epochen jener rund 3000 Jahre dar. Natürlich kann im folgenden nur ein auf das Wesentliche beschränkter Überblick geboten werden. Eine ausführliche Vorstellung der Kultur mit all ihren im Laufe der Jahrtausende entstandenen Nuancen würde nicht nur den Rahmen dieses Buches sprengen, es gäbe vielmehr Stoff, um eine ganze Universitätsbibliothek zu füllen.

Versuchen wir trotzdem das Unmögliche: Die ägyptische Hochkultur wird in 30 Dynastien eingeteilt, wobei jede Dynastie für ein Herrschergeschlecht steht. Schon die alten Ägypter teilten zum Ende ihrer Hochkultur diese 30 Dynastien in drei Reiche ein, das Alte, das Mittlere und das Neue. Vor dem Alten Reich liegen außerdem die Vorgeschichte und die Frühzeit, nach dem Neuen Reich beginnt die Spätzeit. Zwischen den Reichen (= Epochen) liegen die sogenannten Zwischenzeiten, die den kulturellen Übergang von Reich zu Reich darstellen. Die Regentschaft hatte der König inne, der im allgemeinen Pharao genannt wird, obwohl dieser Titel niemals offiziell zur Titulatur der ägyptischen Herrscher gehörte. Tatsächlich entstand der Begriff Pharao (von pir-ô = ›Großes Haus‹) erst im 1. Jahrhundert v. Chr. und benannte zu Beginn den Königspalast. Erst im Laufe der Zeit entwickelte sich der Begriff Pharao zur Bezeichnung des ägyptischen Königs.

Vorgeschichte: Während des Mesolithikums und des noch weiter zurückliegenden Paläolithikums sorgten klimatische Veränderungen dafür, daß Nordafrika austrocknete. Die Nomaden, einfache Viehzüchter, waren gezwungen, der zurückweichenden Flora und Fauna zu folgen. Einige von ihnen ließen sich schließlich im Niltal nieder, wo der Boden fruchtbarer war als sonstwo in Nordafrika. Schon vor rund 7000 Jahren siedelten Menschen entlang des gigantischen Flusses und entwickelten langsam, aber stetig eine sie verbindende Kultur. Im neolithischen Zeitalter, dem Zeitabschnitt zwischen 5000 und

3000 v. Chr., entwickelten die Bewohner der Niltäler die Fähigkeit des Töpferns. Sie bearbeiteten Kupfer, betätigten sich aber auch künstlerisch, wovon kleine Menschen- und Tierplastiken, die bis heute erhalten sind, Zeugnis ablegen.

Der gemeinsame Lebensraum entwickelte eine einheitliche Sprache und einheitliche Vorstellungen hinsichtlich der Beschaffenheit der Welt. Fähigkeiten wurden untereinander ausgetauscht, die Volksstämme der Hamiten und Semiten, die am Nil die Mehrheit darstellten, vermischten sich und sorgten für die Stabilität des Friedens, Könige traten ihre Regentschaft an. Ein Mann namens Menes einigte die ohnehin längst untereinander vermischten Stämme zu einer Nation. Obwohl er keiner der 30 Dynastien zugerechnet wird, gilt er als erster König Ägyptens.

Frühzeit: Die von Historikern Thinitenzeit genannte Epoche von 3000 bis 2665 v. Chr. umfaßt die ersten beiden Dynastien (aus dem Geschlecht der Thiniten) und stellt die Konsolidierungsphase des alten Ägypten dar. Entlang dem ägyptischen Teil des Nils entstand das Verwaltungswesen, und mit dieser Verwaltung kam das staatliche Recht. Es wurde die Schrift entwickelt, Nachrichten konnten von nun an niedergeschrieben weitergegeben werden. Dies machte sie an allen Orten im entstehenden Reich geltend, es entwickelte sich somit ein durchaus modernes Staatswesen, in dem ein König regierte und seine Beamten das Land verwalteten. In ihrem Buch *Ägypten* (Stuttgart u. a. O. 1978) schreibt die deutsche Autorin Emma Brunner-Traut: »Die entscheidende Konzeption war das Erfassen von Grenzen, die das Kontinuum von Erscheinungsformen und Vorstellungen scheidet in Gestalt wie Begriff. Aus Beliebigkeit wird Ordnung. Schöpfung im Sinne der Differenzierung vollzieht sich in einem noch nie dagewesenen Maße. Damals gelingt Ägypten auch die Ausgrenzung seines Landes gegen die Umwelt; es duldet nichts Amorphes mehr, religiös, künstlerisch und kulturell findet es seine eigene, nur ihm angemessene Ausdrucksweise (...).«

Die Ägypter legten die Grundlagen moderner Wissenschaften wie Mathematik, sie erstellten einen ersten Kalender, sie bildeten eine Religion mit Göttern an der Spitze – aber sie führten auch Kriege gegen benachbarte Völker, die ein anderes Leben als sie führen wollten: Einige dieser Völker oder Stämme wurden unterworfen und Teil der Kulturlandschaft. Andere verschwanden in den dunklen Verliesen der Geschichte.

Altes Reich: Das Alte Reich umfaßt den Zeitraum von 2665 bis 2155 vor Christus. Vier Dynastien beherrschten in jener Zeit das Land. Ihr erster Herrscher war Djoser, der als Imhotep bis heute bekannt ist und unter dem Namen Imuthes auch bei den Griechen ein hohes Ansehen genießen sollte. Djoser, der von 2665 bis 2600 v. Chr. regierte, gilt als Architekt der ersten Pyramide, einem vergleichsweise kleinen, sechsstufigen, nach oben spitz zulaufenden Grabmal. Zu Lebzeiten ließ er außerdem die ersten Verwaltungsbauten errichten, die in ihrer Wucht und zur damaligen Zeit ungekannten Größe die Macht Ägyptens repräsentieren sollten. So entwickelte sich ein vollkommen neuer Berufsstand: der des Baumeisters, oder Architekten, wie sie heute genannt werden. Baumeister nutzten ihr mathematisches Wissen, um Bauwerke zu erschaffen, die noch wenige Generationen zuvor als unmöglich zu realisieren deklariert worden wären. Mit Djoser hatten die Baumeister einen lange regierenden Gönner an der Staatsspitze, das während seiner Regentschaft erworbene Wissen sollte die Baumeister aller kommenden Generationen inspirieren und zu neuen, gewaltigeren Taten anregen.

Djoser folgten während der vierten Dynastie der Che-

Die Bauwerke der vierten Dynastie prägen noch heute das Aussehen Ägyptens. Nicht nur die Pyramide des Königs Chephren ist weltberühmt, sondern auch die Sphinx, deren Gesichtszüge denen dieses Königs nachempfunden sein sollen.

phren unter anderem die legendären Pharaonen Cheops, Chephren und Mykerinos (etwa 2600–2480). Sie alle ließen Pyramiden errichten, gegen die sich Djosers Grabmal äußerst bescheiden ausnahm. Zehntausende Menschen arbeiteten an den gewaltigen Bauwerken aus Stein. Die gewaltige Cheopspyramide ist von solch gigantischen Ausmaßen, daß sie bis heute nur zu wenigen Prozent überhaupt erforscht ist. Dutzende von Gängen sind noch immer verschlossen, und niemand weiß, welche Überraschungen, ja archäologischen Sensationen sich hinter den meterdicken Mauern noch verbergen mögen.

Da sich die Pharaonen der ersten vier Dynastien als Götter betrachteten, hing – so glaubte man zumindest während der vierten Dynastie – von der richtigen Bestattung das Wohlergehen der Nachwelt ab. Die Pyramide sollte ihnen einen würdigen Weg in die Welt der Toten ermöglichen, wo sie ihren Platz neben den anderen Göttern einnehmen sollten. Nichts durfte diesem Übergang in den Weg gestellt werden, die Folgen wären fürchterlich gewesen.

Im Grunde sind es die Pharaonen der vierten Dynastie, die mit ihren Pyramiden das noch heute bestehende Bild von Ägypten geprägt haben, sind es doch ihre Grabstätten, die die Jahrtausende überstanden haben und noch heute als Wunder menschlicher Schaffenskraft betrachtet werden.

Ihnen folgte die fünfte Dynastie, die wiederum – wie auch die vierte – die Macher des Films STARGATE inspirierte: Jene Pharaonen waren es, die Ra verehrten und ihm zu Ehren Tempel und Obelisken errichten ließen. Ra verlor seine Prioritätsstellung jedoch mit dem aufkommenden Osiris-Glauben, in dem der Pharao seine Stellung als höchster Gott einbüßte und statt dessen den Platz eines Sohnes Gottes einnahm. Somit war er Untergebener des großen Osiris, gleichzeitig aber auch Führer der Menschheit. Da Osiris die Gesamtheit darstellte, war der

Pharao direkt dem Gott Ra untergeben (ausführliche Informationen zur Bedeutung von Ra und Osiris finden sich in den Hintergründen zum Spielfilm STARGATE).

Mit dem Ende der fünften Dynastie endete das Alte Reich. Es zerbrach während der sechsten Dynastie (2320–2155 v. Chr.). Mit dem Verlust seiner Gottheit hatte der Pharao die Aura des Unberührbaren verloren. Die Zunahme der Bevölkerung hatte es außerdem erforderlich gemacht, den Provinzfürsten mehr Macht zu verleihen, um die Verwaltung des Landes zu gewährleisten. Unter den Fürsten kam es zu Streitereien über Macht und Gehorsam, viele Fürsten strebten nach mehr Unabhängigkeit, ja sogar nach der vollkommenen Loslösung von Ägypten. (Was beweist, daß Autonomiebestrebungen kein Phänomen der Neuzeit darstellen.) Mit Pepi II., der Ägypten angeblich 94 Jahre beherrscht haben soll, fanden die radikalen Kräfte einen schwachen Pharao, der ihren Bestrebungen nach Autonomie oder Unabhängigkeit nichts entgegenzusetzen hatte.

Bezogen auf die TV-Serie STARGATE stellt die Epoche des Alten Reiches – insbesondere unter Berücksichtigung der vierten und fünften Dynastie – die wesentliche Inspirationsquelle dar. In keiner der folgenden Epochen sollten Menschen so uneingeschränkt als Götter verehrt werden wie während der Regentschaft jener beiden Herrschergeschlechter. In keiner anderen Epoche war die Macht der Pharaonen ähnlich unantastbar und gefestigt.

Mittleres Reich: Nach dem Tod Pepis II. zerfiel das ägyptische Reich. Zwischen 2155 und 2130 v. Chr., der sogenannten ersten Zwischenzeit, versuchten verschiedene Geschlechter die Macht an sich zu reißen; das Land verfiel in Depression, innere Machtkämpfe zehrten das Volk aus. Erst mit Beginn der zwölften Dynastie (1991–1785 v. Chr.), die auf Amenemhêt beruht, einem ehemaligen Pha-

Aus dem Mittleren Reich sind vor allem reichhaltige Hieroglyphensammlungen erhalten, wie die aus der Weißen Kapelle von Sesostris I. im heutigen Karnak.

raonenberater, der seinen Herrn aus dem Amt putschte, gelangte Ägypten wieder zu seiner ehemaligen Größe und seinem alten Ruhm. Amenemhêt verstaatlichte den größten Teil des Grundbesitzes und entriß den Fürsten und Beamten ihre Machtgrundlage. Der Beamtenapparat wurde auf ein Minimum reduziert, Amenemhêt gründete eine ihm untergebene Miliz, deren Treue durch Landschenkungen belohnt wurde. Amenemhêt selbst betrachtete sich nicht als unantastbarer Gott, sondern als menschlicher Führer seines Volkes. Er und seine Nachfahren förderten die Naturwissenschaften und Künste. In Blitzkriegen gegen diverse Nachbarländer wurde das Reich außerdem territorial vergrößert. Statt großer Bauwerke entstand eine reichhaltige Literatur, von der die ägyptische Hochkultur noch 1000 Jahre später zehren sollte.

Im Gegensatz zu den Erbauern der Pyramiden wirken die Herrscher der zwölften Dynastie modern, in gewisser Weise aber auch langweilig. Sie hinterließen Strategien der Machterhaltung; viele ihrer Vorgehensweisen, wie die Verkleinerung des Staatsapparates, erscheinen erstaunlich aktuell. Große Bauwerke oder einen mystischen Götterkult, mit denen sie die Phantasie der Nachwelt angeregt hätten, hinterließen sie nicht.

Neues Reich: Mit der Herrschaft der 13. Dynastie zerfiel das Mittlere Reich. Statt das Land zu regieren, verbrachten die Mitglieder dieses Herrscherhauses ihre Zeit lieber mit Intrigenspielen und Königsmorden. Um 1650 v. Chr. war es den Herrschern Ägyptens gelungen, das Land dermaßen herunterzuwirtschaften, daß die Stunde der Nachbarn, die sich seit Jahrhunderten von der Macht am Nil bedroht fühlten, gekommen war. Während der zweiten Zwischenzeit besetzten asiatische Söldner das Land, Dutzende von Königen kamen und gingen. Mal regierten sie als Vasallen der Hyksos, wie die Besatzer aus den fremden Ländern genannt wurden, mal mehr oder weniger autonom. Ihre Zerstrittenheit und Dekadenz sowie der Machtwille sorgten dafür, daß sie in jedem Fall ergebene Untergebene der Besatzer waren, denn das Wohlwollen der Besatzer sicherte ihre Macht im eigenen Land – das ihr eigenes nicht mehr war. Aber welchen Herrscher interessierte dies schon, solange er sich König nennen durfte und mit den Insignien der Macht ausgestattet war?

Erst der letzte König der 17. Dynastie, Kamose, erhob sich gegen die Herrschaft der Hyksos und gründete das Neue Reich. Die Könige der 18. Dynastie (ab 1555 v. Chr.) führten Kamoses Politik fort und gründeten an den Grenzen des wieder erstarkten Reiches Außenposten, die sowohl als Wirtschaftszentren wie als Militärstützpunkte dienten. Thutmosis II., der um 1450 v. Chr. das Land regierte, förderte eine aggressive Expansionspolitik, indem er Palästina und Syrien überfiel und zu Außenposten seines Reiches machte. Unter Anemophis III., der um 1380 v. Chr. regierte, erlebte Ägypten seine absolute Größe. Die unterworfenen Länder mußten ihren Tribut in Gold zollen, dieses wurde nach Theben transportiert, wo der Pharao jener Zeit residierte; es wurden wieder große Tempel errichtet, die religiösen Zwecken dienten, der Pharao hatte längst wieder die Stellung eines Gottes eingenommen. Als er jedoch ein einfaches Mädchen heiratete, kam es zum Bruch mit der Priesterschaft. Als Gott durfte er nur eine Göttin zur Frau nehmen – seine eigene Schwester. Es gelang ihm zwar, Verbündete im Kampf gegen die orthodoxe Priesterschaft zu finden, doch ein Riß ging durch die ägyptische Gesellschaft, Anemophis' III. Nachfolger Echnaton entmachtete daraufhin ganz einfach die Priesterschaft, schaffte den alten Glauben ab und ernannte kurzerhand die Sonne, Aton, zum alleinigen Gott, dem auch er als König sich zu unterwerfen hatte. Das Problem war: Echnaton meinte dies ernst. Er tat es nicht, um die Priesterschaft zu entmachten und das Land wieder zur Ruhe zu bringen. Die meiste Zeit verbrachte er vielmehr damit, einen Kult rund um Aton zu errichten. Die Staatsgeschäfte waren für ihn von zweitrangiger Natur (mehr über den Sonnenkult des Königs Echnaton findet sich in den Hintergründen zum Spielfilm STARGATE).

Echnatons Dynastie zerbrach. Mit der 19. Dynastie übernahm eine Herrscherfamilie den Thron, die noch heute die Phantasie der Menschen beeinflußt und die neben den Chephren noch heute das Bild Ägyptens bestimmt: Es war die Familie von Ramses I. Ramses bestieg den Thron in einer Zeit, in der das Bronzezeitalter seinem Ende zuging, da der Mensch die Nutzbarmachung von

Eisen entdeckt hatte. Es war eine stürmische Zeit, eine Völkerwanderung hatte begonnen; statt wie bisher aus dem asiatischen und afrikanischen Raum kamen nun auch vom Mittelmeer her fremde Völker nach Ägypten – und das nicht nur, um die Sonne und die Kultur zu genießen.

Ramses, der 1305 v. Chr. den Thron bestieg, gelang es dennoch, das Reich, das nach Echnatons Regentschaft am Boden lag, wieder zu einen und vor einer Fremdherrschaft zu bewahren: Dabei hatten die Bedrohungen von außen indes eine neue Dimension angenommen. Bislang gab es nur eine Großmacht: Ägypten. Sprach man von Fremdherrschaft, dann ist damit der Zusammenschluß verschiedenster Völker gemeint, die mit Hilfe von Söldnern Ägypten besetzt hielten. Eine Zerschlagung des ägyptischen Reiches war ihnen nicht gelungen. Dafür war es zu groß und selbst in Momenten der größten Niedergeschlagenheit noch zu mächtig. Mit den Hethitern aus dem heutigen Syrien aber stand Ägypten erstmals einem Gegner gegenüber, der ebenfalls ein großes Reich hinter sich hatte und politisch wie militärisch Ägypten die Stirn bieten konnte.

Ramses II. erkannte, daß es an der Zeit war, mit den Hethitern, gegen die es immer wieder zu Kriegen gekommen war, einen Friedensvertrag zu schließen. Die vom Mittelmeer kommenden Völker setzten Ägypten schwer zu. Die Hethiter wußten, daß ihrem Konkurrenten am Nil zwar die Ressourcen zum Zweifrontenkrieg fehlten, Ägypten strategisch jedoch jederzeit auf einen Hethiter-Angriff vorbereitet gewesen wäre. Ein möglicher Sieg gegen Ägypten hätte nur mit einem hohen Blutzoll erkauft werden können. So entstand ein Status quo. Beide Großmächte lebten nebeneinander und erkannten die territorialen Ansprüche des jeweils anderen an.

Ramses und Ramses II. entpuppten sich dabei nicht nur (gesellschafts-)politisch als weitsichtig. Ramses war

Das wohl bekannteste Bauwerk der Regentschaft Ramses' II. ist der große Felsentempel Abu Simbel, der zwischen 1290 und 1224 v. Chr. erbaut worden sein soll.

es auch gelungen, den alten Götterglauben zu reanimieren, und das Volk hatte zu diesem Glauben zurückgefunden. Das Gefühl, etwas Besonderes zu sein, schlug sich in jenen Monumenten nieder, die Ramses und Ramses II. errichten ließen. Sie gaben ihrem Volk ein neues Selbstvertrauen durch Bauwerke, die die Jahrtausende überdauern und von ihrer Existenz berichten sollten, wenn ihre Gebeine längst zu Asche geworden waren. Niemand beherrschte die Architektur mit der Perfektion der Ägypter, auch die Hethiter nicht.

Es entstanden gigantische Tempelstätten in Luxor, Abu Simbel und Abydos, die den Göttern gewidmet waren, die aber auch eine Art Identifikationsmöglichkeit für alle Ägypter darstellen sollten: Nur sie waren in der Lage, Bauwerke für die Ewigkeit zu errichten. Dabei konnten es sich Ramses und sein Sohn sogar erlauben, alte Monumente einreißen zu lassen – ihre sollten sie in ihrer Macht und Größe bei weitem übertreffen.

Doch mit Ramses und Ramses II. endete die große Zeit der Pharaonen, in der ägyptische Baumeister Geschichten für die Ewigkeit kreierten, all jene Monumente, die wir heutzutage mit dem Begriff ägyptische Hochkultur in Zusammenhang bringen, wie die Pyramiden von Gizeh oder die Tempelstätten von Luxor. Nur ein von Menschen erschaffenes Werk der Ägypter sollte noch einmal die Phantasie der Menschen begeistern und Stoff für unzählige Spekulationen liefern: die Bibliothek von Alexandria. Man muß sich allerdings vorstellen, daß zwischen dem Ende der 19. Dynastie um 1000 v. Chr. bis zu ihrer Gründung rund 700 Jahre vergehen mußten. Um 250 v. Chr. gründete Ptolemäus II. in Alexandria jene sagenumwobene Bibliothek, die bereits zur Regentschaft Cäsars um 50 v. Chr. 700.000 Bücherrollen und damit das gesammelte Wissen der Ägypter, Griechen, Römer und anderer Hochkulturen des Mittelmeerraumes umfaßte. Der sogenannte alexandrinische Krieg 47 v. Chr. aber zerstörte die

Bibliothek, die wenigen erhaltenen Rollen gingen im Laufe der Jahrhunderte verloren.

Die Spätzeit sowie griechische, ptolemäische, römische und byzantinische Herrschaften: Für die TV-Serie STARGATE stellen diese Zeitabschnitte keine relevanten Einflüsse dar, strahlt doch das Ägypten jener Zeit kaum noch einen mystischen Reiz auf die Nachwelt aus. Die Vollständigkeit aber verlangt eine kurze Abhandlung jener Zeiten.

Der Regentschaft des Ramses folgten Dutzende von Königen, die mal mehr, mal weniger erfolgreich das Land regierten. 946 v. Chr. gelang es sogar einem libyschen Häuptling namens Scheschonk während einer militärischen Auseinandersetzung die ägyptischen Truppen zu besiegen, woraufhin er von den Ägyptern als König anerkannt wurde und die 22. Dynastie begründete. Unter Scheschonk zerbrach der Staat in zwei Teile: Der Norden wurde von Scheschonk regiert, der Süden indes entwickelte sich zu einem Gottesstaat, in dem eine sogenannte Gottesgemahlin das Sagen hatte, die Regierungsfäden jedoch von Priestern gezogen wurden.

Auch Nubien im Südwesten, bislang ein integraler Bestandteil Ägyptens, erklärte sich für unabhängig und legte die Wurzeln des heutigen Staates Äthiopien. Die Äthiopier entwickelten in relativ kurzer Zeit ein so gut funktionierendes Staatswesen, daß ihre Politik nicht mehr auf Verteidigung ihres Territoriums gegenüber Ägypten ausgerichtet werden mußte, im Gegenteil: Sie begannen, Ägypten anzugreifen, um schließlich sogar die 25. Herrscherdynastie zu stellen, nachdem sie auch die Libyer in ihre Schranken verwiesen hatten. 655 v. Chr. wurden die Äthiopier von den Assyrern besiegt, die sich in wenigen Jahrzehnten zur neuen Großmacht Vorderasiens entwickelt hatten. Deren Anführer Psametich ließ seine Tochter Nitokris von der Gottesgemahlin Schepenupet II. adoptieren, womit die Assyrer in die

Herrscherdynastien Ägyptens eingegliedert wurden. Unter der assyrischen Herrschaft erlebte Ägypten einen überraschenden wirtschaftlichen Aufschwung. Unter Amyrtaios (um 400 v. Chr.), dem Begründer der 28. Dynastie, erlangte Ägypten noch einmal kurzzeitig seine Unabhängigkeit, indem die inzwischen regierenden Perser, die das Land um 525 v. Chr. besetzt hatten, aus dem Land vertrieben wurden. Nach der Rückkehr der Perser ging die ägyptische Hochkultur – wie wir sie kennen – endgültig unter. Die letzten beiden Dynastien wirtschafteten die inzwischen persische Kolonie zugrunde, 332 v. Chr. fielen die Makedonier unter Alexander dem Großen in Ägypten ein. Sie erfuhren keinen Widerstand, die Zeit der Dynastien war beendet. Ägypten hatte seine Unabhängigkeit endgültig verloren und entwickelte sich zum Spielball der Mächte. Zunächst herrschten die Ptolemäer, danach folgten die Römer, die bis ins Jahr 395 n. Chr. herrschen sollten. Ihnen folgten bis 640 n. Chr. die byzantinische Herrschaft und die Christianisierung, die durch die Islamisierung unter den Kalifen ab 640 abgelöst wurde. Ob Kalifen oder Osmanen: Selbst in Zeiten der Autonomie blieb Ägypten fremdbeherrscht. Wie das möglich war? Die herrschende Klasse arbeitete mit den Besatzern zusammen. Dafür erhielt sie Privilegien, Geld, Reichtum und im Rahmen der Autonomie auch Macht. Macht, die sie gegen das eigene Volk einsetzte. Bis wieder ein Ägypter, unabhängig von jeglicher Form fremder Bestimmung, an der Spitze des Staates stehen sollte, vergingen nicht nur Jahre oder Jahrzehnte. Das Zeitalter der Fremdbestimmung endete erst mit dem Aufstand der sogenannten freien Offiziere, die den lasterhaften König Faruk ins Asyl putschten und einen Ägypter, der von keiner anderen Großmacht kontrolliert wurde, an die Spitze ihres Staates setzten. Und dies ist mit Blick auf 4500 Jahre Geschichte noch gar nicht lange her. Die freien Offiziere putschten am 23. Juli 1952!

Die Götterwelt der Ägypter zur Zeit der Pharaonen

Die Götterwelt der Ägypter in einem Kapitel darstellen zu wollen würde – wie eine ausführliche Darstellung ihrer Geschichte – den Rahmen dieses Buches sprengen. Sie läßt sich jedoch nicht gänzlich aussparen, denn schon Roland Emmerich stellte in seinem Film STARGATE Ra in den Mittelpunkt seiner Geschichte. Ra, der Gott der Sonne, wurde in seinem Film ganz einfach ein finsterer, extraterrestrischer Aggressor, der vor Tausenden von Jahren auf der Erde landete und die Naivität der Menschen ausnutzte, um sich von ihnen als Gott verehren zu lassen. Dabei ist Ra – oder auch Re – nur einer von vielen Göttern, der als Sonnengott über lange Zeit eine besondere Stellung innehatte, während er zu anderen Zeiten an Bedeutung verlor. Das klingt ein wenig schwammig? Kein Wunder. Spricht man über die Religion der alten Ägypter vor ihrer Christianisierung, dann spricht man über einen Zeitraum von mehr als 3000 Jahren. Es wäre unrealistisch, anzunehmen, daß sich eine Religion in 3000 Jahren nicht verändern würde. Um überhaupt einen Zugang zur Religion der Ägypter zu bekommen, muß man sich das Weltbild der Ägypter vor Augen halten: Für sie waren die Götter reale Lebewesen. Sie gehörten zu ihrem täglichen Leben wie der Nachbar von nebenan. Da man die eigene Persönlichkeit als Individuum verstand, wurden die Götter zu ebenso realen Individuen, die ebenso ihre Entscheidungen zu treffen hatten wie die Menschen, die sie verehrten. Das Bild des allwissenden Gottes, wie er im Christentum, dem Islam und dem Judentum innewohnt, gab es bei den Ägyptern in dieser Ausprägung nicht. Hinzu kommt die Tatsache, daß es sich bei der Religion der Ägypter um eine mythisch gebundene und nicht, wie im Fall des Christentums und des Islam, um eine Offenbarungsreligion handelte.

In der Vorstellung der Menschen hat der Sonnengott Ra den Kopf eines Falken (Mitte). So stellt ihn auch diese Wandmalerei aus dem Grab des Sennedjem in Deir el-Medina (West-Theben) dar.

Für uns moderne Menschen ist es ungeheuer schwierig, einen Zugang zum Glauben der Ägypter zu finden, zumal es in ihrer Religion weder die Begriffe ›Glaube‹ noch ›Frömmigkeit‹ gibt, ja selbst für den Begriff ›Religion‹ läßt sich in ihrer Sprache kein Äquivalent finden.

Da den Ägyptern solche Begrifflichkeiten fremd waren und sie in Eintracht mit ihren Göttern lebten, selbst mit denen, die den Mythen nach zu den Bösen zählten, war ihr Glaube auf Ägypten beschränkt: Eine Missionierung anderer Völker fand nicht statt. Statt dessen waren die Ägypter vor 3000 Jahren schon einen nicht unerheblichen Schritt in ihrer Denkweise weiter, als es die Menschen unserer Zeit oft sind: Der ägyptische Glaube akzeptierte andere Religionen als einen natürlichen, gewollten Zustand. Der offene Umgang mit anderen Religionen führte dazu, daß fremde Götter Einzug in den Glauben der Ägypter fanden, wie auch andere Religionen begannen, ägyptische Gottheiten zu verehren.

Bei all den verschiedenen Göttern, egal, welchen Namen sie getragen haben mögen, sei gesagt, daß auch die Ägypter, zumindest während der Regentschaft der ersten Dynastien, an einen großen Gott glaubten: den Gott der Sonne, der schließlich den Namen Ra tragen sollte. Im Laufe der Jahrhunderte aber vollzog sich eine Differenzierung, die zu immer neuen Mythen führte, aus denen sich neue Geschichten über immer wieder neue Gottheiten entwickelten. Daß der Glaube trotz all seiner Mythen und den Einflüssen, denen er ausgesetzt war, seine Übersichtlichkeit behielt, ist einer Formulierung zu verdanken, die sich während der Zeit des Neuen Reiches durchsetzte und den Götterglauben in zwei Sätzen zusammenzufassen vermochte. Er heißt: »Aller Götter sind drei: Amun, Ra und Ptah. Verborgen ist Gott als Amun, Gott ist Re vor aller Augen, und Gottes Leib ist Ptah.«

Im Endeffekt handelt es sich bei dieser Formulierung um eine Definition, die der christlichen Dreifaltigkeit von Vater, Sohn und Heiligem Geist sehr nahekommt. Amun, das ist der Geist, das nicht Faßbare, das Mystische. Ra, das ist die Sonne, der Schöpfer allen Lebens; Ptah ist der Körper, das Faßbare. Im Gegensatz zum christlichen Glauben konnten zu Beginn der ägyptischen Religiosität auch Tiere und Pflanzen, ja sogar Gegenstände ein Sinnbild des Heiligen, der ägyptischen Dreifaltigkeit, darstellen. Erst in späteren Zeiten wurde der Mensch zum Mittelpunkt des Glaubens erkoren.

Wie kompliziert es ist, von einem ägyptischen Glauben sprechen zu wollen, macht das Beispiel der Weltschöpfung klar. Es entstand der Glaube, die Welt sei als Urhügel aus einem Urmeer hervorgegangen, dessen Form der

Wind gestaltet habe. Aus einem Urei kroch schließlich Ra hervor und gestaltete mit seiner Kraft (= Sonne) das Leben auf der Erde.

In späteren Zeiten bildete sich jedoch die Legende, am Anfang habe ein gewisser Atum außerhalb von Raum und Zeit gestanden. Atum begattete sich nun selbst und brachte zwei Urgewalten auf die Welt: Luft und Wasser. Aus diesem Glauben entwickelte sich die Vorstellung, die Himmelsgöttin Nut habe auf dem Erdgott Geb gelegen, der Luftgott Schu aber trennte sie; und aus diesem entstehenden Vakuum entwickelte sich dann die Erde. In der wiederum später entstandenen memphitischen Theologie wird berichtet, Atum sei der Sohn des Ptah.

Gemeinsam ist allen Vorstellungen, daß der Staat und das ihm innewohnende Königtum Schöpfungen der Götter sind – und als solche eine gegebene Macht, die von den Menschen nicht angezweifelt werden soll. Dies spiegelt sich vor allem im Osiris-Glauben wider, der während des Alten Reiches entstand und zu den bekanntesten Mythen der ägyptischen Religion zählt: In diesem Glauben verschmolzen der Herrscher und Gott zu einer Person. Der Pharao war also einem Gott gleichgestellt, sein Sohn ein Sohn Gottes (Horus genannt). Starb der Vater, wurde sein Sohn der neue Osiris. Der Vater lebte indes in der Welt der Toten weiter (mehr Informationen zum Osiris-Mythos gibt es in den Hintergründen zum Spielfilm STAR-GATE).

Mag sich vieles im Glauben der Ägypter über den Zeitraum ihrer Hochkultur verändert haben, der Totenglaube blieb – in seiner Grundaussage zumindest – gleich: Im Weltbild der Ägypter stellte der Tod eine natürliche Begrenzung des Lebens dar. Gott, so glaubten sie, bestimme die Lebenszeit ebenso wie den Tod, denn er gab das Leben, also hatte er das Recht, es auch wieder zu nehmen. Die Toten wurden verehrt, die Lebenden hatten die Aufgabe, die Toten vor den Wesen der Finsternis zu beschüt-

*Nicht nur die Pharaonen wurden nach dem Tod noch ver-
ehrt. Um der Toten zu gedenken, wurden ganze Nekropolen
(Totenstädte) erbaut – wie Medinet Habu, ein Totentempel-
komplex der 18. bis 20. Dynastie im westlichen Theben.*

zen. So entstand die Kunst der Mumifizierung, mit der vor allem Pharaonen vor unliebsamen Überraschungen auf dem Weg ins Jenseits beschützt werden sollten. Im Jenseits, so hieß es, muß der Mensch schließlich das Toten- oder auch Jenseitsgericht über sich ergehen lassen, das unter anderem prüft, ob sich der Mensch während seines Lebens in die gottgewollte Ordnung eingefunden und diese aufrechterhalten hat, so wie Gott (die Götter) sie geschaffen hat (beziehungsweise geschaffen haben).

Aus diesem letzten Punkt läßt sich entsprechend die Ethik des Glaubens ableiten, niedergeschrieben wurde sie jedoch nicht.

3. Ein Loch im All

»Der Weltraum ist sehr, sehr, sehr groß«

(Kommentar eines NASA-Sprechers während einer Pressekonferenz)

Wie viele andere Science-fiction-Konzepte zuvor, stand auch STARGATE vor einem Problem: Albert Einstein. Bereits 1905 hatte der geniale Physiker in seiner speziellen Relativitätstheorie mathematisch bewiesen, daß die Lichtgeschwindigkeit absolut ist und sich kein Teilchen schneller als das Licht bewegen kann. Erschwerend kommt noch hinzu, daß Objekte, die auf Lichtgeschwindigkeit beschleunigt werden, proportional zum Grad ihrer Beschleunigung an Masse gewinnen und sich die Zeit in dem Maße verlangsamt, in dem die Geschwindigkeit steigt. Anders ausgedrückt: Wenn die ›U.S.S. Enterprise‹ im normalen Universum auf Lichtgeschwindigkeit beschleunigen würde, wäre das keine gute Idee, da ihre Masse konstant ansteigen und die Zeit immer langsamer ablaufen würde. Die Lichtgeschwindigkeit selbst könnte sie nie erreichen, da in dem Moment ihre Masse unendlich sein würde – und das ist, wie man sich gut vorstellen kann – unmöglich. Selbst wenn sich die ›Enterprise‹ zurückhalten würde und, sagen wir mal, nur mit 80 Prozent der Lichtgeschwindigkeit fliegen würde, gäbe es schon einige interessante Konsequenzen. Da die Zeit so nah an der Lichtgeschwindigkeit wesentlich langsamer vergeht, wäre die Crew aus eigener Sicht vielleicht nur einige Wochen unterwegs, während auf der Erde Jahre vergangen sind. Eine Reise zum nächsten Stern, der 4,3 Lichtjahre von der Erde entfernt ist, könnte die Besatzung in knapp sechs Jahren bewältigen, auf der Erde wären jedoch Hunderte von Jahren vergangen, und es ist fraglich, ob die Crew ihren Heimatplaneten überhaupt noch wiedererkennen würde.

Die meisten SF-Autoren behalfen sich bei dieser Problematik mit dem sogenannten Hyperraum, einem Universum außerhalb unseres Universums, in dem die Gesetze der Physik aufgehoben sind und der überlichtschnelle Reisen ermöglicht. Gene Roddenberry, Erfinder des STAR TREK-Universums, rüstete seine Schiffe mit einem Warp-Antrieb aus, der durch eine explosive Mischung aus Materie und Antimaterie angetrieben wird. Mit Hilfe des Warp-Antriebs katapultiert sich ein Raumschiff aus dem normalen ›Einstein‹-Universum heraus in den Hyperraum, wo es ohne lästigen Masseanstieg und Zeitverschiebungen von einem Ort zum anderen reisen kann. Erstaunlich dabei ist, daß die Theorie, die hinter dem Warp-Antrieb steht, nicht komplett unwahrscheinlich ist und sich vielleicht sogar beweisen ließe, wenn jemand endlich die Existenz eines Raumphänomens nachweisen würde, das STARGATE sich zunutze macht: das Wurmloch.

Wurmlöcher oder auch Weiße Löcher oder Einstein-Rosen-Brücken funktionieren wie Tunnel, die das normale Raum-Zeit-Gefüge des Universums untergraben und

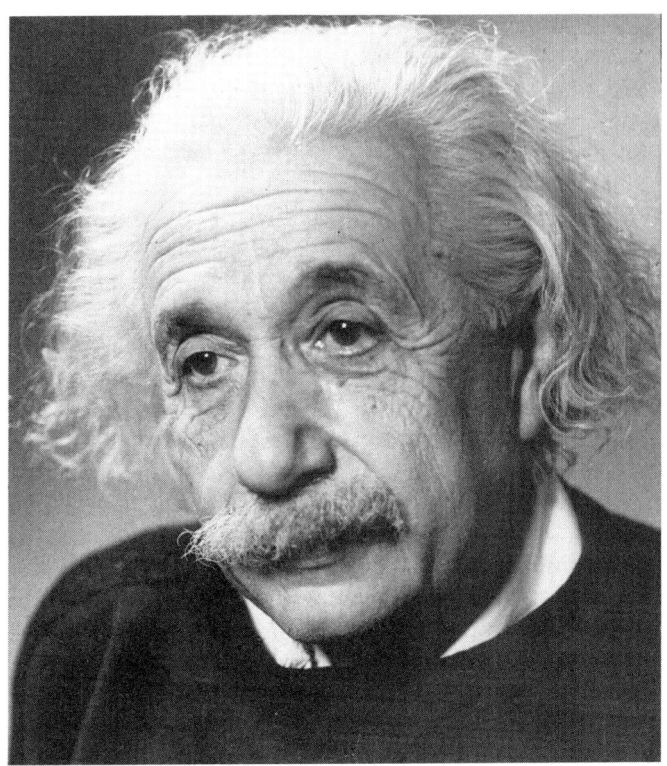

Albert Einstein, Vater der Relativitätstheorie.

überlichtschnelle Reisen von einem Punkt zum anderen erlauben – zumindest theoretisch. Praktisch läßt sich das zwar noch nicht beweisen, aber ein anderes Raumphänomen, das vom Physiker John Wheeler genial betitelte Schwarze Loch, eröffnet zumindest die Möglichkeit, daß eine solche Reise funktionieren könnte.

Sterne werden aus Staubwolken geboren, die größtenteils aus Wasserstoff bestehen. Die Partikel innerhalb einer solchen Wolke werden durch die eigene Anziehungskraft zueinander hingezogen, so daß die Wolke nach und nach in sich zusammenbricht. Bei diesem Vorgang berühren sich die einzelnen Partikel, und durch die Reibung entsteht Hitze, die schließlich groß genug wird, um den vorhandenen Wasserstoff zu entzünden. Durch diese Kernfusion wird Wasserstoff zu Helium; die überschüssige Energie, Hitze und Licht, wird abgegeben, deren Druck nach außen den nach innen gerichteten Druck der Anziehungskraft ausbalanciert und die Masse aus Wasserstoffpartikeln, die sich erst jetzt wirklich ›Stern‹ nennen kann, stabil hält.

Probleme gibt es, wenn die Masse eines solchen Sterns mehr als 100 Sonnenmassen beträgt, da dann der Druck der Kernfusion so hoch wird, daß er durch die Anziehungskraft des Sterns nicht mehr ausgeglichen werden kann – der Stern explodiert in einer Supernova. Weniger spektakulär, aber für den Stern ebenso endgültig ist es, wenn es dem Stern nicht gelingt, genügend Masse anzuziehen (ungefähr 0,08 Sonnenmassen). Dann treibt er einfach als Gasgigant durchs All, ohne daß es jemals zur Kernfusion kommt. Der Planet Jupiter ist ein gutes Beispiel für einen gescheiterten Stern. Hätte er 84mal mehr Masse, gäbe es in unserem Sonnensystem eine zweite Sonne. Ob das allerdings so gut für den Planeten Erde wäre, sei trotz 2010 – DAS JAHR, IN DEM WIR KONTAKT AUFNEHMEN (2010, USA 1984) einmal dahingestellt.

Irgendwann, nach mehreren hundert Millionen Jahren, fällt auch für einen Stern der letzte Vorhang. Das ist ein Vorgang, der langsam einsetzt und damit beginnt, daß das Helium im Inneren des Sterns zunimmt und sich der Kern zusammenzieht. Dabei entsteht Energie, die den Kern weiter aufheizt und den Verbrauch von Wasserstoff ansteigen läßt. Dabei dehnt sich der Stern weiter aus und kühlt langsam ab; er wird zum sogenannten Roten Riesen. Der in sich zusammenfallende Kern erreicht dabei eine Temperatur von mehr als 100 Millionen Grad Kelvin. Wenn das passiert, wird Helium verbrannt, und der Stern beginnt zu schrumpfen. Dabei kann es passieren, daß er instabil wird und einen Teil seiner Masse in einer Nova oder gar einer Supernova abstößt.

Was am Ende dieses Schrumpfprozesses geschieht, hängt von der Masse des Sterns ab. Ein relativ kleiner Stern wie unsere Sonne wird zu einem Weißen Zwerg, einem sehr heißen, aber schwach leuchtenden Stern, der die Masse der Sonne, aber nur den Radius der Erde hat und dessen Dichte einemillionmal höher als die von Wasser ist. Ein Stern mit mittlerer Masse kann zu einer Supernova und anschließend zu einem Neutronenstern werden, einem extrem kleinen, unglaublich dichten Stern, dessen Masse ungefähr doppelt so groß wie die der Sonne ist, dessen Radius dabei aber nur mehrere Kilometer beträgt. Die momentan gängigste Theorie besagt, daß der Kern eines Neutronensterns aus Elementarpartikeln besteht, die von einer Flüssigkeit von dicht zusammengepackten Neutronen umgeben sind. Die Existenz von Neutronensternen konnte bis heute nur durch einige Pulsare bewiesen werden, deren wechselnde Strahlungsintensität darauf schließen läßt, daß sie einen Neutronenstern umkreisen. Man nimmt an, daß ein Neutronenstern aus den Überresten einer Supernova entsteht.

Richtig interessant (und kompliziert) wird es, wenn ein Stern mit sehr hoher Masse sein Leben aushaucht. Wie seine kleineren Verwandten auch, beginnt er zu schrumpfen. Dabei wird er instabil und explodiert in einer Supernova. Wenn jedoch nach dieser Explosion vom Kern des Sterns genügend Masse zurückbleibt (grob geschätzt die dreifache Masse unserer Sonne), schrumpft er weiter. Schließlich ist er noch so groß wie eine Nadelspitze, dann wie eine Mikrobe, bis er am Ende so klein geworden ist, daß seine Größe nicht mehr meßbar ist. Dabei nimmt sein Volumen im gleichen Maße ab, wie die Dichte steigt. Wenn das Volumen gegen null tendiert, wird die Dichte unendlich; der Stern bricht in einer Singularität zusammen, wird praktisch umgestülpt und so zum Schwarzen Loch. In diesem Moment, wenn aus dem Stern eine Singularität wird, stoppt die Zeit – zumindest für den Stern selbst. Der Grund dafür wurde von Stephen Hawking in seinem Buch *Eine kurze Geschichte der Zeit* illustriert: Innerhalb der Singularität existiert das Raum-Zeit-Gefüge unseres Universums nicht mehr, so daß eine Singularität theoretisch dem Zustand entspricht, in dem sich das Universum vor dem Urknall befand, als die gesamte Masse auf einen Punkt konzentriert war.

Die vier Dimensionen unseres Universums (die drei physikalischen Dimensionen und die Zeit) entstanden erst, als sich die Singularität nach dem Urknall ausbreitete und so diese vier Dimensionen schuf. In einem Schwarzen Loch jedoch können sie nicht existieren, da die Anziehungskraft so ungeheuer stark ist, daß Einsteins Gesetze nicht mehr existieren und selbst das Licht der Anziehungskraft einer solchen Singularität nicht entkommen kann. Man definiert die Größe eines Schwarzen Lochs nach der Größe seines Ereignishorizontes, also dem Punkt, an dem die Zeit stoppt und jedes sich dem Schwarzen Loch nähernde Objekt praktisch von der Bildfläche verschwindet.

Dabei ist der Ereignishorizont keine physikalische Barriere zwischen unserem Universum und der Singularität, sondern eine gravitationsbedingte, hinter die niemand blicken kann. Der Ereignishorizont ist der Punkt, an dem kein Umkehren mehr möglich ist und man geradewegs aus Raum und Zeit hinausgeschleudert wird. Wohin? Nun, darüber kann man geteilter Meinung sein. Stellen wir uns vor, Captain Kirk hat eines Tages einen Anfall von Übermut und beschließt, die Enterprise in ein Schwarzes Loch zu steuern, nur um mal zu sehen, was passiert. Damit das Ganze etwas spektakulärer ist, sucht er sich eine besonders große Singularität aus und schaltet die künstliche Schwerkraft an Bord aus, damit er keinen Eindruck verpaßt. Damit ist er schwerelos. Der Grund für diese Schwerelosigkeit ist aber nicht, daß keine Anziehungskräfte wirken, sondern daß alles (Raumschiff, Captain, eben alles) in die gleiche Richtung gezogen wird, so wie das auch bei den Astronauten der Fall ist, die sich in der Umlaufbahn der Erde befinden.

Als Kirk sich dem Schwarzen Loch nähert, beginnt er die Anziehungskraft zu spüren. Da seine Füße näher am Zentrum sind als sein Kopf, wirkt auf sie auch eine stärkere Anziehungskraft, mit dem Ergebnis, daß sich Kirk ein wenig wie auf einer Streckbank fühlt und schließlich

Anhand verschiedener Aufnahmen des Hubble-Teleskops glauben NASA-Astronomen 1998 die Existenz Schwarzer Löcher bewiesen zu haben. Auf dem Bild ist ein Schwarzes Loch zu sehen, das gerade eine kleine Galaxie namens Centaurus A verschlingt!

77

auseinandergerissen wird. Bevor das geschieht, wird Kirk allerdings sehr enttäuscht sein, denn was er jenseits des Ereignishorizontes sieht, unterscheidet sich nicht großartig von dem, was man im normalen Universum sieht. Da das Licht ihn immer noch erreichen kann, sieht er auch die Objekte außerhalb des Horizontes, obwohl sie vermutlich stark verzerrt sind. Nur ihn selbst kann man nicht mehr sehen, da das Licht, das er reflektiert, nicht zurückkann.

Das ganze Experiment wird von Spock aus sicherer Entfernung beobachtet. Was er sieht, unterscheidet sich erheblich von Kirks eigenen Wahrnehmungen. Spock bekommt nämlich den Eindruck, daß die ›Enterprise‹ immer langsamer wird, je dichter sie an den Ereignishorizont herankommt. Egal, wie lange er wartet, er wird nie sehen, wie die ›Enterprise‹ den Ereignishorizont überschreitet. Der Grund dafür ist eine Art optische Täuschung. Je näher Kirk an den Ereignishorizont herankommt, desto länger braucht das von den Anziehungskräften gebremste Licht, um Spock zu erreichen. Deshalb bekommt er den Eindruck, daß Kirk immer langsamer wird. Auf der anderen Seite ist es aber auch so, daß die Zeit am Rande des Ereignishorizontes tatsächlich langsamer verläuft und schließlich, sobald man den Ereignishorizont überschreitet, unendlich ist.

Während Spock also die immer langsamer verlaufende Reise seines Captains beobachtet, muß der sich was einfallen lassen, um den Gravitationskräften zu entgehen. Zum Glück verfügt die ›Enterprise‹ ja über eine ganze Anzahl von Schilden und Deflektoren, um solchen Kräften standhalten zu können. Also wird Kirk nicht zerquetscht, sondern fliegt jenseits des Ereignishorizontes geradewegs in die Singularität …

Nach Meinung vieler Astronomen und Physiker wäre das sein Ende, aber eine kleine Gemeinde von Wissenschaftlern unterstützt eine Theorie, die ursprünglich von

Albert Einstein und Nathan Rosen erdacht wurde und sich mit den sogenannten Einstein-Rosen-Brücken oder auch Wurmlöchern beschäftigt. Den beiden Wissenschaftlern fielen einige Dinge auf. Zum einen weisen die mathematischen Gleichungen der allgemeinen Relativität die interessante Eigenart auf, daß sie zeitsymmetrisch sind. Das bedeutet, man kann jede Lösung einer Gleichung nehmen, sich vorstellen, daß die Zeit rückwärts läuft, und man erhält erneut eine richtige Lösung der Gleichungen. Konsequent durchdacht heißt dies auch, daß Schwarze Löcher einen Gegenpart haben müßten, ein sogenanntes Weißes Loch. Dieses Weiße Loch könnte der Partner eines rotierenden Schwarzen Lochs sein, bei dem Captain Kirk nicht etwa die Singularität treffen würde, sondern – daran vorbei – in ein Weißes Loch geraten könnte, das ihn an irgendeinem Punkt des Universums (vielleicht sogar im Delta-Quadranten) wieder ausspuckt – in einem Stück, versteht sich.

Funktionieren kann das nur, wenn man sich vorstellt, daß das Universum gekrümmt ist, denn nur so wäre es möglich, den Wurmlocheffekt zu nutzen und schneller, als das Licht im normalen Raum reisen kann, von einem Punkt zum anderen zu gelangen. Im Grunde genommen würde ein Wurmloch nichts anderes machen, als den Weltraum zu untertunneln. Womit wir die Brücke zu STARGATE geschlagen hätten, denn die Sternentore mit ihren seltsamen Symbolen sind nichts anderes als künstliche Wurmlöcher, die gebaut wurden, um das Reisen von einem Planeten zum anderen zu erleichtern.

In der Episode THE NOX erklärt Captain Carter einem Regierungsbeamten, daß die Wirbel, die man beim Öffnen des Tores sieht, vermutlich der Ereignishorizont eines Wurmlochs sind, das durch die Symbole aktiviert wird. Wenn man eine Sekunde darüber nachdenkt, entpuppt sich diese Behauptung als ziemlicher Blödsinn, denn wenn es sich bei den Wirbeln wirklich um den Ereignishorizont handeln würde, könnten wir als externe Beobachter niemals sehen, wie das Team darin verschwindet. Wir würden wie bei einem Schwarzen Loch nur sehen, wie die einzelnen Personen immer langsamer werden und schließlich nur wenige Millimeter vor dem Tor zum Stillstand kommen.

Problematisch wird es dann bei der Rückkehr des Teams, weil niemand sagen kann, was man sieht, wenn etwas aus einem Weißen Loch zurückkommt. Löst sich das Abbild dieser Person, das beim Eintritt entstand, einfach auf, oder bleibt es in alle Ewigkeit bestehen, was das Filmen solcher Szenen auf Dauer sehr lästig – und für den Zuschauer sehr unübersichtlich – gestalten würde. Wie bei den meisten anderen Science-fiction-Produktionen, in denen man die Schüsse im Weltraum krachen hört und die Schiffe mit majestätisch tiefem Brummen am Zuschauer vorbeifliegen, obwohl es im All kein Medium gibt, das den Ton übertragen könnte, geht auch STARGATE den Weg des geringsten Widerstandes und ignoriert die Frage einfach. Daß das eine gute Idee ist, wird jeder bestätigen können, der sich die Weltraumschlachten in STAR WARS mal ohne Ton angesehen hat. Es ist eben manchmal besser, die wissenschaftlichen Realitäten zugunsten des Zuschauers unter den Tisch fallen zu lassen.

Rein wissenschaftlich gesehen können Wurmlöcher übrigens wesentlich mehr als lediglich den Weg durch den Raum abzukürzen, denn das Verlassen des ›normalen‹ Einstein-Universums bietet ungeahnte Möglichkeiten. So könnte man zum Beispiel auch durch alternative Universen reisen, so wie es das Sliding-Team jede Woche in der Serie SLIDERS praktiziert, oder aber durch die Zeit reisen, so wie uns das Jean-Claude van Damme bereits in TIME COP vormachte. Ob wir in STARGATE auch noch auf Parallelwelten und Zeitreisen treffen werden, bleibt abzuwarten (siehe dazu im Episodenführer die Folge 19 THERE BUT FOR THE GRACE OF GOD).

DIE SCHAUSPIELER UND IHRE FIGUREN

Richard Dean Anderson ist
Colonel Jonathan ›Jack‹ O'Neill

Sieben Jahre, von 1985 bis 1992, sieben Staffeln lang spielte Richard Dean Anderson eine Rolle, die ihn weltberühmt machen sollte: MacGyver. Nur wenigen Primetime-TV-Serien ist eine derart lange Lebensdauer vergönnt. Star Trek: Das nächste Jahrhundert hat sieben Staffeln erreicht, ebenso Mission: Impossible. Dabei wurde die vom amerikanischen Fernsehgiganten ABC produzierte Serie MacGyver nicht einmal aufgrund mangelnden Erfolges eingestellt. Zwar ließen die Quoten zum Ende der Serie hin nach, doch hätte eine achte Staffel durchaus im Bereich des Möglichen gelegen. Richard Dean Anderson war jedoch anderer Meinung. Er wollte einen ehrwürdigen Abgang, ein Ende auf dem Gipfel des Olymps und nicht in den unendlichen Tiefen des Quotenlochs. Und so endete die Geschichte der Serie um Angus MacGyver nach sieben Jahren.

Mag Richard Dean Anderson heute zu den bekanntesten Fernsehschauspielern der USA zählen, hatte er in Jugendtagen mit dem Schauspiel wenig im Sinn. Am 23. Januar 1950 als ältester von vier Brüdern in Minneapolis, Minnesota, geboren und im nahegelegenen, idyllischen Vorort Roseville aufgewachsen, wollte er in Jugendtagen Eishockeyspieler werden. Dabei hatte er das Glück, Eltern zu haben, die ihn seine Träume frei entfalten ließen: Sein Vater, Stuart Anderson, war Lehrer an der städtischen High School, wo er Englisch, Drama und Humanismus (eine Art Ersatzfach für Religion) lehrte. Seine Mutter Jocelyn war eine in Minneapolis bekannte Künstlerin. Dieser familiäre Background sorgte dafür, daß er und seine Brüder Jeffrey Scott, Thomas John und James Stuart sehr früh ihr Interesse für Kunst, Sport, Musik und Schauspiel entdeckten, wenngleich – wie bereits erwähnt – Richard Dean mit letzterem zu Beginn nicht viel anfangen konnte.

Eigentlich sollte er als ältester Sohn im Hause Anderson ein Vorbild für seine Brüder sein, doch mit seinen sportlichen Eskapaden eignete er sich mitnichten für diese Rolle. »Meine arme Mutter«, erzählte er im April 1992 der amerikanischen Tageszeitung *The Newark Star Ledger* anläßlich des Endes von MACGYVER, »hatte es mit mir nicht einfach. (…) Ich war eines jener Kinder, die dauernd versuchen, von Hausdächern zu Boden zu segeln, in Baumhäusern herumtollen – oder in selbstgegrabenen Erdlöchern verschüttet werden. Ich habe mir in meinem Leben vermutlich jeden Knochen bereits einmal gebrochen, als Kind habe ich eigentlich dauernd aus irgendeiner Wunde geblutet oder mir bei irgendeiner Dummheit etwas gebrochen.«

Bei einer solchen Vita ist es kaum verwunderlich, daß Richard Dean Anderson eines Tages im Actiongenre landen würde. Doch mit 15, 16 Jahren stand für den auch heute noch sehr wagemutigen Schauspieler, der viele Stunts der Serie MACGYVER selbst ausführte, fest, daß sein Weg in die NHL (National Hockey League), die nordamerikanische Eishockeyliga, führen sollte. Bis ein Unfall seine Träume platzen ließ. Während eines Eishockeyspiels brach er sich den rechten Arm. Statt, wie ärztlich verordnet, sich in den nächsten Wochen auszuruhen, spielte Richard Dean Anderson, besessen von dem Gedanken, ein Profispieler zu werden, weiter. Drei Wochen später kam es dann zur Katastrophe. »Mein linker Ellenbogen brach förmlich entzwei, und die Knochensplitter verteilten sich im ganzen Arm«, erklärte er dem amerikanischen Journalisten Tom Appelo von *Entertainment Weekly* im August 1997 das unwiderrufbare Ende seiner

Träume. Drei Monate verbrachte er im Krankenhaus, wobei er unter der rigorosen Bewachung der Krankenschwestern stand. Eine schreckliche Zeit für den 16jährigen Teenager. In Interviews auf diese Zeit angesprochen, gibt Richard Dean Anderson heute zu, daß er es vermutlich nicht geschafft hätte, Profispieler zu werden.

Doch 1966 sah die Welt für den jungen Mann aus der Vorstadt anders aus. Er sah seine Träume zerstört und wußte nicht, was er nun, da das Ende der High School vor der Tür stand, mit sich anfangen sollte. Kaum aus dem Krankenhaus entlassen, wollte er seiner Umwelt – und vor allem sich selbst – beweisen, daß der Unfall nicht das Ende seiner sportlichen Erfolge bedeutete. Er nahm an einem 5641 Meilen langen Fahrradtrip teil, der ihn von Minnesota über Kanada bis nach Alaska führen sollte. Sein Durchhaltevermögen führt er zum einen auf seinen eigenen Willen zurück, zum anderen ist er, wie die Mehrheit der Bewohner des Staates Minnesota, skandinavischer Herkunft. Und Skandinavier, so Richard Dean Anderson im Gespräch mit dem *Newark Star Ledger*, sind bekanntlich hart im Nehmen.

Der Trip stärkte sein Selbstvertrauen, und nach dem Ende der High School studierte er zuerst an der St. Cloud State University Dramaturgie, um dieses Studium schließlich an der Ohio University fortzusetzen. Im Schauspiel hatte der junge Mann nunmehr eine neue Aufgabe gefunden, in die er sich hineinknien konnte. Doch nicht für lange.

Es war die Zeit der späten 60er, eine Zeit, in der sich die jungen Menschen von den gesellschaftlichen Zwängen und Lügen ihrer Eltern befreiten. Es war die Zeit der freien Liebe. In Vietnam tobte ein sinnloser Krieg, der viele junge Männer in Richard Dean Andersons Alter das Leben kostete. Ein Krieg, gegen den auch Richard Dean Anderson demonstrierte; er schloß sich der Hippie-Bewegung an. Kurz bevor er seine Abschlußarbeit schrei-

Christopher Judge (links) und Richard Dean Anderson sind zwei der vier Hauptdarsteller von ›Stargate‹.

ben sollte, verließ er die Universität und zog zuerst nach New York, bevor er sich in der Hauptstadt der Blumenkinder, San Francisco, niederließ. Auf seinem ständigen Zug durch die Stadt verschlug es ihn eines Tages in den Haight Ashbury District, die Hochburg der Hippies, wo er mehrere Monate lebte. Indirekt gehörte er sogar zum Dunstkreis der Hippie-Könige Timothy Leary und Hunter Thompson. Er gab sich dem Leben in den Kommunen hin und beschreibt diese Tage als die schönsten seines Lebens – inklusive einiger, wie er es ausdrückt, interessanter Erfahrungen. Damit sind weniger sexuelle Ausschweifungen gemeint als vielmehr Erfahrungen mit Drogen. Direkt darauf angesprochen, weicht Richard Dean Anderson auch heute noch aus. Wie wild er es jedoch teilweise getrieben haben muß, belegt ein Zitat aus dem bereits angesprochenen Gespräch mit Tom Appelo von *Entertainment Weekly*: »Freunde meiner Jugendzeit sind überrascht, daß ich meinen 40. Geburtstag erlebt habe.«

Von San Francisco verschlug es ihn schließlich nach Los Angeles, wo er zunächst arbeitslos war. Um zumindest ein paar Dollar zu verdienen, ging er auf die Straße und unterhielt die Passanten als Straßenclown und Jongleur, bevor er als Sänger in einem kleinen Kabarett erstmals auf der Bühne Geld verdiente. Da das Geld zum Leben nicht ausreichte, mußte er schließlich einen Job annehmen, der ihn nicht gerade mit Freude erfüllte, ihm aber zumindest ein festes Einkommen sicherte: einen Job im Marineland Pacific, einem großen Delphinarium vor den Toren der Stadt. Seine Aufgabe bestand darin, während einer Show – nur von einem Seil gesichert – über einem Becken zu schweben und eine Makrele zwischen den Zähnen zu halten, die ihm von einem Killerwal schließlich aus dem Mund geschnappt wurde!!!

Der Job im Delphinarium erlaubte es ihm wenigstens, ein sorgenfreies Leben führen und erste, schlechtbezahlte Theaterengagements in Stücken wie SUPERMAN IN THE BONES anzunehmen. Nebenher gründete er eine eigene Rockband, die auf den Namen RICKY DEAN AND DANTE hörte. Richard spielte Gitarre und sang. Angeblich waren die Jungs gar nicht schlecht, trotzdem weigert sich Richard Dean Anderson bis heute standhaft, vor der Kamera zu singen! Mit einer Ausnahme, auf die er heute eher peinlich berührt denn stolz zurückschaut.

Es war nicht unbedingt schauspielerisches Talent, das ihn zu seinem überraschenden Durchbruch verhelfen sollte – es war sein makelloses Aussehen. 1976 erhielt Richard Dean Anderson den Zuschlag, in der bereits seit 1963 ausgestrahlten Daily-Ärzte-Soap GENERAL HOSPITAL, die in Deutschland inzwischen auf tm3 zu sehen ist, eine Hauptrolle zu übernehmen. Gerade einmal 26jährig, stieß er in der Rolle des Dr. Jeff Webber zum Ensemble der Seifenoper und etablierte sich schnell als einer der Hauptcharaktere. Ohne ein Klischee bemühen zu wollen: Es waren vor allem die Hausfrauen, die morgens während der Hausarbeit den Fernseher laufen und Soaps über sich ergehen ließen, die den smarten jungen Mann aus Minnesota in ihr Herz geschlossen hatten und seinen Erfolg begründeten.

Die Jahre des Seifenopern-Spielens machten sich für den damals noch jungen Schauspieler bezahlt. Er häufte keine Reichtümer an, doch er wurde wohlhabend genug, um sich während der Drehpausen ausgiebig seinen Hobbys widmen zu können. Hobbys, die er bis heute pflegt. Dazu gehören Fallschirmspringen, Skilaufen, Auto- und Motorradrennen. In voller Schutzmontur wagte er sich sogar wieder aufs Eis. Es ist nicht sonderlich verwunderlich, daß er immer wieder Prellungen oder sogar Knochenbrüche hinzunehmen hatte, was die Visagisten und Kameraleute von GENERAL HOSPITAL gelegentlich zu wahren Höchstleistungen anspornte: Zu sehen bekam man von seinen Blessuren in der Serie nichts.

Nach fünf Jahren ereilte Richard Dean Anderson das Schicksal vieler Seifenopern-Stars. Die Produzenten glaubten, sein Gesicht habe sich nach rund 2000 Tagen täglicher Bildschirmpräsenz abgenutzt. Sein Vertrag wurde nicht verlängert – und so wurde er arbeitslos.

Als Seifenopern-Darsteller war er auf das Klischee des Schönlings abgestempelt, es fiel ihm schwer, neue Engagements zu bekommen. Abgesehen von seiner Mitwirkung in GENERAL HOSPITAL konnte er nur einen Miniauftritt in dem Spielfilm KÜSS MICH, DOC (YOUNG DOCTORS IN LOVE, USA 1982), einer ziemlich geschmacklosen Persiflage auf Arztserien aller Art, vorweisen. Für Richard Dean Anderson begann ein Jahr der Entbehrungen, denn als Seifenopern-Darsteller hatte er in Hollywood einen schweren Stand. Zur Erklärung: In der Schauspielerrangliste jenseits des Pornofilms stehen Soap-Opera-Schauspieler an unterster Stelle. Seifenopern bescheren ihren Darstellern in der Regel zwar ein gesichertes, gutes Einkommen, künstlerisch betrachtet aber stellen sie für die meisten Schauspieler eine Sackgasse dar. Nur wenigen Seifenopern-Darstellern, genannt seien Alec Baldwin und Kathleen Turner, die beide Hauptrollen in der Ärzte-Soap THE DOCTORS innehatten, gelingt es, ihre Schauspielkarrieren problemlos auf der großen Leinwand fortzusetzen.

An einen Wechsel auf die Leinwand war in seinem Fall gar nicht erst zu denken. Er hatte seinen Vertrag nicht ganz freiwillig auslaufen lassen, für Film- und Serienproduzenten war er nach fünf Jahren Seifenopern-Präsenz ausgelaugt. So mußte er nehmen, was er kriegen konnte – und nach einem Jahr kehrte er in der CBS-Serie SEVEN BRIDES FOR SEVEN BROTHERS auf den Bildschirm zurück. SEVEN BRIDES FOR SEVEN BROTHERS basierte auf dem Westernmusical EINE BRAUT FÜR SIEBEN BRÜDER (SEVEN BRIDES FOR SEVEN BROTHERS, USA 1954), das wiederum der historischen Legende DER RAUB DER SABINERINNEN entlehnt wurde. Die Geschichte von sieben Brüdern in der Wildnis, die um die Herzen von sieben jungen Damen kämpfen, entpuppte sich für Richard Dean Anderson, der immerhin die Hauptrolle spielte, als katastrophaler Reinfall. Tatsächlich hatten die Produzenten nicht nur die Geschichte, sondern gleich das Konzept des Spielfilms übernommen und aus der Serie ein seriales Musical gebastelt. Das Publikum war über die Gesangseinlagen amüsiert – allerdings an Stellen, an denen es gar nicht amüsiert sein sollte. Nach nur einer Staffel verschwand die Serie in den Giftschränken des Fernsehsenders. Auf dem internationalen Fernsehmarkt wurde sie nicht einmal zum Verkauf angeboten. Und für Richard Dean Anderson stand fest, in Zukunft zu schauspielern und das Singen vorsichtshalber aufzugeben.

Nun mag die Serie künstlerisch ein Reinfall gewesen sein, mit seiner ersten TV-Serie hatte es der Schauspieler aus Minnesota aber zumindest geschafft, so peinlich die Serie auch gewesen sein mag, seinem Image als Seifenopern-Darsteller zu entkommen – was ihm wiederum die Hauptrolle in der Serie EMERALD POINT N.A.S einbrachte, in der er einen draufgängerischen Navy-Piloten darstellte. Um die Geschichte kurz zu machen: EMERALD POINT N.A.S war eine billig produzierte Actionserie, mit der weder die Darsteller, die Produzenten noch die Zuschauer zufrieden waren. So ereilte auch diese Serie der unbarmherzige Serientod nach nicht einmal einer Staffel.

1984 bedeutete für ihn kein gutes Jahr. Nach Hauptrollen in zwei Prime-Time-Serien mußte er sich als sogenannter Gaststar durch eine Reihe anderer Serien schauspielern, ehe er das Angebot erhielt, für eine weitere Actionserie vorzusprechen. Die Einladung erfolgte von den Produzenten Henry Winkler und John Rich, die für ihr neues Serienprodukt immerhin Paramount Pictures als Kofinanzier hatten gewinnen können. Mitte der 80er Jahre, nach der Etablierung großer Prime-Time-Soaps wie FALCON CREST, DALLAS oder DER DENVER-CLAN, bestand vor allem beim jugendlichen Publikum ein großer Bedarf an Action im Fernsehen. Abgesehen von Highlights wie MIAMI VICE befand sich das Niveau dieser inhaltlich eher schlicht gestrickten Serien auf einer Ebene mit Produkten wie DAS A-TEAM oder EIN COLT FÜR ALLE FÄLLE, denen möglicherweise ein gewisser Unterhaltungswert unterstellt werden darf, die jedoch alles andere als Meisterleistungen ihrer Dekade darstellen.

Der in Sachen Actionserien erfahrene Autor Lee David Zlotoff hatte ein Format entwickelt, das in etwa den Trend der Zeit wiedergeben sollte: Action gab es satt, die Grenzen zwischen Gut und Böse waren sauber getrennt (man wollte das Publikum ja nicht mit ausgefeilten Charakteren verwirren). Wichtig war aber vor allem, daß der Held ein

›sauberer‹ Held werden sollte. Das heißt, die Action muß-te sauber sein. Der Held durfte also nicht wie ein wildge-wordener Rambo seine Gegner liquidieren, sondern mußte, möglichst mit einer Prise Humor, seine Antagoni-sten unschädlich machen – ohne sie gleich in die ewigen Jagdgründe zu schicken. Man darf nicht vergessen: Es handelte sich um eine Actionserie aus der Mitte der 80er Jahre, einer Periode, die von deutlich strengeren Jugend-schutzbestimmungen geprägt war als die heutige Zeit und in der – man mag es kaum noch glauben – wirklich pädagogische Theorien in Umlauf waren, die behaupte-ten, Gewalt im Fernsehen würde von Jugendlichen unre-flektiert übernommen und zu Gewalt in der Realität um-gewandelt. Heute weiß man, daß sich diese Theorien in ihrer einfachen Form nicht halten lassen und Dutzende Faktoren wichtig sind, um Jugendliche möglicherweise durch Unterhaltungskonsum zu desorientieren; 1985 sah dies jedoch ganz anders aus.

Richard Dean Anderson hatte keine Ahnung, um was es in der Serie gehen sollte. Im Mittelpunkt, wurde ihm mitgeteilt, stehe ein ehemaliger Geheimagent, der natur-wissenschaftlich äußerst bewandert sei und Waffen ver-abscheue. Er wurde zum Vorsprechen eingeladen, ohne weitere Informationen zu erhalten. Obwohl er bereits die Hauptrolle einer Actionserie gespielt hatte, gab es für ihn keinen Sondertermin. Geduldig mußte er im Vorzimmer der Produzenten – mit einem Dutzend weiterer Schau-spieler – darauf warten, an die Reihe zu kommen, bis er aufgerufen wurde und einen Text, den er zuvor noch nie gesehen hatte, vorlesen sollte. ›Cold Read‹, kaltes Lesen, wird ein solcher Vorgang genannt. Regisseuren oder Pro-duzenten geht es beim Cold Read darum, zu sehen, wie ein Schauspieler spontan, ohne Vorbereitung, eine Rolle vorzutragen weiß, ob es ihm auf Anhieb gelingt, eine Rol-le mit Leben und Persönlichkeit zu füllen. Ein solches Cold Read ist vor allem bei Produzenten von Serien beliebt, die einen engen Drehplan zu beachten haben, da sie Material für eine volle Season liefern müssen – also 22 bis 26 Episoden à 45 Minuten.

Richard Dean Anderson hatte keine Probleme mit dem Cold Read. Die Rolle zugesprochen bekam er jedoch aufgrund seines unprätentiösen Charakters. Bevor er das Vorlesen begann, bat er darum, eine Brille tragen zu dürfen, da er kurzsichtig sei. Während die anderen Schauspieler, die zum Vorsprechen geladen waren, versuchten, einen möglichst perfekten Eindruck zu hinterlassen, versteckte Richard Dean Anderson seine Schwächen nicht. Und genau das war es, was die Produzenten suchten. Einen ehrlichen Charakter mit Stärken und Schwächen. Ohne daß er wochenlang auf eine Zusage warten mußte, gaben ihm die Produzenten am Ende des Vorsprechtermins zu verstehen, daß er sich für die nächsten Monate keine Sorgen über das Bezahlen seiner Miete mehr machen müsse und sich in Vancouver schon einmal nach einer Wohnung umschauen könne. Wenige Tage später unterschrieb Richard Dean Anderson den Vertrag der Serie MacGyver.

Explosion unter Tage hieß der Pilotfilm der Serie, der im Frühjahr des Jahres 1985 entstand. Da MacGyver als belanglose Actionserie in Planung ging, wurde kein Pilotspielfilm von 90 Minuten Länge konzipiert, wie dies bei großen Serienprojekten, die entsprechend hohe Budgets zur Verfügung gestellt bekommen, der Fall ist. Es wurde lediglich ein 45minütiger in Auftrag gegeben.

Der Pilotfilm Explosion unter Tage beginnt mit einer Explosion in einem geheimen unterirdischen Forschungslabor der US-Regierung. Bei dieser Explosion werden einige Wissenschaftler verschüttet, außerdem droht ein Säuretank zu bersten. Da die Regierung aufgrund der Geheimhaltung nicht einfach ein Bergungsteam auf dem freien Markt zur Rettung der Wissenschaftler einsetzen kann, bitten sie den ehemaligen

Geheimagenten Angus MacGyver um Hilfe. MacGyver, soviel ist klar, hat beim Geheimdienst nicht nur Freunde gehabt. Seine Antipathie gegen Waffen aller Art machte ihn ebenso suspekt wie sein profundes Wissen um die kompliziertesten Vorgänge in Chemie, Physik und anderen Naturwissenschaften. Da Menschenleben auf dem Spiel stehen, willigt MacGyver in die Zusammenarbeit ein.

So weit, so schlecht. Die Produzenten überwarfen sich mit dem Regisseur, weshalb schon der Pilotfilm der Serie MacGyver Filmgeschichte schreiben sollte, handelt es sich nunmehr doch um den einzigen Pilotfilm einer Fernsehserie überhaupt, als dessen Regisseur Alan Smithee genannt wird – jenes Pseudonym, das immer dann benutzt wird, wenn Regisseure ihre Namen – aus welchen Gründen auch immer – aus Filmprojekten zurückziehen. Fast täglich wurde das Drehbuch geändert, das Budget reichte für die Spezialeffekte nicht aus, am Set herrschte Chaos. Obwohl Richard Dean Anderson für eine Staffel unterschrieben hatte, machte er sich kaum Hoffnung, daß es sich bei MacGyver um ein längerfristiges Engagement handeln würde, deshalb begann er sich vorsichtig nach einem neuen Job umzusehen.

Wenn Pilotfilme einem auftraggebenden Sender nicht gefallen, werden sie in den USA zumeist nicht gesendet. Ein 90minütiger Pilotfilm hat zumindest noch Chancen, als Fernsehfilm gesendet zu werden. Mitte der 80er Jahre benötigte vor allem der europäische Videomarkt verleihbares Material. Da es oft Jahre dauerte, bevor ein Kinofilm endlich auf Video veröffentlicht wurde, verkauften Fernsehproduzenten ihre Pilotfilme, egal, ob aus ihnen eine Serie hervorging oder nicht, gerne nach Europa, wo sie als Videopremieren die Regale der Videotheken füllten. Da dies aber nur Filmen in Spielfilmlänge vorbehalten war, schien das Schicksal von MacGyver besiegelt. Seine Endstation sollte der Giftschrank des Fernsehsenders ABC werden, wo Hunderte von nie gesendeten Pilotepisoden lagern, die außer ihren Machern und den Redakteuren niemals ein Zuschauer zu sehen bekommen hat.

Doch es kam anders. Die Probleme während der Dreharbeiten waren den Redakteuren des Senders nicht verborgen geblieben. Und so ließen sie, was im knallharten, ausschließlich profitorientierten US-TV-Geschäft eine Einmaligkeit sein dürfte, Milde walten. Obwohl die Produzenten den Pilotfilm auf weniger als 40 Minuten heruntergeschnitten hatten – was aus werbetechnischen Gründen eine Katastrophe darstellte –, lobten sie die Hauptfigur. Angus MacGyver hatte das Zeug, gerade ein jugendliches, männliches, actionorientiertes Publikum anzusprechen, die für die Werbung mit Abstand wichtigste Konsumentengruppe.

Aufgrund der Tatsache, daß MACGYVER außerdem ein Held war, der ohne todbringende Waffen für Action sorgte, bestand auch keine Gefahr, mit den Jugendschützern der westlichen Welt in Konflikt zu geraten. So handelte es sich schließlich um ein Konzept, das zu jeder Tages- und Nachtzeit gesendet werden konnte. Dieser Punkt ist für den weiteren Verkauf von TV-Serien nicht zu unterschätzen. In den USA – dies zur Erklärung – gibt es neben den großen Networks wie ABC oder CBS die sogenannten Syndication-Stationen, unabhängige, regionale oder lokale Sender ohne Network-Anschluß, die vor allem in den 80er Jahren, als mit dem Kabel- und Satellitenfernsehen der US-Fernsehmarkt zu expandieren begann, werbekundenfreundliches Filmmaterial benötigten. Keine Frage, daß MACGYVER aufgrund seiner Zielgruppenorientierung von den kleinen Sendern mit Freude nach der Erstausstrahlung im Network aufgekauft wurde. Heute hat sich der Syndication-Markt verändert, viel mehr Serien als früher werden direkt für diesen Markt produziert; doch diese Veränderungen erklären zu wollen, würde den Rahmen dieses Kapitels sprengen.

Unter den Gesichtspunkten der kommerziellen Vermarktung sahen die Redakteure über die künstlerischen und handlungstechnischen Schwächen des Pilotfilms hinweg und gaben 21 Episoden, also eine volle Staffel, in Auftrag. Die Produzenten, die Richard Dean Anderson das Versprechen gemacht hatten, er würde sich in nächster Zeit keine Gedanken über die Bezahlung seiner Miete mehr machen müssen, sollten also tatsächlich recht behalten.

Der Vollständigkeit wegen bleibt anzumerken, daß ein Jahr nach der Erstausstrahlung der Pilotepisode im Herbstprogramm von ABC auf dem europäischen Videomarkt ein 78minütiger MACGYVER-Pilotspielfilm auftauchte. Dessen Existenz ist ganz einfach erklärt: Es handelt sich um einen Zusammenschnitt der Pilotepisode sowie der dritten Folge, SCHNAPPSCHÜSSE MIT FOLGEN (THE GAUNTLET). Dabei wurde die Pilotepisode in einigen Szenen leicht gekürzt, um sie der dynamischeren Inszenierung der dritten Episode anzupassen.

Die Serie erlebte eine turbulente erste Staffel. Vin diBona, der im Auftrag Henry Winklers und John Richs für die Produktion der Pilotepisode verantwortlich zeichnete, wurde nach Beendigung der Dreharbeiten umgehend durch Terry Nation ersetzt, der wiederum nach vier Folgen die Segel strich. Produzenten kamen und gingen, die einzige Konstante blieb die Besetzung der Hauptrolle mit Richard Dean Anderson, der – was ABC überraschte – nicht nur, wie kalkuliert, das auf Action orientierte männliche Publikum ansprach, sondern auch Frauen an den Bildschirm bannte. Rund die Hälfte der Zuschauer war weiblichen Geschlechts. Natürlich war es – ganz einfach gesagt – zum einen sein Aussehen, das das weibliche Publikum ansprach, andererseits aber verkörperte Richard Dean Anderson einen anderen als den gängigen Actionheroen.

Serien wie DAS A-TEAM oder EIN COLT FÜR ALLE FÄLLE,

die das Aussehen der Fernsehunterhaltung auf dem Actionsektor jener Tage bestimmten, waren in ihren Wurzeln chauvinistische Männervereine, die ein ganz auf ihr männliches Publikum zugeschnittenes Weltbild vermittelten: starke Männer auf der einen Seite und schwache Frauen auf der anderen. Die gleichen Autoren, die für diese Actionserien die Drehbücher verfaßten, schrieben auch für MACGYVER, nur waren sie bei Richard Dean Anderson an den falschen Schauspieler für ihre billigen Männerphantasien geraten. Zwar konnte Richard Dean Anderson für sich keinen Starstatus geltend machen und verlangen, daß Drehbücher seinen Vorstellungen entsprechend umgeschrieben wurden, er weigerte sich jedoch, bestimmte Szenen, die das Bild einer Harte-Männer-schwache-Frauen-Welt suggerieren sollten, in dieser Form umzusetzen. Seinem Argument hatten die Produzenten wenig entgegenzusetzen: Für solch billige Phantasien sei ein Angus MacGyver zu intelligent.

Die Tatsache, daß er seine Abenteuer mit Intelligenz und nicht mit roher Gewalt löste, machte ihn sogar bei den amerikanischen Pädagogen beliebt. MACGYVER sei eine Serie, die jugendlichen Zuschauern auf unterhaltsame Weise Technik und Naturwissenschaften nahebringe, ließen amerikanische Pädagogenverbände wohlwollend verlauten. Angesprochen auf seine überragenden technischen Fähigkeiten, antwortete sein späterer Produktionspartner Michael Greenburg im Interview mit *Entertainment Weekly*: »Er kann nicht einmal einen Videorekorder programmieren …«

In dieser Situation entschlossen sich die Produzenten zu einem ungewöhnlichen Schritt: Sie stellten Angus MacGyver einen Partner zur Seite. Das heißt, einen neuen Darsteller in einer Serie zu etablieren, ist an sich nun wirklich nicht ungewöhnlich. Ungewöhnlich war vielmehr die Besetzung der Rolle mit dem Schauspieler Dana Elcar. Der in Michigan geborene Schauspieler hatte zum

Zeitpunkt seines Engagements seinen 55. Geburtstag schon weit hinter sich gelassen. Er war eher von untersetzter Figur und kahlköpfig. Dana Elcar, der ab der zehnten Episode, SECHS STUNDEN BIS ZUR EWIGKEIT (NIGHT-MARES), MacGyvers Auftraggeber, aber auch väterlichen Freund spielen sollte, diente dem Zweck, die Glaubwürdigkeit der Serie zu untermauern. Zunächst wurde er für acht Episoden engagiert; als MACGYVER jedoch grünes Licht für eine zweite Staffel erhielt, bekam auch Dana Elcar, der aus Dutzenden von Krimiserien als Nebendarsteller zu den bekanntesten Fernsehgesichtern der USA zählte, einen festen Vertrag.

Während der Drehpause zwischen der ersten und der zweiten Staffel spielte Richard Dean Anderson zum erstenmal die Hauptrolle in einem Fernsehspielfilm. EIN GANZ NORMALER HELD (ORDINARY HEROES, USA 1986) hieß das 88minütige Drama, das in Deutschland erst mit dreijähriger Verspätung seine Videoauswertung erfahren sollte. Richard Dean Anderson stellt in diesem Spielfilm einen jungen Mann dar, der im Vietnamkrieg sein Augenlicht verloren hat. Nach seiner Rückkehr in die USA fällt es ihm schwer, sich wieder in die Gesellschaft einzugliedern und ein ›normales‹ Leben an der Seite seiner Freundin zu führen. Das *Lexikon des Internationalen Films* schreibt zu Richard Dean Andersons Debüt als Hauptdarsteller in einer Filmproduktion: »Ein wohltuend unpathetisches Drama mit versöhnlichem Ausklang, das sich mehr für den persönlichen Konflikt als für den historischen Hintergrund interessiert und für Menschlichkeit plädiert.«

Kaum waren die Dreharbeiten abgeschlossen, stand Richard Dean Anderson bereits wieder als Angus MacGyver vor der Kamera. Die zweite Staffel ging ohne erwähnenswerte Schwierigkeiten über die Bühne, die Unterzeichnung des Vertrages zur dritten Staffel war kaum mehr als eine Formsache.

In dieser Zeit kam es zu einem schicksalhaften Zusammentreffen mit einer jungen Schauspielerin, die noch am Anfang ihrer Karriere stand: Teri Hatcher. Die beiden verliebten sich ineinander, und Teri Hatcher, die als Lois Lane in der Serie SUPERMAN – DIE ABENTEUER VON LOIS UND CLARK rund acht Jahre später selbst ein großer Serienstar werden sollte, erhielt auf Richard Dean Andersons Betreiben hin eine ständig wiederkehrende Gastrolle namens Penny Parker in MACGYVER. Anderson, dessen einzige Lebensgefährtin bis dato eine australische Schäferhündin namens Whiskey gewesen war, die er sich 1976 zu Beginn seines Engagements in der Serie GENERAL HOSPITAL gekauft hatte, erklärte sich für Teri Hatcher sogar bereit, sein Junggesellenleben aufzugeben und mit ihr zusammenzuziehen.

Die dritte Staffel ging, die vierte Staffel kam, und nach deren Erfolg wurde sogar eine fünfte Staffel in Auftrag gegeben. Damit war Richard Dean Anderson in den Olymp der amerikanischen TV-Serienstars aufgestiegen, denn von 50 gestarteten Prime-Time-Serien erreicht gerade einmal eine die fünfte Season. Da MACGYVER untrennbar mit dem Namen Richard Dean Anderson verbunden war, gelang es ihm, den Posten eines Produzenten zu ergattern, was seinen Einfluß auf das Aussehen der Serie und die Auswahl der Geschichten maßgeblich beeinflußte. Anderson, ein Freund von Fantasy- und Science-fiction-Literatur, gelang es, phantastische Elemente in die Serie einfließen zu lassen. Statt sich mit gewöhnlichen Schurken herumschlagen zu müssen, verschlug es ihn in einer Episode beispielsweise in den Wilden Westen, in einer anderen fand er sich plötzlich am Hofe König Artus' wieder. Die phantastischen Elemente verpaßten der Serie eine dringend benötigte Frischzellenkur und sicherten ihr Fortbestehen für zwei weitere Staffeln.

Zusammen mit dem Produzenten Michael Greenburg, der MACGYVER von der zweiten bis zur vierten Staffel betreut hatte, gründete Richard Dean Anderson in dieser Zeit außerdem die Produktionsfirma Gekko Film Corporation, um eigene Projekte zu entwickeln, denn das Ende von MACGYVER ließ sich absehen – und für den Schauspieler aus Minnesota wurde es Zeit, neue Projekte zu entwickeln, denn seit EIN GANZ NORMALER HELD hatte es in seinem Leben nur MACGYVER gegeben. Und Richard Dean Anderson wollte für den Tag, an dem die letzte Episode seiner Serie lief, gewappnet sein. »Das Großartige am Job des Produzenten«, so erklärte er im Interview mit dem *Newark Star Ledger*, »besteht darin, die kreative Kontrolle über ein Format zu besitzen und es vom ersten Tag an in seiner Entwicklung betreuen zu dürfen.«

Privat hatte sich inzwischen einiges in seinem Leben getan. Die Beziehung mit Teri Hatcher war auseinandergebrochen, eine Affäre mit der taubstummen Schauspielerin und Oscar-Preisträgerin Marlee Matlin hatte ihn für kurze Zeit zum Liebling der amerikanischen Klatschpresse werden lassen. Ansonsten lebte er privat wieder sein Junggesellenleben – begleitet nur von seiner australischen Schäferhündin Zoë, die er nach dem Tod von Whiskey aufgenommen hatte.

1991 zeichnete sich das unausweichliche Ende von MACGYVER ab. Obwohl die Serie nach wie vor zu den beliebtesten Prime-Time-Serien gehörte, war ihr Fortbestehen ungewiß. Der Grund dafür lag auch im sich zunehmend verschlechternden Gesundheitszustand von Dana Elcar. Elcar litt seit Jahren am grauen Star. Daran hatten auch mehrere Augenoperationen nichts ändern können. 1991 verschlechterte sich der Zustand seiner Augen derart, daß er von seinem Arzt offiziell für erblindet erklärt wurde. Nur mit Hilfe eines speziellen Computers war es ihm überhaupt möglich, seine Texte noch lesen zu können. Seine Erkrankung machte ihm das Schauspielern fast unmöglich. Zumeist spielte er nur noch im Sitzen beziehungsweise wurden seine Einsätze so vorbereitet, daß er nur wenige Schritte während einer Szene zu gehen brauchte. Obwohl es Ideen gab, MACGYVER über die siebte Staffel hinaus laufen zu lassen, war die letzte Episode der Serie, die auch beim deutschen Sender SAT.1 zu den erfolgreichsten Formaten zählte, am 3. Februar 1992 im US-Fernsehen zu sehen.

Das Ende der Serie wurde Richard Dean Anderson durch eine Einladung zur Olympiade nach Albertville versüßt: Die amerikanische Eishockeynationalmannschaft hatte ihn, schon zum zweiten Mal nach 1988, zu ihrem Ehrenspielführer ernannt. Im Februar 1992, kurz nach dem Ende MACGYVERS, flog Anderson nach Frankreich, was die amerikanische Publikumszeitschrift *People Weekly* veranlaßte, einen Bericht über Richard Dean Anderson mit der Überschrift »Goodbye, Mac – Hello, Iceman« zu versehen.

Kurze Zeit nach der Olympiade lernten auch die Leser der deutschen Klatschpresse Richard Dean Anderson kennen, der als Darsteller einer US-Actionserie in Deutschland bis dato nur wenig Aufsehen erregt hatte. Dieses plötzliche Interesse hatte einen Namen und war ein Weltstar aus deutschen Landen: Katharina Witt! Dabei war es vor allem ein Zitat aus dem Gespräch mit *People Weekly*, das in diesem Zusammenhang das Herz aller Boulevardjournalisten höher schlagen ließ, sagte er doch wörtlich: »Nun heißt es, neue Abenteuer zu bestehen, wie Kinder zu haben, eine Familie zu gründen.« Zum Bedauern der Klatschreporter hielt die Beziehung nur einige Monate. Und so legte sich das Interesse an Richard Dean Anderson in deutschen Landen schnell.

Nach dem Ende von MACGYVER fehlte es an neuen Angeboten. Wie viele andere Seriendarsteller auch hatte er das Pech, auf eine bestimmte Rolle festgelegt zu sein. Neue Angebote blieben weitestgehend aus, obwohl er bereits kurz nach dem Ende seiner Serie eine Rolle angenommen hatte, die seinem Image als glorreicher Held gar nicht entsprechen wollte. MIT DEN AUGEN DES MÖRDERS (THROUGH THE EYES OF A STRANGER, USA 1992) hieß der für den US-Sender CBS produzierte Psychothriller, der die Geschichte der jungen Laurie (Marg Helgenberger) erzählt, die nach der Trennung von ihrem Freund in eine Wohnung einzieht, in der, wie sie erst später erfährt, vor Jahren ein schrecklicher Mord verübt worden ist, der niemals aufgeklärt wurde. Es ist nur eine Frage der Zeit, bis der Killer von einst auf die neue Bewohnerin aufmerksam wird.

Eigentlich hätte Richard Dean Anderson gerne die Rolle des Killers übernommen, doch dies war den Besetzungschefs des Projektes offensichtlich doch etwas zu heikel: Angus MacGyver als Killer? So wurde er für die Rolle eines Polizisten ausersehen, der jedoch einige psychische Probleme hat und der nur noch einen Funken benötigt, um zu explodieren. Um jene Szenen, in denen er tatsächlich seine Beherrschung verliert und sich der Zuschauer zu fragen beginnt, ob er nicht möglicherweise der Killer sein könnte, so glaubhaft wie möglich zu spielen, verzichtete er drei Tage lang auf seinen Schlaf, um die Anspannung, unter der seine Figur steht, überzeugend darstellen zu können. Auch äußerlich paßte er sich seiner Rolle an. Er verzichtete auf jedes überflüssige Make-up – und vor allem seine weiblichen Fans wunderten sich nicht schlecht, als sie ihn in dem Spielfilm mit Falten und teilweise stark ergrauten Haaren sahen, die in Zeiten von MACGYVER der Kunst der Visagistin hatten weichen müssen. Das für seine strengen Kritiken bekannte *Lexikon des Internationalen Films* lobt den Film als »... solide inszenierte und gut gespielte Fernsehkost ...«, doch wie bereits an vorangegangener Stelle gesagt: Weitere Angebote für den Hobbyeishockeyspieler blieben aus.

So stellt das Jahr 1993 in der Filmographie Richard Dean Andersons ein fehlendes Jahr dar, und um endlich wieder vor der Kamera zu stehen, nahm er die männliche

Hauptrolle in einem »Movie of the Week« an, das VON EIFERSUCHT BESESSEN (BEYOUND BETRAYAL, USA 1994) heißen sollte. Obwohl es durchaus einige »Movies of the Week« gibt, die inhaltlich und darstellerisch ein hohes Niveau erreichen, handelt es sich beim Gros dieser Filme, die in Deutschland in Serien wie Stunden des Schicksals laufen, um Streifen, in denen ehemals erfolgreiche SeriendarstellerInnen ihr televisionäres Gnadenbrot erhalten. Glücklich war Anderson mit diesem Job nicht. Trotzdem machte er das Beste aus seiner Rolle. »Movies of the Week« wenden sich in der Regel an ein weibliches Publikum, so stehen denn auch im Mittelpunkt dieser Geschichten zumeist Frauen, die einer Bedrohung ausgesetzt sind. VON EIFERSUCHT BESESSEN machte da keine Ausnahme. Eine Frau (Susan Dey) wird von der Eifersucht ihres Ehemannes (Anderson) in den Wahnsinn getrieben, bis die Geschichte in einem Finale voller Blut und Gewalt endet.

Auch wenn der Film kaum mehr als Dutzendware darstellte, bot sich Anderson die Möglichkeit, zum erstenmal einen wirklich bösartigen Charakter zu spielen. Zu seiner eigenen Überraschung erhielt er für diese Rolle einige wirklich gute Kritiken. So stand in *Daily Variety* zu lesen: »… Richard Dean Anderson spielt so erschreckend unheimlich, daß eine Richard-Dean-Anderson-Maske nächstes Halloween ein Bestseller werden könnte!« Trotz der guten Kritiken mußte Richard Dean Anderson aber erkennen, daß das »Movie of the Week« seine Endhaltestelle darstellen sollte. Hier war er gelandet, und hier würde er über die nächsten Jahre sein Geld verdienen. Doch war es das, was er wollte? Zusammen mit seinem Partner Michael Greenburg begann er, ein neues Serienkonzept zu verwirklichen. Um im Gespräch zu bleiben – und damit Geldgeber für das Projekt zu interessieren –, erklärte er sich bereit, in zwei MACGYVER-Fernsehspielfilmen die Hauptrolle zu spielen, solange sie weniger action- als vielmehr fantasyorientiert ausfallen würden. So entstanden zwei ansehnliche Spielfilme, die Richard Dean Anderson einmal als ausführender, einmal als verantwortlicher Produzent betreute. Außerdem stand er für ein weiteres »Movie of the Week« vor der Kamera, PAST THE BLEACHERS (USA 1995), in dem er einen Vater darstellt, der den Tod seines Sohnes zu überwinden sucht.

Nach dem Ende der Dreharbeiten hatte Richard Dean Anderson nun Zeit, sich ausschließlich seinem neuen Serienkonzept zu widmen, für das seine Firma Gekko verantwortlich zeichnete. Die Serie hieß LEGEND und sollte eine Mischung aus Western, Science-fiction, Komödie und Drama werden. Erdacht hatte sich das Projekt Michael Piller, der einst als Autor bei STAR TREK: DAS NÄCHSTE JAHRHUNDERT seine Karriere begonnen hatte, um dann innerhalb der STAR TREK-Serien zum gefragten, kompetenten Produzenten aufzusteigen. Piller hatte sich das Konzept nicht nur ausgedacht, er hatte auch schon einen Sender für das Projekt interessieren können: UPN. Dazu sei folgendes erklärt: In den USA mag es zwar Hunderte von Fernsehsendern geben, bis Ende der 80er Jahre aber gab es nur drei Networks, die wirklich ein einheitliches Programm von der West- bis zur Ostküste flächendeckend ausstrahlten: ABC, CBS und NBC. Diese drei teilten den Markt untereinander auf. Ende der 80er etablierte die 20th Century Fox mit dem FOX-Network das vierte Programm und schüttelte den Markt kräftig durch. FOX wagte es, Serienkonzepte auszuprobieren, die bei anderen Sendern keine Chance erhalten hätten. Als Beispiele seien DIE SIMPSONS, BEVERLY HILLS 90210 und AKTE X genannt. Vom Erfolg dieser Serien begeistert, versuchten auch Warner Brothers ein Network namens WB zu etablieren, wie auch Paramount Pictures ihr eigenes Network UPN gründeten.

Die Paramount hatte sich als Serienproduzent bereits einen guten Namen gemacht. Ihre Hits hießen STAR TREK:

DAS NÄCHSTE JAHRHUNDERT und STAR TREK: DEEP SPACE NINE. Leider hatten beide Serien einen Fehler: Sie waren vertraglich an unabhängige, also Syndication-Stationen gebunden, so daß die Paramount ihre Erfolgsserien nicht im eigenen Fernsehprogramm zeigen durfte. Als Michael Piller dem Sender nun ein neues Konzept anbot, hofften die Programmverantwortlichen natürlich, mit seinem Namen das STAR TREK-Publikum an den Bildschirm bannen zu können. Daher gaben sie 13 Episoden in Auftrag, eine für eine Staffel heutzutage durchaus übliche Anzahl von Episoden. Die Paramount brachte schließlich Piller und Anderson an einen Tisch. Richard Dean Anderson und Michael Greenburg hatten als Geschäftsführer ihrer Firma Gekko kurz zuvor einen Vertrag mit der Paramount unterschrieben, der ihnen zusicherte, zwei Serien für den Sender UPN realisieren zu dürfen. Zu Pillers eigener Überraschung interessierte sich nicht nur der Produzent Richard Dean Anderson für das Projekt, sondern auch der Schauspieler hegte großes Interesse.

Richard Dean Anderson war von der Zusammenarbeit mit Michael Piller mehr als angetan, gab dieser ihm doch, wie er im Gespräch mit der Science-fiction-Zeitschrift *Starlog* im Juli 1997 betonte, die Möglichkeit, sein MACGYVER-geprägtes Image abzulegen und eine schauspielerisch vielschichtigere Serienfigur spielen zu können. Piller nutzte seine während seiner STAR TREK-Zeit geknüpften Kontakte und engagierte als Kostar neben Richard Dean Anderson John De Lancie, der durch die Rolle des ›Q‹ Kultstatus unter den STAR TREK-Fans genießt. Auch James L. Conway, einer der meistgefragten STAR TREK-Inszenatoren und MACGYVER-erfahrener Regisseur, unterschrieb einen Vertrag für LEGEND. Das Drehbuch zum Pilotfilm schrieb Piller schließlich zusammen mit Bill Dial, der in verschiedenen Funktionen für die Serie BABYLON 5 tätig gewesen war und seinerseits BABY-

LON 5-Regisseur Michael Vejar mitbrachte, den Anderson bereits aus MACGYVER-Tagen schätzte.

Der Produktion stand nichts mehr im Wege.

Angesiedelt im Wilden Westen der 70er Jahre des 19. Jahrhunderts, steht im Mittelpunkt der Geschichte Ernest Pratt (Richard Dean Anderson), ein heruntergekommener Autor von Schundromanen. Pratt ist ein Weiberheld, Glücksspieler und Säufer. Eigentlich aber möchte er ein glorreicher Westernheld sein. Daher hat er die Romanfigur Nicodemus Legend erfunden, in der sich all die positiven Charaktereigenschaften eines edlen Westernhelden widerspiegeln.

Nun geschieht im Pilotfilm BIRTH OF A LEGEND folgendes: Durch eine Reihe von irrwitzigen Zufällen wird gegen die fiktive Figur des Nicodemus Legend in der kleinen Stadt Sheridan ein Haftbefehl erhoben. Zur Aufklärung dieses Irrtums reist Pratt nach Sheridan, wo ihn die Bevölkerung begeistert empfängt. Die Menschen sind überzeugt, daß Pratt Legend sei – der ihnen bei der Lösung ihrer Probleme helfen kann. Auf der einen Seite per Haftbefehl gesucht, auf der anderen Seite als Held gefeiert, flüchtet Pratt/Legend in die Berge, wo er den europäischen Erfinder Bartok (John De Lancie) kennenlernt, dessen Leidenschaft darin besteht, verrückte, aber durchaus funktionierende Gerätschaften zu bauen, die ihrer Zeit oft um Jahrzehnte voraus sind. In Bartok findet Pratt einen Verbündeten. Und so entschließt er sich, den Irrtum in Sheridan aufzuklären und fortan in die Rolle des edlen Nicodemus Legend zu schlüpfen.

Als ›Indiana Jones trifft Dr. Wizard‹ beschrieb Richard Dean Anderson im Interview mit der *Chicago Tribune* die Machart der Serie mit seinen eigenen Worten im Vorfeld des Serienstarts. Und auch UPN rührte kräftig die Werbetrommel für ihre neue Serie. Mit Anzeigenkampagnen in allen TV-Zeitschriften sollte das Publikum auf die Serie neugierig gemacht werden. Michael Piller verbrachte Tag und Nacht im Internet, um die STAR TREK-Fans Amerikas persönlich für die neue Serie zu interessieren, und Richard Dean Anderson ließ sich bereitwillig von Talk-Show zu Talk-Show durchreichen, um seinerseits kräftig Werbung für die Serie zu machen. LEGEND sollte die Grenzen des Westerns sprengen. Es war geplant, peu à peu phantastische Elemente in die Serie einfließen zu lassen, die vor allem durch die Erfindungen Bartoks vorsichtig eingeläutet werden sollten. So erfand Bartok beispielsweise in der Episode REVENGE OF THE HERD einen künstlichen Büffel, mit dem Pratt einer Gruppe deutscher Verleger (einer von ihnen wurde von Reiner Schöne dargestellt, mit dem Richard Dean Anderson bereits in der Serie MACGYVER einmal zusammengearbeitet hatte) die Freude an der Jagd verderben soll.

Doch LEGEND stand unter keinem guten Stern. UPN startete die Serie am 18. April 1995, womit sie ins amerikanische Sommerprogramm hineinlief. Wie auch in Deutschland ist das Sommerprogramm in den USA eine Zeit der Wiederholungen, es ist die Zeit, in der niemand wirklich fernsieht, zumindest nicht in der Regelmäßigkeit, in der man im Herbst oder Winter vor dem Bildschirm sitzt und bereit ist, Woche für Woche eine Serie zu verfolgen. Mitte Juni aber, also in jener Zeit, in der eine Serie in ihrer Erstausstrahlung endgültig ausgelaufen sein und in die Sommerpause gehen sollte, lief mit der Episode GOSPEL ACCORDING TO LEGEND gerade einmal die sechste Folge.

Schon der Pilotfilm erregte kaum Aufsehen – und von Episode zu Episode nahm das Interesse ab. Noch bevor am 8. August 1995 die letzte Folge, SKELETONS IN THE CLOSET, ausgestrahlt wurde, hatte Michael Piller Gekko Film verlassen und war zu STAR TREK zurückgekehrt. Für Richard Dean Anderson stellte LEGEND den schlimmsten Flop seiner Karriere dar. Seine Reputation als Produzent litt unter dem katastrophalen Mißerfolg gewaltig. So gab die Paramount Gekko Film zu verstehen, daß sie auf der Einhaltung ihres Vertrages, der die Entwicklung zweier TV-Serien beinhaltete, nicht zwingenderweise bestehen würde. Schlimmer aber noch fiel der künstlerische Mißerfolg der Serie aus. »Es ist das erste Mal, daß ich mit meiner Arbeit ohne Wenn und Aber zufrieden sein darf«, hatte Richard Dean Anderson noch im April 1995 der *Chicago Tribune* im Interview erklärt. Das Publikum war es nicht.

Nach elf Episoden wurde die Serie eingestellt (sollte in einigen Episodenführern von 13 Folgen die Rede sein, ist dies damit zu erklären, daß für den internationalen Markt der Pilotfilm in zwei Einzelepisoden umgeschnitten wurde). Daß die Serie jemals in Deutschland zu sehen sein wird, ist eher unwahrscheinlich.

Einmal vom Pech berührt, ließ es ihn nicht mehr los. Andersons nächstes Projekt, eine unbetitelte Sitcom, kam über das Planungsstadium nicht hinaus. Um weiterhin auf dem Bildschirm präsent zu sein, unterschrieb er kurzfristig einen Vertrag mit CBS für eine neue Actionserie namens FIREHOUSE. FIREHOUSE, im Feuerwehrmilieu angesiedelt, erhielt von CBS zwar ein hohes Produktionsbudget, was aber nichts daran änderte, daß der Pilotfilm in den USA niemals gesendet wurde und statt dessen im Giftschrank des Fernsehsenders verschwand.

Der Stern Richard Dean Anderson drohte zu versinken. Um im Geschäft zu bleiben, nahm er ein Angebot der Videospielfirma Interplay an und lieh einer Figur des im postapokalyptischen Zeitalter spielenden Game FALLOUT seine Stimme. Dies aber war kaum mehr als ein Job. Er wollte zurück zum Fernsehen, doch das war alles andere als einfach. Bei CBS und UPN stand sein Name inzwischen auf der roten Liste. ABC, der Sender, der immerhin auf sieben erfolgreiche MACGYVER-Jahre zurückblicken konnte, vertraute seinem Star von einst offenbar auch nicht mehr. Lediglich NBC mochte mit ihm zusammenarbeiten und engagierte ihn für die Hauptrolle einer Miniserie.

PANDORA'S CLOCK – KILLERVIREN AN BORD DER 747 (PANDORA'S CLOCK, USA 1996) hieß der Zweiteiler, der im Herbst 1996 ausgestrahlt wurde und sich zum TV-Blockbuster entwickelte: An Bord einer 747 bricht ein geheimnisvoller Virus aus, der offenbar in die Maschine geschmuggelt wurde und in kürzester Zeit die meisten Passagiere infiziert hat. Der Virus ist hochgradig gefährlich und könnte eine ganze Stadt, ein ganzes Land, vielleicht sogar einen ganzen Kontinent infizieren, was im Endeffekt Millionen Menschen das Leben kosten könnte. Niemand will das Flugzeug landen lassen, an Bord bricht Panik aus. Nur Captain James Holland (Anderson) behält einen klaren Kopf und erkennt, daß sein Flugzeug nicht zufällig ausgesucht wurde ...

Kaum waren die Dreharbeiten abgeschlossen, reiste Richard Dean Anderson nach Vancouver, um die Verträge für sein nächstes Projekt zu unterschreiben: STARGATE. British Columbia war ihm aus MACGYVER-Tagen bereits bestens vertraut. Für den amerikanischen Fernsehmarkt ist Kanada der möglicherweise wichtigste Standort. Die Produktionskosten sind niedriger als in den USA, kanadische Städte sehen wie US-amerikanische Städte aus, was für die Optik eines Films oder einer Serie wichtig ist, und vor allem unterstützt British Columbia die Filmindustrie durch finanzielle Gastgeschenke, um möglichst viele Firmen zu animieren, sich in Kanada niederzulassen. Das berühmteste Beispiel dürfte in diesem Zusammenhang die Serie AKTE X sein, deren erste fünf Staffeln ausschließlich in Vancouver und Umgebung entstanden.

Etwas Besseres als STARGATE hätte dem Produzenten Richard Dean Anderson nicht passieren können. Hatte er mit der Serie LEGEND Lehrgeld zahlen müssen, unterschrieb er nun einen Vertrag, der ihm zwei Staffeln garantierte! Unabhängig vom Erfolg oder Mißerfolg der Serie. Keine Frage: Für einen solchen Vertrag würden die meisten Hollywood-Produzenten unbesehen ihre Seelen verkaufen. Es mußte also einen Haken geben. Oder etwa nicht?

Die Erklärung für diesen Deal ist einfach und in zwei Faktoren zu unterteilen. Faktor 1: Die Fernsehabteilung von Metro-Goldwyn-Mayer hat 1996 einen Deal mit der Regierung von British Columbia geschlossen, in dem British Columbia sich bereit erklärt, einen Kostenanteil von 1,5 Millionen Dollar an einem fünf Millionen Dollar teuren Studio zu übernehmen – vorausgesetzt, dieses Studio würde im Rahmen einer TV-Produktion eingesetzt, die mindestens zwei Staffeln umschließt. Zwei Staffeln bedeuten rund zwei Jahre Dutzende von Arbeitsplätzen, und das garantiert.

Nun kann man sich die Frage stellen, ob sich ein solcher Deal überhaupt lohnt. Man produziert eine 22teilige Serie, deren Einzelepisoden jeweils rund eineinhalb Millionen US-Dollar kosten. Diese Serie wird aber ein Flop. Demnach hätte MGM nicht nur gewaltig Geld verloren, sie müßte sogar noch ein zweites Mal 22 Episoden dieser Serie produzieren, weil dies der Vertrag mit der Regierung vorschreibt. Auf der einen Seite hätte man, nach dieser Rechnung, 1,5 Millionen Dollar eingespart, dafür aber 64,5 Millionen Dollar verloren. An dieser Stelle kommt nun Faktor 2 ins Spiel: MGM mußte ein Format finden, das garantierte 44 Episoden übersteht. Demnach mußte man sich auf einem Fernsehmarkt umschauen, der sich nicht über seine Quote (und damit verbunden die Werbeeinnahmen) definiert.

An dieser Stelle kommt Showtime ins Spiel. Showtime ist ein Pay-TV-Sender, der sich in direkter Konkurrenz mit dem Pay-TV-Marktführer HBO befindet. Showtime finanziert sich ausschließlich über die Gebühren seiner Abonnenten.

Showtime hatte Interesse an dem Format STARGATE, nicht zuletzt, weil MGM vorgeschlagen hatte, Brad Wright und Jonathan Glassner, die Showtime bereits mit OUTER LIMITS einen Megahit beschert hatten, als ausführende Produzenten zu verpflichten. Wright und Glassner nahmen sich des Projekts an, immerhin garantierte Showtime die Abnahme von 44 Episoden. Für diese Menge an garantierten Folgen suchte man jedoch nach geeigneten Produzenten, die bereit waren, sich ausschließlich diesem Projekt zu widmen. Diese Produzenten fanden sie in den beiden Gesellschaftern von Gekko Film, Michael Greenburg und Richard Dean Anderson. Da Anderson auch für die Hauptrolle vorgeschlagen war, erschien die Zusammenarbeit ideal.

»LEGEND war ein Projekt, das uns am Herzen gelegen hatte«, erklärte Michael Greenburg im Gespräch mit der australischen Zeitschrift *Reel West*. »Nach 13 Episoden aber wurde es eingestellt. Die Serie war cool und Richard liebte es, die Rolle des Ernest Pratt zu spielen, aber bei UPN herrschte ein Regime des sofortigen Abschaltens, sobald ein Format nicht auf Anhieb die Erwartungen der Redakteure erfüllte.«

Als Greenburg von MGM das Angebot erhielt, STARGATE produzieren zu dürfen, rannte er direkt zu Richard Dean Anderson, der von der Idee vollkommen begeistert war. Neben den gesicherten finanziellen Aspekten liebte Anderson die Idee, daß STARGATE kein Format war, in dem er pro Woche eine Geschichte zu erzählen hatte, sondern daß es – ähnlich wie in LEGEND – einen roten Faden gab, der die einzelnen Episoden miteinander verbinden würde. Und 44 garantierte Episoden bedeuteten, die Geschichte bis zum Ende erzählen zu können, ohne – wie im Falle von LEGEND – nach elf (bzw. 13) Episoden ganz einfach aufhören zu müssen. Ganz davon abgesehen, daß der Sender pro Episode bereit war, zwei Millionen Dollar Produktionskosten springen zu lassen, womit die Serie finanziell zu den bestausgestatteten des amerikanischen Fernsehens zählen würde.

»Ich hatte noch nie in einer Science-fiction-Serie mitgespielt«, so Richard Dean Anderson im Gespräch mit der ebenfalls in Australien erscheinenden Zeitschrift *PrimeStar.* Nachdem sowohl MACGYVER wie auch LEGEND schon mit phantastischen Elementen gespielt hatten, sah er in STARGATE eine Herausforderung, die er nicht an sich vorbeigehen lassen konnte. Ein Problem bestand für ihn lediglich in der Interpretation der Hauptrolle. Immerhin mußte er in die Fußstapfen von Kurt Russell treten, der die Figur des Colonel Jack O'Neill im Spielfilm STARGATE dargestellt hatte. Richard Dean Anderson schaute sich den Spielfilm einige Male an. Die Redakteure von MGM und Showtime hatten ihm erklärt, sie erwarteten, daß er die Rolle so spielen würde, wie Kurt Russell dies im Spielfilm getan hatte. Doch sehr schnell stand für Richard Dean Anderson fest, daß dies der falsche Weg war, sich auf die Rolle vorzubereiten. Vor allem störte ihn an Kurt Russells Darstellung des Colonel Jack O'Neill die suizidale Tendenz seines Charakters.

Die Handlung der Serie beginnt etwa ein Jahr nach den Geschehnissen des Spielfilms. In dieser Zeit ist viel passiert. O'Neills Ehe ist zerbrochen, er ist aus der Armee, die ihm einst alles bedeutet hat, ausgetreten. O'Neills depressive Stimmung ergab sich aus dem Unfalltod seines Sohnes, für den er sich noch immer die Schuld gibt. In einem Jahr aber, so Richard Dean Anderson, geschehen viele Dinge. Und vor allem eine Figur wie Jack O'Neill, die in diesem einen Jahr so viele Dinge erlebt hat, verändert sich. Vorsichtig, um die Redakteure nicht zu verärgern und ihnen das Gefühl zu geben, als seien es ihre Ideen, um im Spiel schließlich vollkommen freie Hand zu haben, bereitete er sie darauf vor, daß sein Jack O'Neill etwas humorvoller sein würde, wenngleich dieser Humor teilweise aus einem nicht zu unterschätzenden Zynismus entstünde. War der O'Neill des Spielfilms dem Militär noch treu ergeben, ist der O'Neill der Serie ein Querdenker geworden, der nach seinem Wiedereintritt in den aktiven Dienst den Befehlen seiner Vorgesetzten nicht mehr vorbehaltlos gehorcht, sondern begonnen hat, sich eigene Gedanken über seine Arbeit zu machen.

Die Redakteure waren mit Richard Dean Andersons Änderungsvorschlägen einverstanden. Nicht ganz freiwillig, wie er der australischen Tageszeitung *Herald Sun* zum Start der Serie auf dem fünften Kontinent im Dezember 1997 während eines Interviews anvertraute. Anderson mußte den Redakteuren klarmachen, daß zwischen Film und Serie ein Zeitraum lag, der lang genug war, um einen Menschen in die Richtung, in der er O'Neill darstellen wollte, zu verändern. Showtime lenkte ein und überließ ihm schließlich die Charakterisierung der Hauptfigur. Überhaupt ließ der Pay-TV-Sender dem Schauspieler Anderson viel größere Entfaltungsmöglichkeiten als das Network UPN, lobt der Produzent Anderson den Sender. Bei einem Network-Sender, so Richard Dean Anderson im Gespräch mit *PrimeStar*, muß vor allem die Sprache sauber sein. Sprache aber spiegelt die Emotionen eines Menschen wider, Sprache drückt am verständlichsten aus, was ein Mensch fühlt, was ein Mensch denkt. UPN schränkte auf diesem Sektor die Möglichkeiten ein, während Showtime die Autoren gewähren ließ. Auch bei der Darstellung von Gewalt und Sex seien die Grenzen des Erlaubten weit flexibler gesteckt als bei UPN. Wie flexibel, das bekam übrigens der deutsche Videoverleiher Warner Home zu spüren. Während der Spielfilm ohne Beanstandungen eine FSK-Freigabe ab zwölf Jahren erhalten hatte, wurde der Pilotfilm mit einer Freigabe ab 16 angekündigt und mußte bis kurz vor der Veröffentlichung warten, um doch noch eine Freigabe ab zwölf zu bekommen!

Für Richard Dean Anderson bedeutet STARGATE eine

110

ständige Bildschirmpräsenz. Und Richard Dean Anderson hat einen Vertrag unterschrieben, der ihm die Mitwirkung in bis zu fünf Staffeln sichert, falls die Serie während der zweiten Staffel nicht deutlich an Qualität verlieren sollte. Inzwischen lebt er in Kanada. »Ich bin mein ganzes Leben ein Vagabund gewesen«, erzählte er *People Weekly* im November 1996, kurz vor seinem Umzug von Los Angeles nach Vancouver, wo im Februar 1997 die Dreharbeiten zur Serie begannen. Aufgegeben hat er sein Apartment in L. A. jedoch nicht, denn Produktionsgeschäfte führen ihn regelmäßig in die Stadt der Engel; und es ist nicht ausgeschlossen, daß er in Zukunft Drehpausen nutzen wird, um vielleicht in einem TV-Spielfilm mitzuwirken. Die Zeit während der Dreharbeiten zur Serie verbringt der von seinen Freunden als Einzelgänger bezeichnete Junggeselle in Vancouver. Bei längeren Drehpausen zieht er sich oft in ein kleines Häuschen im Norden von Minnesota zurück, das noch immer seinen Eltern gehört, obwohl diese sich, nachdem alle vier Söhne erwachsen waren, haben scheiden lassen. Die plötzliche Trennung seiner Eltern, zu denen er bis heute trotz allem ein hervorragendes Verhältnis pflegt, mag in diesem Zusammenhang erklären, daß Anderson bei all den Affären, die ihm nachgesagt werden – unter anderem auch mit den Schauspielerinnen Lara Flynn Boyle und Sela Ward – nach der Trennung von Teri Hatcher keine wirklich feste Bindung mehr eingehen wollte.

Im Jahr 2000 wird Richard Dean Anderson 50 Jahre alt. Bis dahin – und vielleicht sogar darüber hinaus – wird die Serie STARGATE sein Leben bestimmen.

Und danach? Aufs Altenteil zurückziehen will sich der junggebliebene Mime nicht. Im Gegenteil. Er sucht schon jetzt nach neuen Herausforderungen, denen er sich stellen will. Wie diese jedoch aussehen könnten, darüber schweigt er sich zur Zeit noch beharrlich aus.

Zur Figur

USAF 66-789-7876-324
Mitglied der Joint Forces, Einheit SGC
Kommandierender Offizier des Stargate-Teams

Nach dem unerfreulichen Besuch der Goa'uld, jener
außerirdischen Astronautengötter-Rasse, und der damit
verbundenen Gründung der SG-Einheiten hat Colonel
Jack O'Neill das Kommando der Stargate übertragen bekommen. Sein Job besteht aus mehreren Komponenten.
Er soll fremde Welten besuchen und erkunden, ob von
den Bewohnern Gefahren ausgehen oder ob sie Technologien besitzen, die sich die Amerikaner zunutze machen
können. Natürlich befindet er sich auch auf der Suche
nach den Goa'uld, von denen eine direkte Gefahr für die
Menschheit ausgeht.

O'Neill erhielt ein Spezialtraining für verdeckte Opera-
tionen. Er ist ein Spezialist in Sachen Infiltration und beherrscht den Umgang mit Waffen der verschiedensten
Art. O'Neill eignet sich für diesen Job besonders, da er
keine Familie hat und demnach keine Fragen zu seinem
Job beantworten muß. Er war zwar verheiratet, lebt aber
von seiner Frau getrennt, seit ihr gemeinsamer Sohn bei
einem Unfall ums Leben kam.

Michael Shanks ist Dr. Daniel Jackson

Für Michael Shanks stellt die Mitwirkung in STARGATE die
erste große Rolle seiner Laufbahn dar. 1971 wurde
Shanks in Vancouver geboren, wo er auch aufwuchs und
als Kind und Jugendlicher gar nichts mit der Schauspie-

*Das Stargate Kommando SG-1 auf einen Blick auf einem
Kassetten-Cover von Warner Home Video: (von links)
Amanda Tapping, Christopher Judge, Richard Dean Ander-
son und Michael Shanks.*

RICHARD DEAN ANDERSON
STARGÅTE
KOMMANDO SG·1™

DAS ERSTE GEBOT
VERRATEN UND VERKAUFT

lerei am Hut hatte. So war er nie ein übergroßer Kino-
oder Fernsehfan. Aufgewachsen in der Vorstadt, verbrachte er eine ruhige und glückliche Kindheit, besuchte
die High School und entschloß sich, nach dem Abschluß
an der Universität von Vancouver Wirtschaft zu studieren. Einer Zukunft im Bankwesen oder der Industrie
stand nichts mehr im Wege. Und Michael Shanks bekam
keine Magenschmerzen, wenn er an diesen ihm vorge-
zeichneten Weg dachte.

Bis an seiner Universität eines Tages ein Filmteam zu
Gast war und Szenen für eine Episode einer Serie drehte.
Diese Serie hieß – MACGYVER. Es ist schwer nachzuprü-
fen, was davon nun Legende ist und was sich wirklich zu-
getragen hat, doch Michael Shanks erzählte der amerikanischen Journalistin Kyle Counts von der Zeitschrift
Starlog die folgende Geschichte: Interessiert beobachtete
er die Schauspieler während der Vorbereitung ihrer Rollen. Hauptdarsteller von MACGYVER war, wie bekannt sein
dürfte, niemand anderer als Richard Dean Anderson.
Shanks war überrascht, beobachten zu müssen, wie ungeheuer konzentriert Anderson an die Rolle heranging.
Shanks kannte Anderson nur vom Bildschirm her, und
seine Meinung zu Serien wie MACGYVER war eher reserviert, doch als er Anderson beobachtete und sah, wie dieser sich vorbereitete und kaum, daß die Kamera lief, eine
vollkommen andere Persönlichkeit zu werden schien,
wurde sein Interesse an der Schauspielerei geweckt. Er
hatte noch nie mit Schauspielern zu tun gehabt, deshalb
war ihm nicht klar, welche Möglichkeiten dieser Beruf einem Menschen bieten konnte. Doch die Möglichkeit, eine
vollkommen andere Persönlichkeit vor der Kamera spielen zu dürfen, die Tatsache, eine völlig andere Identität
anzunehmen, faszinierte ihn.

Es war jedoch nicht seine Art, sich von Gefühlen trei-
ben zu lassen und nur, weil er plötzlich sein Interesse an
einer Tätigkeit entdeckte, alles andere stehen- und liegen-

zulassen. Schon gar nicht dachte er daran, für eine fixe Idee sein Studium hinzuschmeißen. Immerhin ging es um seine Zukunft. Natürlich: Er war von dem, was er gesehen hatte, fasziniert, doch er hatte sich mit seinem Studium für eine sichere Zukunft entschieden. Und es behagte ihm nicht, diese aufs Spiel zu setzen.

Trotzdem schrieb er sich fürs Schauspielstudium an seiner Universität ein und studierte ein Jahr lang Wirtschaft und Schauspiel nebeneinander. Nach diesem einen Jahr brach er sein Wirtschaftsstudium ab. Obwohl er wußte, welche Risiken er damit einging, beteuert er heute, er habe diesen Entschluß nicht bereut. 1994 machte er seinen Abschluß und erhielt ein Engagement am Stratford Shakespeare Festival in Toronto, wo er in einem Zeitraum von zwei Jahren in fünf verschiedenen Produktionen auf der Bühne stand.

Im Gegensatz zu anderen Schauspielern fehlt in seiner Biographie das Kapitel ›Vom Tellerwäscher zum Fernsehstar‹, denn das Engagement beim Festival sicherte ihm vom Beginn seiner Karriere an ein festes Einkommen. So ganz hatte er sein auf Sicherheit gedrilltes Verhalten aber nicht ablegen können. Hatte er zu Beginn Wirtschaft studiert, um einen krisensicheren Beruf ausüben zu können, fand er beim Festival eine sichere Anstellung, die er nicht riskieren wollte, weswegen er denn auch darauf verzichtete, in die Vereinigten Staaten zu gehen und dort sein Glück zu versuchen. Er nutzte vielmehr die Tatsache für sich, daß ausländische TV-Serien, die in Kanada gedreht und von der Film- und Fernsehförderung unterstützt werden, bei der Besetzung von Rollen und Jobs hinter der Kamera verpflichtet sind, zu großen Teilen auf Kanadier zurückzugreifen.

Da es in Kanada nun einmal nicht so viele Schauspieler gibt wie in den USA, Vancouver aber eine Hauptstadt der Fernsehserien-Unterhaltung darstellt, brauchte Shanks kaum mehr zu tun als abzuwarten, um ein erstes TV-Engagement zu erhalten. Zuerst spielte er eine etwas größere Statistenrolle in einer dramatischen TV-Serie namens THE COMMISH, bevor er in einer HIGHLANDER-Episode auftrat. Für diese Rolle – er spielte den Sohn eines Mienenbesitzers, der die korrupten Machenschaften seines Vaters aufdecken will – erhielt er immerhin eine Nennung im Vorspann und einige Szenen an der Seite von Hauptdarsteller Adrian Paul, den er sehr zu schätzen gelernt hat.

Überhaupt schätzt er die Arbeit beim Fernsehen. Vor allem die geradlinige Organisation, mit der die Einzelepisoden einer Serie inszeniert werden und die jedem Beteiligten höchste Konzentration abverlangt. Dieses zielgerichtete Arbeiten erklärt, warum er seine Vorbilder lieber beim Fernsehen sucht als beim Film. Fernsehschauspieler sind seiner Meinung nach geradliniger in ihrer Arbeit und haben weniger Zeit, sich als Stars zu gebärden und damit ihre Umwelt zu tyrannisieren. Woher dieses Denken wohl kommen mag? Bislang nämlich hat er in nur zwei Spielfilmen mitgewirkt. Da wäre zum einen CALL OF THE WIND (Kanada 1996). Über die Dreharbeiten hat er sich bislang nicht negativ geäußert. An der Seite von Rutger Hauer stellte er einen Arbeiter einer Goldmine dar, der Film selbst war für den Videomarkt bestimmt; in einer Woche hatte er seinen Part gespielt und kehrte nach Toronto zurück, wo er seinen Kontrakt beim Festival erfüllte. Ein Jahr zuvor hatte er sein Filmdebüt gegeben in einem unspektakulären »Movie of the Week« namens BLUTIGES FAMILIENGEHEIMNIS (A FAMILY DIVIDED, USA 1995).

Bei der Suche nach einem jungen kanadischen Schauspieler, der die zweite Hauptrolle der TV-Serie STARGATE spielen sollte (auch in diesem Fall benötigte man einen Kanadier, um von der Filmförderung bezüglich steuerlicher Erleichterungen profitieren zu können), erhielt Michael Shanks die Möglichkeit, sich bei Jonathan Glassner und Brad Wright mit einem Videoband zu bewerben. Die beiden Produzenten suchten dringend nach einem geeigneten Darsteller für die James-Spader-Rolle, und aufgrund gewisser Ähnlichkeiten machte sich Michael Shanks durchaus Hoffnungen auf diesen Part. Trotzdem war er überrascht, als er wenige Tage, nachdem er das Band verschickt hatte, eine Einladung zum Casting nach Los Angeles erhielt.

Am Ende dieses Castings war er mit den Nerven fertig. Er mußte vor den Verantwortlichen von MGM vorsprechen, dann vor den Redakteuren von Showtime und schließlich vor Glassner und Wright. Immer, während jeder Gesprächssituation, wurde eine Kamera auf ihn gerichtet, manchmal vergaß er direkt, ob er sich in einer privaten Plauderei mit den Redakteuren oder im Vorsprechstadium vor der Kamera befand. Der Streß aber hatte sich gelohnt. Wenige Tage nach seiner Rückkehr nach Toronto erhielt er einen kurzen Anruf, in dem ihm mitgeteilt wurde, er solle sich darauf vorbereiten, nach Vancouver zu kommen und die Rolle des Dr. Jackson zu spielen.

Im Film war die Figur des Daniel Jackson ein Träumer, ein Idealist und vor allem ein Pazifist. Nur, so Michael Shanks Frage, wie lange kann ein Mann, der täglich von Soldaten umgeben ist, wirklich ein Pazifist bleiben? In seiner Interpretation der Rolle ist Daniel Jackson eine Figur, die auf jeden Fall nach Möglichkeiten sucht, einen Konflikt zu umgehen oder friedlich beizulegen. Jackson weiß aber auch, daß es Konflikte gibt, denen er nicht ausweichen kann und denen er sich stellen muß (so zum Beispiel in der Episode 07, DIE MACHT DER WEISEN, in der der Pazifist Jackson gar gezwungen ist, mit einer Waffe in der Hand auf einen Bösewicht zu schießen).

Shanks weiß, daß STARGATE seine große Chance darstellt. 44 garantierte Episoden sind ein nicht zu unterschätzendes Programmpaket, und der Verkauf ins Ausland sorgt dafür, daß sein Gesicht auch außerhalb der kanadischen und amerikanischen Grenzen bekannt wird. Im Internet hat sich inzwischen sogar ein Michael-Shanks-Fanclub gegründet, der bislang einzige personenbezogene Fanclub zur Serie. Am Set gilt Shanks als diszipliniert und unauffällig, was ihn bei den Regisseuren und Produzenten durchaus beliebt macht. Man darf gespannt sein, was in Zukunft noch von ihm zu hören sein wird.

Zur Figur

Ziviler Anthropologe
Ziviler Berater der Joint Forces, Einheit SGC
Mitglied der Stargate

Dr. Daniel Jackson ist Ägyptologe. Seine oft radikalen Theorien über das Leben alter Kulturen haben ihn in der Fachwelt zum Außenseiter gemacht. Seinen Doktorgrad erhielt er mit einer Arbeit im Fachbereich Anthropologie und Linguistik, was ihn für die SG-Einheiten äußerst interessant macht. Er besitzt die Fähigkeit, sich blitzschnell in die unterschiedlichsten Kulturen hineinversetzen zu können, da er nach dem Motto arbeitet, Geschichte nicht zu erforschen, sondern Geschichte zu erfahren.

Jackson, der unter extremen (Blüten-)Stauballergien leidet, war es, der als erster Kontakt mit den Menschen von Abydos aufnahm. Berauscht von der Idee, Geschichte im wahrsten Sinne des Wortes leben zu dürfen, schloß er nach dem Ende der ersten Mission mit O'Neill einen Pakt: O'Neill erklärte, er sei beim Kampf gegen Ra gestorben, um ihm so die Möglichkeit zu geben, auf Abydos zu bleiben. Der kleine Schwindel flog jedoch auf. Jackson ist mit Sha'uri, einer Abydosianerin, verheiratet. Sie wurde von den Goa'uld entführt. Dies macht seine Mitgliedschaft im Team zu einer persönlichen Angelegenheit.

Amanda Tapping ist (Captain)
Dr. Samantha Carter

Beschäftigt man sich mit der Biographie von Michael Shanks, dann klingt alles ganz einfach: Man beginnt eines Tages ein Schauspielstudium, erhält ein Theaterengagement, spielt kleinere TV-Rollen, und eines Tages stehen ein paar Produzenten vor der Tür, und man bekommt einen Serienvertrag. Im Vergleich zur Karriere des jungen kanadischen Schauspielers hat es die Engländerin Amanda Tapping ungleich schwerer gehabt.

Geboren in Rochford, England, kam Amanda Tapping als junges Mädchen nach Toronto, Kanada. Ihr Vater, ein Naturwissenschaftler, hatte hier eine recht gut dotierte Anstellung gefunden. Daheim war sie das Nesthäkchen. Sie hat drei ältere Brüder, ihre Kindheit bezeichnet sie als glücklich, aber wenig aufregend. Sie wurde von ihren Eltern und Brüdern umsorgt, alle unterstützten sie in ihrer schulischen Laufbahn nach Leibeskräften. Offenbar hatte sie – nicht nur – das Talent ihres Vaters geerbt. Ihre Leistungen in allen Bereichen der Naturwissenschaften waren erstaunlich; sie gewann mehrere naturwissenschaftliche Wettbewerbe. Einer ihrer älteren Brüder machte schließlich Karriere als Biochemiker; und da ihre Leistungen die ihres Bruders, zumindest im Vergleich zu seinen Leistungen in ihrem Alter, bei weitem überstiegen, schien eine Laufbahn als Naturwissenschaftlerin – möglicherweise als Biologin – vorgezeichnet.

Als sie ihren Eltern offenbarte, nach dem Ende der High School Theater studieren zu wollen, brach für diese eine Welt zusammen. Vielleicht ist es übertrieben zu sagen, daß sie Amanda bereits am Hungertuch nagen sahen, doch sie setzten alles daran, ihr diese ›Flausen‹ auszutreiben, obwohl die Mutter heute zugibt, daß Amanda niemals etwas anderes als Schauspielerin hatte werden wollen. Was jedoch als Kinderei und Phantasterei abgetan worden war, meinte die junge Kanadierin mit einem britischen Paß in der Tasche vollkommen ernst. Alle Versuche ihrer Eltern, sie zu einer Karriere als Naturwissenschaftlerin zu überreden, schlugen fehl. Amanda setzte ihren Willen durch und schrieb sich an der University of Windsor School and Dramatic Art in Windsor, Ontario, ein.

Während ihrer Universitätszeit, berichtet sie heute, entwickelte sie eine wenig liebenswürdige Seite. Sie verachtete jene Kommilitonen, die in dritt- und viertklassigen Werbespots auftraten, nur um etwas Geld zu verdienen. Sie entwickelte sich, wie sie es in einem Interview mit *Starlog* nannte, zu einem richtiggehenden Theatersnob. Und während des Studiums konnte sie es sich erlauben. Ihre Eltern mochten mit ihrer Berufswahl nicht einverstanden sein, was jedoch nicht bedeutete, daß sie ihr die finanzielle Unterstützung entzogen hätten. Materiell abgesichert, konnte sie es sich erlauben, über ihre Kommilitonen herzuziehen und die Theaterschauspielerin heraushängen zu lassen.

Dabei machte sie sich ihren Eltern gegenüber eine List zu eigen: Als sie ihnen erklärte, sie würde am Ende ihres Studiums einen Universitätsabschluß vorweisen können, waren die Eltern glücklich. Mit dieser Behauptung hatte sie sie nicht angelogen. Am Ende ihrer Ausbildung erhielt sie einen Hochschulabschluß – im tagtäglichen Schauspielgeschäft ist dieser jedoch vollkommen wertlos. Im Schauspielgeschäft zählen Erfahrung und Können. Eine Eins im Abschluß sichert längst keine Zukunft. Doch ihre Eltern – unerfahren im Umgang mit Künstlern – sahen lediglich den Universitätsabschluß. Vier Jahre lang also lebte Amanda Tapping im sicheren Schoß der Universität. Dann wurde sie in das wirkliche Leben entlassen …

Sie erhielt einige kleine Theaterengagements, doch diese reichten zum Leben kaum aus. Um ihre Chancen zu vergrößern, begann sie ein zweites Schauspielstudium mit neuen Schwerpunkten, diesmal jedoch neben ihrer praktischen Tätigkeit. Ihr Problem war: Sie glaubte nach wie vor, Film und Fernsehen seien minderwertige Abfallprodukte des Schauspiels. Doch nach sechs Monaten mehr oder weniger kleiner Engagements, deren Honorar kaum zum Überleben ausreichte, mußte sie nehmen, was sie bekommen konnte. Sie brauchte Geld. Da sie als Theaterschauspielerin keine Chance hatte, andere, sprich Fernsehjobs zu bekommen, mußte sie sich einen Agenten nehmen und auf bessere Zeiten hoffen. Mit Erfolg. Schon wenige Tage nach der Verpflichtung eines professionellen Schauspielervermittlers erhielt sie einen Fernsehjob. Allerdings einen, dem sie – vorsichtig ausgedrückt – eher reserviert gegenüberstand: Sie sollte für eine Werbung für Tim Horton's Oat-Bran Muffins (Tim Horton ist ein Konkurrent von Kellogg's) vor die Kamera treten.

Die Dreharbeiten waren zwar stressig, aber – und das überraschte sie – weniger verbissen als am Theater. Obwohl es in der Werbung immerhin um die heiligsten Kühe des Kapitalismus geht – das Verkaufen von Produkten – und Kunst nur selten einen Platz zugestanden bekommt, war von diesem Druck im Produktionsteam wenig zu spüren. Vielleicht weil man wußte, daß man keine große Kunst bieten mußte, ging man mit einer Ausgeglichenheit an den Job heran, der Amanda Tapping bislang fremd gewesen war. Mehr noch: Obwohl es sich nur um einen Werbespot handelte, in dem die Texte und Gesten vom Werbekunden exakt vorgeschrieben waren, schien der Regisseur viel mehr an ihrer Meinung als Darstellerin interessiert zu sein als die Regisseure am Theater.

Als sie dann auch noch einen – für ihre Verhältnisse – hohen Gagenscheck erhielt (leider läßt sie sich über die Summe nicht aus, aber es wird sich um einen Betrag zwischen 2000 und 4000 Dollar gehandelt haben), war sie begeistert. Einen ähnlichen Betrag gab es für sie am Theater nicht zu verdienen, zumindest nicht in rund einer Woche. Es war für sie also die Zeit gekommen, ihre Meinung zum Thema Film und Fernsehen zu ändern. In der Folgezeit war sie somit in einer Reihe von verschiedenen Werbespots zu sehen.

Natürlich hatte die Werbung nicht gerade auf sie gewartet. In Commercials verkörperte sie außerdem zumeist den Typ der jungen, modernen Hausfrau; viele Jobs blieben ihr somit vorenthalten. Trotzdem hatte sie ihre finanzielle Ebbe überstanden. Mit den Honoraren vom Theater und der Werbung konnte sie ein relativ abgesichertes Leben führen. Mit zwei Freundinnen wagte sie außerdem den Schritt in die Selbständigkeit und gründete Random Act, eine Comedy-Truppe, mit der sie in Toronto und Umgebung auftrat und die ihr ein zusätzliches Einkommen bescherte.

1994, nach rund fünf Jahren in ihrem Job, erhielt sie ihre erste TV-Rolle. In der für den amerikanischen Syndication-Markt produzierten kanadischen Vampircop-Serie NICK KNIGHT war sie in der Rolle einer Ärztin zu sehen. Es war keine Special-Guest-Rolle, nur ein kleiner Part. Doch der erste Schritt war getan. Da amerikanische Produzenten in Kanada nur steuerliche Vergünstigungen erhalten, wenn sie mit einem gewissen Prozentsatz kanadischer Schauspieler zusammenarbeiten – und die Auswahl an Darstellern weitaus begrenzter ist als in den USA –, war es für Amanda Tapping nach ihrem TV-Debüt nur noch eine Frage der Zeit, bis sie weitere Gastrollen angeboten bekam. Schon wenige Wochen nach NICK KNIGHT erhielt sie einen Job in der TV-Serie KUNG FU. Und so ging es weiter. Es folgten neben ein paar Werbespots auch die ersten Engagements in TV-Movies wie RENT-A-KID (RENT-A-KID, USA 1995) oder NET WORTH (USA 1995) sowie eine etwas größere Rolle in dem zweiteiligen Gerichtsdrama UNTER DER LAST DER BEWEISE (DEGREE OF GUILT, USA 1995), das in den USA zu einem großen Hit avancierte und in dem sie neben Hector Elizondo agierte.

Große Aufmerksamkeit errang sie mit diesen Rollen allerdings nicht; sie war die typische Nebendarstellerin. Ihre Texte wurden zwar länger, doch Aussicht auf eine größere Rolle bestand nicht. In dieser Situation erkannte sie in einer kleinen Rolle ihre Chance. Es waren kaum mehr als zwei Szenen, die sie spielen sollte, doch die Serie hieß Akte X. Und eine solche Chance konnte sie sich nicht entgehen lassen.

Am 26. April 1996 wurde Avatar, die 21. Episode der dritten Staffel, in den USA ausgestrahlt. Bei Avatar handelt es sich um eine Folge, in deren Mittelpunkt FBI Assistant Director Walter Skinner (Mitch Pileggi) steht. Die Episode beginnt damit, daß Skinner die Scheidungspapiere von seiner Frau erhält. Er zögert jedoch damit, seine Unterschrift unter die Dokumente zu setzen. Sein Weg führt ihn statt dessen in eine Bar, in der er von einer schönen Frau (Amanda Tapping) angesprochen wird. Eines ergibt das andere – und bevor Skinner sich's versieht, hat er mit ihr geschlafen. Als er am folgenden Morgen aufwacht, ist Carina Sayles, die Frau, die ihn verführt hat, tot; jemand hat ihr während der Nacht das Genick gebrochen. Ihren zweiten Auftritt hatte Amanda Tapping schließlich neben den Stars der Serie, Gillian Anderson und David Duchovny – allerdings als Leiche. Ihre Aufgabe bestand lediglich darin, starr auf einem Obduktionstisch zu liegen.

Obwohl der zweite Auftritt relativ wenig Talent von ihr erforderte, hatte sie mit Akte X natürlich in der richtigen Serie mitgespielt. Innerhalb weniger Wochen absolvierte sie Auftritte in Serien wie Goosebumps, Ausgerechnet Chicago (Due South) sowie dem TV-Spielfilm Danielle Steel's Remembrance (USA 1996).

Ihr Name rutschte auf die Besetzungslisten aller möglichen amerikanischen, in Kanada produzierten Serien.

Sie brauchte sich über ihre Zukunft keine Gedanken zu machen, denn neben den Serien gab es immer noch das Theater, an das sie zurückkehren konnte. Doch sie wollte mehr. Sie war seit zehn Jahren Schauspielerin, aber eine Hauptrolle hatte sie in dieser Zeit, sieht man von einigen kleinen Theaterproduktionen und Werbespots ab, nicht spielen dürfen. Ihr Ehrgeiz war entflammt. Sie war eine Nebendarstellerin. Und sie war in ihrem Job etabliert. Warum sollte sie sich damit zufriedengeben? Warum sollte sie nicht nach den Sternen greifen und eine größere Rolle fordern?

Sie hatte natürlich schon für größere Rollen vorgesprochen, war jedoch immer wieder mit den Worten »Rufen Sie nicht an, wir rufen Sie an« nach Hause geschickt worden. Nun aber war diese Hauptrolle zum Greifen nah. Die Serie hieß STARGATE. Es hatte sich bereits herumgesprochen, daß die Serie aufgrund der Ausstrahlung im Pay-TV mit Optionen aufwartete, die keine andere Serie bieten konnte, nämlich 44 garantierte Episoden. Das wiederum bedeutete zwei bis drei Jahre ein regelmäßiges, nicht zu unterschätzendes Einkommen.

Im Gegensatz zu ihrem Kollegen Michael Shanks, der schon wenige Tage nach dem Vorsprechen den Zuschlag für seine Rolle erhalten hatte, begann für Amanda Tapping das große Zittern. Sie war in die engere Wahl gekommen – als eine von rund einem Dutzend weiterer Schauspielerinnen. Und sie alle hatten wirkliche Chancen. Die Produzenten hatten den Schauspielerinnen nur vage Andeutungen betreffend der Rolle zukommen lassen. Sie wollten sehen, wie die Frauen ihre Rollen interpretierten, und offenbar hatte jede einen Ton gefunden, der Glassner und Wright zusagte. Es folgten weitere Vorsprechtermine und Gespräche mit den Produzenten, der Kreis wurde kleiner, doch am Ende vergingen Wochen, bis sich das Büro von Jonathan Glassner und Brad Wright bei ihr meldete, nicht, um ihr eine Zusage zu machen, sondern um ein letztes Gespräch zu führen. Von diesem Gespräch hing nun alles ab.

Nach zehn Jahren bot sich die große Chance – und Amanda Tapping setzte alles auf eine Karte. Sie sagte den Produzenten offen, daß sie mit vielen ihrer Vorstellungen nicht einverstanden sei. Dr. Carter sollte selbstbewußt sein, das wollten die Produzenten, das wollte Amanda. Doch warum, fragte sie, müssen selbstbewußte, erfolgreiche Frauen im Fernsehen immer auch als kleine Biester dargestellt werden? Können sich Männer – und es sind in der Regel Männer, die sich Serien wie STARGATE ausdenken – nicht vorstellen, daß auch charmante, witzige Frauen selbstbewußt sein und Karriere machen können? Warum sollte Dr. Carter nicht über Humor verfügen dürfen? Weil es sich bei Humor um eine Männerdomäne handelt?

Offenbar fand sie die richtigen Worte, denn nach Wochen des Wartens und Hoffens erhielt sie den Job.

Für die Rolle der Samantha Carter kam ihr nun ihr familiärer Background zugute. Sie hatte keine Probleme, sich in die wissenschaftlichen Themen, mit denen sich ihr Charakter auseinanderzusetzen hatte, hineinzuvertiefen; für den militärischen Part vermittelte ihr das Studio Treffen mit ehemaligen Elitesoldaten, die bereits eine ganze Reihe von Schauspielern mit den Grundbegriffen des amerikanischen Militärwesens bekannt gemacht haben. Seit dem Beginn der Dreharbeiten lebt Amanda Tapping mit ihrem Ehemann nun auch in Vancouver, nicht weit vom Studio entfernt.

Mit Michael Shanks verbindet sie inzwischen eine tiefe Freundschaft; mit seiner Hilfe arbeitet sie oft an der Entwicklung ihrer Rolle. Während sie mit der charakterlichen Entwicklung von Dr. Carter äußerst zufrieden ist, kann ihr größter Wunsch bezüglich ihrer Rolle nur von einem der Autoren erfüllt werden: Sie wünscht sich für Dr. Carter einen echten *love interest*.

Da bleibt die Frage: Wo ist das Problem? Da gibt es in STARGATE Tausende von Welten, auf denen Menschen leben. Und in keiner dieser Welten soll eine intelligente, gutaussehende Frau wie Dr. Carter einen Mann finden können, der ihren Vorstellungen entspricht?

Man darf gespannt sein, ob die Autoren Amanda Tappings Wunsch in der zweiten Staffel berücksichtigen werden ...

Zur Figur

Captain Samantha Carter
USAF 43-412-6775-320
Mitglied der Joint Forces, Einheit SGC
Teammitglied Stargate

Für Dr. Samantha Carter bedeutet die Mitgliedschaft im SG-Team, ihre wissenschaftlichen und militärischen Erfahrungen in ihre Arbeit einbringen zu können. Lange bevor Dr. Jackson die Schriftzeichen des Sternentores entzifferte, gehörte sie als Astrophysikerin bereits zu dem Expertenteam, das die Zusammensetzung des Tores untersuchte.

Samantha Carter gilt als Expertin auf dem Gebiet der Plasma- und Partikelforschung, über Quantenmechanik hat sie promoviert. Beim Militär wurde sie zur Pilotin ausgebildet, außerdem erhielt sie eine Spezialausbildung im Nahkampf. Während des Golfkrieges flog sie rund 100 Lufteinsätze.

Christopher Judge ist Teal'c

Christopher Judge ist der große Unbekannte im Darstellergepann des Stargate-Teams. Bereits in den 80er Jahren spielte der großgewachsene Schauspieler in einer Reihe von TV- und Kinofilmen kleine Nebenrollen. Zumeist war er als Gangster vom Dienst engagiert. Zu seinen Credits

Teal'c (Christopher Judge) im Kampf gegen den bösen Donnergott Thor.

gehören Serien wie 21 JUMP STREET, KAMPF GEGEN DIE MAFIA und GABRIEL'S FIRE. Auch in dem Mel-Gibson-Spielfilm EIN VOGEL AUF DEM DRAHTSEIL (BIRD ON A WIRE, USA 1991) war er in einer kleinen Rolle zu sehen; eine Hauptrolle spielte er außerdem in HOUSE PARTY 2 (HOUSE PARTY 2, USA 1993). In Kanada bewies der US-Amerikaner mit einer durchgehenden Nebenrolle in der TV-Serie SIRENS ständige Bildschirmpräsenz.

Erlernt hat Christopher Judge seinen Beruf übrigens am Howard Fine Studio in Los Angeles, einer der renommiertesten Talentschmieden in den USA.

Zur Figur

Teal'c
Jaffa
Ziviles Mitglied des Stargate

Teal'c ist ein Jaffa, geboren auf dem Planeten Chulak. Sein Körper dient als Wirt für ein Goa'uld-Baby, somit erhielt er von seinen Herren eine bevorzugte Behandlung. Als Leibwächter des Goa'uld Apophis besaß er auch innerhalb der Gesellschaft hohes Ansehen. Der Brutalität seines Herren müde geworden, hat er sich gegen ihn gestellt und ist zum Stargate übergelaufen. Sein Wissen um fremde Kulturen ist diesem oft von Nutzen.

DER EPISODENFÜHRER

Die *General Credits* der Serie auf einen Blick

Die Darsteller: Richard Dean Anderson als Colonel Jonathan ›Jack‹ O'Neill
Amanda Tapping als Officer Dr. Samantha Carter
Michael Shanks als Dr. Daniel Jackson
Christopher Judge als Teal'c

Produktion: Glassner/Wright Double Secret Productions, Gekko Film Corporation, MGM Worldwide Television im Auftrag von Showtime. STARGATE ist eine amerikanisch-kanadische Koproduktion, die von der Filmförderung von British Columbia offiziell unterstützt wird. Die Serie STARGATE basiert auf der Geschichte des Spielfilms STARGATE von Roland Emmerich und Dean Devlin.

Produzent: Ron French (Pilotfilm – Episoden 1–10),
N. John Smith (Episoden 11–21)
Executive Producers: Jonathan Glassner, Brad Wright
Co-Executive Producer: Michael Greenburg
Produktionskoordinatorin: Rhonda Legge
Location Manager: Leanne Arnott
Assistierender Location Manager: Jamie Lake
Chefkameramann: Peter Woeste
Musik (Serienthema): Joel Goldsmith
Musik (STARGATE-Thema): David Arnold
Executive Story Editor: Robert Cooper
Executive Story Consultant: Katharyn Powers
Produktionsdesigner: Richard Hudolin
Casting (USA): Mary Jo Slater, Paul Weber

Casting (Kanada): Carol Kelsay
Extras Casting: Sandra Cauldwell
Art Director: Bridget McGuire
Visuelle Effekte – Supervisors: Ted Rae, John Gajdecki
Visuelle Effekte – Executive: Bob Habros
Make-up-Effekte: Steve Johnsons XFX Inclusive
Make-up: Jan Newman
Haarstylist: Julie McHaffie
Kostümdesigner: Christina McQuarrie

Zur Benutzung

STARGATE EPISODENFÜHRER

Wer sich dem Episodenführer widmet, sollte eines nicht vergessen: diesen kleinen Wegweiser sorgfältig zu lesen!

Jede Episode wird in den folgenden Schritten besprochen:
- Regularien/Casting
- Kurzinhalt
- Langinhalt
- Kommentar
- Hintergründe
- Bemerkungen

Dazu sei folgendes erklärt:
Die Regularien nennen den deutschen und den amerikanischen Titel sowie die Episodenbezeichnung. Der 90minütige Pilotfilm wird als 01 geführt, die erste Episode als 02 usw. Die in Deutschland erschienenen Episoden wurden teilweise nicht in der Reihenfolge der amerikanischen TV-Ausstrahlung veröffentlicht. Diesem Führer liegt die US-Reihenfolge zugrunde.

Kurzinhalte entsprechen in ihrer Form Inhaltsangaben bekannter TV-Zeitschriften. Sie geben einen kurzen Einblick in die Geschehnisse der Einzelepisode, ohne entscheidende Aspekte, wie etwa die Auflösung, zu verraten.

Die Langinhalte geben nicht nur detailliert über die

Geschehnisse Auskunft, auch die Auflösung der jeweiligen Episode wird gnadenlos verraten! Wer die Serie später im Fernsehen verfolgen und sich nicht die Spannung nehmen lassen möchte, sollte diese Langinhalte überblättern!

Die Kommentare bauen teilweise auf den Langinhalten auf! Kommentare können Bewertungen oder Produktionsnotizen sein, manchmal aber wird auch auf einen Fehler hingewiesen, hin und wieder findet sich einmal ein besonders gelungenes Zitat im Kommentar wieder.

Die Hintergründe befassen sich mit dem geschichtlichen oder mythischen Background, der der jeweiligen Geschichte zugrunde liegt.

Die Bemerkungen widmen sich zumeist besonderen Gaststars oder Regisseuren der Einzelepisoden.

Der Spielfilm

XX STARGATE
OT: STARGATE
US-Kinostart: 28. Oktober 1994
Deutscher Kinostart: 5. März 1995

Regie: Roland Emmerich. Drehbuch: Roland Emmerich, Dean Devlin. Kamera: Karl Walter Lindenlaub (BVK). Musik: David Arnold. Produktionsdesign: Holger Gross. Kostüme: Joseph A. Porro. Schnitt: Derek Brechin, Michael J. Duthic. Produktion: Dean Devlin, Oliver Eberle, Joel B. Michaels. Koproduzentin: Ute Emmerich. Associate Producer: Peter Winther. Executive Producer: Mario Kassar. Digitale und visuelle Spezialeffekte: Jeffrey A. Okun. Visual Effects Supervisor: Kit West. Kreaturdesign: Patrick Tatupoulos. Besetzung: Kurt Russell (Colonel Jonathan ›Jack‹ O'Neill), James Spader (Dr. Daniel Jackson), Jaye Davidson (Ra), Viveca Lindfors (Catherine), Alexis Cruz (Skaara), Mili Avital (Sha'uri), Erik Avari (Kasuf), Leon

Rippy (General West), John Diehl (Lt. Col. Charles Kawalsky), Carlos Lauchu (Anubis), Djimon Hounsou (Horus), French Steward (Lt. Feretti), Gianin Loffler (Nabeh), Christoper John Fields (Lt. Freeman), Derek Webster (Lt. Brown), Jack Moore (Lt. Reilly), Steve Giannelli (Lt. Porro), Dax Biagas (junger Ra), David Pressman (assistierender Lt.), Scott Smith (Officer), Cecil Hoffman (Sara O'Neill), Rea Allen (Barbara Shore), Richard Kind (Gary Meyers), John Storey (Mitch), Kelly Vint (junge Catherine während der Ausgrabungssequenz), Sayed Badeya (Arabischdolmetscher), Kieron Lee (Ra [während der Maskensequenzen]).

Kurzinhalt:
Während einer archäologischen Ausgrabung im Jahre 1928 entdecken skandinavische Ägyptologen einen geheimnisvollen Torbogen. Rund 70 Jahre später haben amerikanische Militärwissenschaftler begonnen, das Geheimnis des Bogens zu entschlüsseln – ohne Erfolg. Gegen den Rat etablierter Wissenschaftler wenden sie sich an Dr. Daniel Jackson, einen jungen Ägyptenforscher, der aufgrund seiner oft aberwitzigen Theorien als Außenseiter der Forschergesellschaft gilt. Was andere Forscher in Jahren nicht zustande brachten, gelingt Jackson in wenigen Tagen: Er entschlüsselt die Hieroglyphen und entdeckt, daß es sich um ein Tor zu einer anderen Welt handelt. Unter der Leitung von Colonel Jack O'Neill wird Jackson mit einer Marines-Einheit durch das Tor geschickt. Unversehens finden sie sich auf Abydos wieder, einem Planeten, dessen Wüstenoberfläche der Landschaft des alten Ägypten entspricht. Sie entdecken Menschen, Nachfahren ägyptischer Sklaven, deren Vorfahren von einem Außerirdischen, der von sich behauptete, der Sonnengott Ra zu sein, verschleppt wurden. Und dieser Ra, das stellen auch die Soldaten bald fest, ist kein liebenswerter Zeitgenosse.

Von androgyner Schönheit: der böse Gott Ra inmitten seines Hofstaates.

Langinhalt:

1928: Während einer archäologischen Ausgrabung rund um die Pyramiden von Gizeh entdecken skandinavische Wissenschaftler einen ungewöhnliche Torbogen, dessen Existenz sie sich nicht erklären können: Er sieht anders aus als alles, was sie bislang entdeckt haben. Womit haben sie es zu tun?

Während die Erwachsenen den Bogen anstarren, geht ein kleines Mädchen – ihr Name lautet Catherine – zu einem Unterstand der Forscher. Hier werden kleine, unbedeutende Fundstücke aufbewahrt, unter anderem ein goldenes Medaillon, auf dem sich die Initialen des Sonnengottes Ra befinden. Das kleine Mädchen steckt das Medaillon ein und gesellt sich wieder zu den Erwachsenen, die den Torbogen noch immer anstarren.

Gegenwart: Dr. Daniel Jackson hält einen Vortrag über das Alte Reich und die vierte Dynastie, welcher die Erbauung der Pyramiden zugerechnet wird. Jackson negiert diese Theorie und behauptet, die Pyramiden seien älter als bisher angenommen. Seinen Theorien fehlen allerdings einige Beweise, darüber ist er sich im klaren. Es geht ihm jedoch nicht darum, die Wissenschaftler von der absoluten Richtigkeit seiner Theorien überzeugen. Er will sie lediglich davon überzeugen, daß einiges, was ihre wissenschaftliche Disziplin als Wahrheit bezeichnet, zum Teil auf fehlerhaften Deutungen und Übersetzungen beruht. Das wiederum kann er belegen. Deshalb, so sagt er, seien unbedingt neue Forschungen nötig. Doch die etablierten, orthodoxen Zirkel haben für den jungen, euphorischen Mann nur Häme übrig. Bevor er seinen Vortrag beenden kann, verlassen sie seine Vorlesung.

Für Jackson bedeutet dieses Votum das Ende seiner wissenschaftlichen Karriere. Sein Stipendium ist ausgelaufen, seine Wohnung gekündigt. Oder gibt es für ihn möglicherweise doch eine Zukunft? Eine geheimnisvolle ältere Dame lädt ihn ein, an einem geheimen Forschungsprojekt teilzunehmen. Offenbar ist sie von seinen Theorien sehr angetan. Da er nichts mehr zu verlieren hat, folgt er ihr.

Während Jackson in der unter strengster Bewachung stehenden militärischen Anlage von Creek Mountain, Colorado (in der Serie das Hauptquartier der SG-Kommandos), eintrifft, sitzt Colonel O'Neill daheim auf dem Bett seines Sohnes Charlie. Verzweifelt starrt er die Bilder seines kleinen Sohnes an. Vor einigen Monaten hatte O'Neill seine Waffe mit heimgebracht und vergessen, sie zu entladen. Als sein Sohn die Waffe fand, spielte er mit ihr. Ein Schuß löste sich, Charlie starb. Seit diesem Unfall hat

O'Neill die Freude am Leben verloren. Die Waffe, mit der Charlie starb, hält er fest umklammert. Er will sich umbringen. Das Auftauchen zweier Soldaten vereitelt sein Vorhaben. Sie überreichen ihm einen Marschbefehl. Die Waffe, die er zuvor unter einen Schrank geschoben hat, sehen sie nicht. O'Neill, geht aus dem Marschbefehl hervor, wird nach Creek Mountain bestellt.

Jackson wird von einem gewissen Lieutenant Kawalsky zu einer gigantischen, runden Schrifttafel ägyptischer Herkunft geführt. Jackson ist begeistert: So etwas hat er noch nie gesehen. Catherine, die ältere Dame, erwartet ihn und bittet ihn sogleich, sich die Schriftzeichen, die man bislang nicht entziffern konnte, anzuschauen. Was ihrem Team in zwei Jahren nicht gelang, gelingt Jackson in kürzester Zeit: Er entschlüsselt die Schriftzeichen. »Millionen Jahre in diesem Himmel ist Ra, der Sonnengott, vergraben und versiegelt für alle Zeit« lautet der Hauptsatz. Außerdem entdeckt er ein Zeichen für das Wort Sternentor.

In diesem Moment betritt O'Neill die Szene und verbietet den Wissenschaftlern, Jackson weiter in die Forschungen einzuweihen. Das Projekt hat eine neue Geheimhaltungsstufe, und er ist zum Verantwortlichen erklärt worden. Sein barsches Auftreten macht ihn nicht gerade beliebt, vor allem Catherine ist erbost und erklärt Jackson, trotz des Verbots, daß die Tafel über 10.000 Jahre alt ist, was die wissenschaftliche Forschung als unmöglich betrachten würde.

Zwei Wochen später: Ein Zeichen hat Jackson nicht entziffern können. An diesem Zeichen allerdings hängt der Erfolg des gesamten Unternehmens. Der Zufall läßt seinen Blick auf eine Sternenkarte des Orion-Systems fallen, die mit dem Zeichen auf dem Tor 100prozentig identisch ist. Nun hat alles einen Sinn: Die Zeichen sind als eine Art Wegweiser zu verstehen. Doch wofür?
Trotz O'Neills Bedenken ist es Zeit, Jackson in die ganze

Geschichte einzuweihen und ihm das Sternentor zu zeigen, das 1928 ausgegraben wurde und aus einem Material besteht, das es auf der Erde nicht gibt.

Mit Hilfe der von Jackson entschlüsselten Zeichen gelingt es, das Sternentor einzustellen und einen Weg zur anderen Seite zu öffnen. Ein Roboter wird durch das Tor geschickt, die Mission verläuft erfolgreich. Der Planet, auf dem er landet, befindet sich in einer fremden Galaxis. Doch was wird er auf der anderen Seite des Sternentors finden? Die Aufzeichnungen des Roboters sind nicht zufriedenstellend. Ein Team müßte auf die andere Seite geschickt werden. Das Problem: Wie kommt es zurück? Leichtsinnig sagt Jackson, daß er die Zeichen auf der anderen Seite entziffern könne – und wird engagiert. Bevor er durch das Tor schreitet, hängt ihm Catherine das goldene Medaillon um den Hals, das sie als kleines Mädchen gefunden hatte. Ihr hat es in all den Jahren Glück gebracht, nun soll es ihm Glück bringen.

Das Team, bis auf Jackson ausschließlich aus Marines bestehend, wird – mit O'Neill als Führer – durch das Tor geschickt. Sie landen in einem riesigen Tempel am Fuß eines Berges, auf dessen Spitze sie eine Pyramide entdecken. Jackson ist außer sich vor Freude. O'Neill bleibt jedoch ganz der Militarist. Er befiehlt, ein Basislager zu errichten. Außerdem soll sich Jackson nicht von der Truppe entfernen. Ihr Auftrag sei klar definiert: die Lage sondieren und dann nichts wie zurück nach Hause. Nur, erklärt ihm Jackson, ist das einfacher gesagt als getan. Um den Code für die Rückreise einzustellen, benötigt er nämlich die richtigen Schriftzeichen. Nur: Wo findet er diese Zeichen?

Als Kawalsky erfährt, daß sie auf dem fremden Planeten festsitzen, stürzt er sich wutentbrannt auf Jackson. Er läßt sich zwar beruhigen, doch auch die anderen Soldaten geben Jackson zu verstehen, daß er nicht gerade zu ihrem Freundeskreis gehört.

Während sich die Aggressionen gegenüber Jackson entladen, stiehlt sich O'Neill heimlich in den Tempel zurück, um sich um ein Mitbringsel zu kümmern, von dem nur er etwas weiß: eine kleine Nuklearbombe.

Auf der Suche nach der möglichen Schrifttafel entdeckt Jackson die Fußspuren eines Tieres, das sich als eine Mischung aus Fabelwesen und Kamel herausstellt. Das Tier ist zahm und trägt ein Geschirr, was auf menschliches Leben schließen läßt. Während Jackson das Vertrauen des Tieres erlangt, erschrickt es, als die Soldaten auftauchen. Es rennt davon, Jackson verheddert sich im Geschirr und wird mitgeschleift, bis sich das Tier beruhigt und stehenbleibt – auf einem Hügel, von dem aus Jackson einen riesigen Steinbruch entdeckt, in dem Tausende von altertümlich gekleideten Menschen ihrer Arbeit nachgehen.

Beide Seiten sind irritiert. Langsam nähern sich O'Neill und Jackson den Bewohnern des Planeten. Als einer von ihnen Jacksons Medaillon erblickt, fallen alle auf die Knie. Der Versuch, sie zum Aufstehen zu bewegen, schlägt fehl und gelingt erst mit dem Auftauchen von Kasuf, ihrem Anführer. Auch er ist irritiert, vor allem, da sie einander sprachlich nicht verstehen. Doch mit einem Trick gelingt es Jackson, sein Vertrauen zu erringen – oder besser gesagt: mit einem Schokoriegel, den er Kasuf als Dank für das Wasser, das er von ihm bekommen hat, reicht. Kasuf ist begeistert, die Soldaten werden in ihre Stadt eingeladen. Diese Stadt – gebaut in einem Stil, der an Städte des Nahen Ostens erinnert – bietet Tausenden von Menschen Lebensraum. Offenbar ist die Entwicklung ihrer Kultur vor Tausenden von Jahren stehengeblieben, noch immer befinden sie sich auf dem Entwicklungsstand ihrer ägyptischen Vorfahren.

Kasuf führt sie in eine Art Festsaal, wo Jackson dann versteht, warum die Menschen bei seinem Anblick auf die Knie gefallen sind: Von der Decke hängt ein mehrere Meter im Durchmesser messendes Medaillon herab. Es zeigt das gleiche Bild, das auf Jacksons Medaillon gezeichnet ist.

Trotz dieser Entdeckung hat Jackson noch immer Probleme, die Sprache der Menschen zu verstehen, vor allem ihre Angst vor Schriftzeichen. Kasuf wird richtiggehend panisch, als Jackson versucht, ein Symbol in den Sand unter seinen Füßen zu zeichnen; und das macht die Kommunikation nicht gerade einfacher. Als ihm auch noch Sha'uri, Kasufs Tochter, zum Geschenk gemacht wird und er sie abweist, enttäuscht er seine Gastgeber und kann sie nur dadurch beruhigen, daß er Sha'uri, die er durchaus attraktiv findet, in sein Gemach zurückholt.

Niemand von denen, die sich in der Stadt befinden, ahnt, daß zur selben Zeit ein gigantisches, pyramidenförmiges Raumschiff auf der vor der Stadt gelegenen Pyramide landet. Zwischen den Soldaten und den Außerirdischen kommt es zu einem kurzen Gemetzel, in dem alle Soldaten entweder getötet oder gefangengenommen werden.

O'Neill freundet sich indes mit einem Jungen namens Skaara an. Beide verstehen zwar kein Wort des anderen, aber da Skaara O'Neills Gesten imitiert und sogar versucht, eine Zigarette zu rauchen (wobei er sich fürchterlich verschluckt), erkennt auch O'Neill, daß der Halbwüchsige in ihm offenbar ein Vorbild sieht. O'Neill schenkt Skaara ein Feuerzeug, das auf ihn wie ein unvorstellbares Wunderwerk wirkt; als er jedoch versucht, eine von O'Neills Waffen zu berühren, verliert der Colonel die Beherrschung. Erschrocken rennt Skaara davon.

Währenddessen führt Sha'uri Daniel Jackson in eine verbotene Höhle. An den Wänden entdeckt er eine Reihe von Schriftzeichen. Beim Versuch, sie zu entziffern, erkennt Sha'uri einige der Worte, die Jackson vor sich hin nuschelt, wieder; Jackson gelingt es, Zugang zu Sha'uris

Sprache zu finden, und er entziffert auf diese Weise auch die restlichen Zeichen. Sie erzählen die Geschichte eines von einem fernen Planeten stammenden Reisenden, dessen Volk starb, der sich seinem Schicksal aber nicht kampflos ergeben wollte. Auf der Suche nach Rettung entdeckte er einen unterentwickelten Planeten. Als die dort lebenden Wesen sein Raumschiff sahen, rannten sie davon. Nur ein Junge blieb stehen und zeigte keine Angst. Dessen Körper nahm der Reisende in Besitz. Er machte die Wesen, die Menschen, zu seinen Untertanen und ließ sich von ihnen als Gott namens Ra verehren. Viele von ihnen schaffte er durch das Sternentor, um sie in einer fernen Welt als Sklaven zu halten und sie in seinen Steinbrüchen schuften zu lassen. Dann aber erhoben sich die Menschen der fernen Welt, der Erde, gegen ihn, und Ra mußte flüchten. Die Menschen stürzten das Tor um und vergruben es.

Die Zeichen beweisen: Ra ist besiegt. Und auch Ra weiß das. Daher hat er den Menschen verboten, Lesen und Schreiben zu lernen, damit die Geschichte im Laufe der Zeit verlorengeht. Doch Jackson hat sie wiedererstehen lassen. Zur Erde bringt ihn dies trotzdem nicht, denn die Zeichenkombination, die man am Stargate einstellen muß, um eine Verbindung zur Erde zu ermöglichen, fehlt, das heißt: Das siebte und wichtigste Zeichen läßt sich nicht mehr rekonstruieren.

O'Neill glaubt, auf dem Planeten gestrandet zu sein. Er gibt den Befehl zur Rückkehr zum Lager, über dem sie das gigantische Raumschiff entdecken. Da die Außerirdischen offenbar keine Ahnung von der Existenz der restlichen Soldaten haben, haben sie es nicht für nötig empfunden, die Eingänge zu verschließen. So gelangen O'Neill, Jackson und die restlichen Soldaten ins Innere des Tempels. Es kommt zu einer Schießerei mit den Horussen, den Leibwächtern Ras. O'Neill gelingt es, bis zur Bombe vorzudringen, doch diese ist verschwunden.

Er und Jackson, der von der Existenz der Bombe keineswegs erfreut ist, werden schließlich gefangengenommen und über ein ringartiges Teleportationsgerät in Ras Gemächer gebeamt. Ra zeigt sich von den Eindringlingen fasziniert und läßt seinen fast ausschließlich aus Kindern bestehenden Hofstaat auftreten, um die Fremden anzuschauen. Diesen Moment nutzt O'Neill, um einem der Wächter die Waffe, einen Schießstock, zu entreißen. Während des kurzen, aber heftigen Schußwechsels werden jedoch nicht nur einige von Ras Wächtern getötet – auch Jackson stirbt. O'Neill selbst wird überwältigt.

Von einem tiefgelegenen Fenster aus hat Skaara, der den Soldaten heimlich gefolgt ist, das Geschehen beobachtet. Als er in die Stadt zurückkehrt, findet er diese halb zerstört vor. Ra hat ein Exempel statuiert und die Stadt von seinen Kampffliegern bombardieren lassen. Skaara ist verzweifelt. Doch Sha'uri macht ihm klar, daß Ra kein Gott ist. Sie erzählt ihm von den Schriftzeichen. Der Kampf ist nicht beendet – er hat gerade erst begonnen.

In diesem Moment erwacht Jackson in einem Sarkophag. Er ist irritiert, weiß er doch, daß er tot war. Doch Ra erklärt ihm, daß er menschliche Körper einfach liebt, weil sie so leicht zu reparieren sind. Er gibt zu, von ihnen fasziniert zu sein, denn er hat die Bombe entdeckt und feststellen müssen, daß sich die Menschheit seit seiner Flucht prächtig weiterentwickelt hat. Aber da er die Grundlagen der Zivilisation geschaffen hat, wird es Zeit, das Zeitalter der Zivilisation zu beenden, indem er die Bombe durch das Tor schickt – versehen mit einer Technologie, die ausreicht, den halben Planeten zu zerstören.

Er hat Jackson jedoch nicht nur aus Faszination reanimiert. Er hat ihn wiederbelebt, um seine Macht zu beweisen: Jackson soll O'Neill umbringen, vor den Augen der Menschen, damit diese erkennen, daß nur er, Ra, ein Gott ist, die Besucher jedoch manipulierbare, sterbliche Menschen sind. Dafür wird er Daniel Jackson verschonen.

So läßt Ra seine Sklaven am Fuße der Pyramide erscheinen. Die noch lebenden Soldaten um O'Neill werden aus ihrem Verlies geholt, Jackson erhält einen Schießstab, um O'Neill zu töten. Doch Jackson bekommt ein Zeichen von Skaara. Der Junge und andere Halbwüchsige haben die im verwaisten Basislager verbliebenen Waffen geholt. Jackson wirft O'Neill den Stab zu, die Jungen feuern, es kommt zu einem erbitterten Kampf, in dem die Soldaten fliehen können.

Pech gehabt: Die Marines geraten in die Hände des bösen Ra und werden gezwungen, vor ihm niederzuknien.

Doch damit beginnt ein Konflikt der Soldaten untereinander, als Jackson ihnen von der Bombe erzählt. Ursprünglich, so O'Neill, sollten die Soldaten die Lage ausschließlich sondieren und heimkehren; er allein wäre zurückgeblieben. Da die Rückkehr nicht möglich ist, haben sie mit der Bombe nun ein Problem. Und O'Neill ist bereit, sie zu zünden. Die Männer aber sind es nicht. Sie wollen nicht für den Tod all der Menschen verantwortlich sein.

Jackson indes entdeckt das letzte Zeichen: eine Pyramide, umgeben von drei Monden (es ist ein Zeichen, das die Menschen heimlich benutzen, wenn sie einen Sieg darstellen wollen).

Die Außerirdischen verrichten ihre Arbeit, als sei nichts geschehen. Dazu gehört, daß sie die Menschen zur Arbeit schleifen. Diesmal aber befinden sich O'Neill und seine Männer unter ihnen. O'Neill tötet einen der Horusse. Kasuf ist entsetzt, vor allem, als sich sein eigener Sohn, Skaara, O'Neill anschließt, mehr noch, weil ihre Tat geplant gewesen zu sein schien. Sie haben einen Gott getötet. Doch Jackson reißt dem Horus die Maske vom Gesicht. Darunter befindet sich das Gesicht eines Menschen. Kasuf ist entsetzt, doch er und die anderen Männer bleiben zurück und folgen den Soldaten und Halbwüchsigen nicht. So sind diese im Kampf allein auf sich gestellt, dennoch gelangen sie in den Tempel und verwickeln die Wächter in einen Schußwechsel. So kommen Jackson, Sha'uri und O'Neill zur Bombe. Aber auch ein Horus von Ra erscheint. Es kommt zu einem Kampf, in dem Sha'uri getötet wird.

Ra hat indessen die Geduld verloren und sendet seinen ersten Horus zur Bombe, damit dieser sie durchs Tor schickt. Dieser nutzt die Teleportationsringe, die sich in der Bombenkammer rematerialisieren. Jackson nutzt die Chance und steigt mit Sha'uris Leichnam in die Mitte des Geräts, um seinerseits auf die andere Seite zu gelangen.

Während sich der erste Horus vor O'Neill materialsiert, gelangt Jackson zu jenem Sarkophag, in dem er wiederbelebt wurde.

Während vor der Pyramide ein heftiger Kampf tobt, an dem sich nun auch die Männer um Kasuf beteiligen, erkennt Ra, daß er verloren hat. Er bereitet sich zur Flucht vor.

Sha'uri indes lebt. Sie steigt mit Jackson in die Teleportationsringe, und sie reisen zurück in den Bombenkeller, in dem O'Neill und der erste Horus einen Kampf auf Leben und Tod austragen. Als sich die Ringe materialisieren, stößt O'Neill den Horus einfach zu Boden. Von der Wucht der auf ihn einschlagenden Ringe wird dieser getötet. In diesem Moment erhebt sich das Raumschiff. Die Bombe tickt. Doch nach dem Tod des Horus bleiben 90 Sekunden Zeit, um sie zu entschärfen. O'Neill stellt den Schalter ganz einfach auf ›Aus‹ – doch nichts geschieht. Zusammen mit Jackson schafft er sie in den Teleportationsring, der sie automatisch in das Raumschiff überträgt, wo sie sich direkt vor Ras Augen materialisiert. Ra akzeptiert sein Schicksal, sein Raumschiff explodiert.

Das Volk ist frei, das Tor geöffnet. Die Soldaten kehren zurück, auch O'Neill, der die Freude am Leben zurückgewonnen hat. Er verabschiedet sich von Jackson, der sich dazu entschieden hat, auf Abydos (wie der Planet in der Serie genannt wird) zurückzubleiben. Doch O'Neill weiß, daß er Jackson nicht zum letzten Mal gesehen haben wird.

Kommentar:

● IDOBAR, das Projekt, wegen dem Emmerich und Devlin in die USA gereist waren, stand unter der Oberaufsicht von Joel Silver. Silver hatte mit Filmen wie LETHAL WEAPON I + II (LETHAL WEAPON, USA 1987 und '89) oder STIRB LANGSAM (DIE HARD, USA 1988) das Actiongenre neu defi-

143

niert und befand sich zu Beginn der 90er Jahre auf dem Höhepunkt seiner Karriere. Die Zusammenarbeit zwischen Emmerich, dem liebenswürdigen Schwaben, und Silver, dem cholerischen Hollywood-Produzenten, konnte jedoch nicht gutgehen.

Um sich abzulenken, erzählte Roland Emmerich Dean Devlin von einer Geschichte, die er sich während seiner Studienzeit ausgedacht hatte. »Als ich auf der Filmhochschule war, gab es eine Welle von Theorien über außerirdische Wesen, die vor Tausenden von Jahren die Erde besuchten und für den Bau der Pyramiden und ähnliches verantwortlich sein sollten. Ich glaubte nicht an diese Theorien, aber ich hatte immer den Gedanken, daß sie der Stoff für einen phantastischen Abenteuerfilm sein könnten.« So wird Emmerich im Presseheft des deutschen STARGATE-Verleihers Scotia zitiert.

Dean Devlin beschäftigte sich mit Emmerichs Idee und war begeistert. Emmerichs Urfassung spielte in Ägypten, es war Dean Devlins Idee, die Geschichte auf einen fremden Planeten zu verfrachten. So entstanden die Stadt Nagada, der Planet Abydos, die altertümlich anmutende Kultur der Menschen von Abydos und die Idee, den ägyptischen Gott Ra als Außerirdischen zu outen. Inspirieren ließen sich die beiden von den Fantasy-Geschichten Edgar Rice Burroughs': »Ähnlich wie die Geschichten von Burroughs beschreibt auch STARGATE die Geschichte einer Reise ins Unbekannte und weniger den Kampf zwischen Gut und Böse, was zu Problemen mit den amerikanischen Produzenten führte. Der Film entspricht nicht dem klassischen Gut-Böse-Modell, was so funktioniert: In der ersten Szene ermordet der *bad guy* jemanden. Dann wird der Held eingeführt, und am Ende kommt es zum Zweikampf, den der Böse verliert.«

● STARGATE spielt auf Abydos, einem Planeten, auf dem ein Außerirdischer, dessen Äußeres den Menschen

144

gleicht, Menschen aus dem alten Ägypten angesiedelt hat. Ras erstes Auftreten erinnert den Zuschauer an das Auftreten eines Pharaos, ganz so, wie man es sich mit dem aus Geschichtsbüchern angeeigneten Wissen vorstellen kann. Sein Auftritt bricht jedoch mit den Konventionen des Science-fiction-Films, denn während außerirdische Kulturen in der Regel fremdartig dargestellt werden, erscheint Ras Auftreten in gewisser Weise vertraut. Kommen Außerirdische im Film normalerweise auf die Erde, um Chaos und Vernichtung zu verbreiten (oder sie sind nette E.T.s, die Blumen sammeln und ihr Heimtaxi verpassen), hatten sich Devlin und Emmerich mit Ra einen anderen Typus von Charakter erdacht. Keine Frage: Ra ist böse. Sein Umgang mit den Menschen ist der eines liederlichen Despoten, ohne Anstand, ohne Moral. Doch indem der Zuschauer in Ras Welt, in seinen Pyramiden, in seiner Kleidung bekannte Symbole entdeckt, ist Ra auch ein Erschaffer. Er hat die menschliche Kultur auf der Erde vorangetrieben, indem die Menschen, die er besuchte, seine Symbole kopierten. »Wir wollen unser Publikum davon überzeugen«, so Dean Devlin, »daß sich die ägyptische Kultur nicht entwickelt hat, sondern ein Legat ist – die Imitation von etwas vorher Dagewesenem. Dazu mußten wir eine sehr primitive Gesellschaft kreieren, aus der die altägyptische Kunst und Kultur entsprungen sind.«

● Die Vorbereitungen erforderten ein enges Zusammenspiel der Ausstatter, Effektleute und Kostümdesigner. Der gesamte Look des Filmes mußte eine Einheit ergeben, Emmerich selbst arbeitete während dieser Phase eng mit dem Computer-Storyboarder Peter Mitchell Rubin zusammen. Seine Bilder gaben den Teammitarbeitern ein Gefühl für das Aussehen des Filmes. Ihre Entwürfe konnten aufgrund des Computerprogramms, mit dem Rubin arbeitete, sofort in eine Szene eingebaut werden. Es bedurfte somit keiner langwierigen Probedrehs, um zu erkennen, ob Kostüme, Landschaften oder Bauten eine Einheit ergaben. Der Computer übernahm diese Arbeit und warf das Ergebnis oft in wenigen Minuten aus. Sogar Kameraeinstellungen, inklusive der vor Ort herrschenden Lichtverhältnisse, simulierte der Computer im voraus. Dies schaffte nicht nur Zeit – es sparte vor allem viel Geld.

Und das war nötig, denn die Außenaufnahmen zu STARGATE konnten aus verständlichen Gründen nicht in einem Hollywood-Studio inszeniert werden. Kein Studio hätte die dafür notwendigen Sandmassen aufnehmen können, gezeichnete Hintergründe aber, mit denen früher in solchen Situationen gearbeitet wurde, konnten dem Zuschauer der 90er Jahre nicht mehr zugemutet werden. Als Drehort ausgesucht wurde ein Wüstenstrich in der Nähe von Yuma, Arizona, etwa eine Flugstunde von Hollywood entfernt. Sämtliches Studioequipment, vom Cola-Automaten für die Erfrischung zwischendurch bis hin zu tonnenschweren Kamerakränen und Lichtbauten, mußte also von Los Angeles nach Yuma transportiert werden, was eine große Herausforderung an die Logistik darstellte.

Doch nicht nur Material mußte transportiert werden. In einer Szene rennen über 1000 Menschen über die Dünen von Abydos. Emmerich erkannte bereits sehr früh, daß diese Szene mit dem Computer nicht zu manipulieren war. In Filmen, in denen beispielsweise Tausende von Menschen auf einem Platz inmitten einer Stadt zu sehen sind, arbeiten Kameraleute mit einem Trick. In Wahrheit stehen vielleicht gerade einmal 50 Statisten auf diesem Platz eng beieinander. Der Platz selbst wird in Dutzende von Planquadraten aufgeteilt, und die Statisten werden von Quadrat zu Quadrat geschickt. In jedem dieser Quadrate werden sie gefilmt, wobei der größte Teil der Kameralinse schwarz abgedeckt wird. Im Schnittstudio werden die Einzelszenen nun so übereinandergelegt, daß Planquadrat an Planquadrat anschließt. Und so sieht der

Zuschauer am Ende nicht nur 50 Statisten, sondern es wird der Eindruck erweckt, als stünden auf dem Platz 1000 Menschen. So wird Geld gespart.

Im Fall von STARGATE war dieses System nicht zu realisieren, da die Menschen über eine Düne rannten, sie als Gesamtheit betrachtet keine Einheit darstellten. Jeder Zuschauer hätte gesehen, daß hier mit Tricks gearbeitet wurde. Für Emmerich bedeutete dies, mehrere tausend Statisten engagieren zu müssen. Das mag in Los Angeles kein Problem darstellen, in Yuma schon. Man muß sich vorstellen, daß die Statisten nicht nur herangekarrt werden mußten – sie mußten auch in praller Sonne spielen, was ihre Körper austrocknete. 50.000 bis 60.000 Liter Trinkwasser mußten daher pro Tag zur Verfügung stehen. Abgesehen davon, daß man die Statisten nicht in Jeans und Nike-Turnschuhen über den Wüstensand jagen konnte. Insgesamt mußte Kostümdesigner Joseph Porro über 1500 Darsteller und Statisten einkleiden – und zwar hitzefreundlich. Ursprünglich wollte Porro die Darsteller der US-Soldaten mit Uniformen aus dem Fundus einkleiden – bis er entdeckte, daß diese Uniformen polyesterdurchzogen waren. Polyester und Sonne aber geben keine gute Kombination ab, sämtliche Kostüme mußten aus leichter Baumwolle sein. Über 4000 Kostüme entstanden somit vor und während der Dreharbeiten, außerdem Dutzende von aufwendig gefertigten Schmuckstücken für Ra und seine Dienerschaft.

● Die Innenaufnahmen des Raumschiffes von Ra konnten ebenfalls nicht in Hollywood gedreht werden. Der Grund: Emmerich wollte mit so wenig Computeranimationen wie möglich arbeiten; die Zuschauer sollten das Gefühl haben, daß alles, was sie zu sehen bekommen, echt ist. Die Ausmaße des Raumschiffes aber sprengten die übliche Größe von Tonbühnen. Abhilfe brachte dem Filmteam ein Flugzeughangar in Long Beach, der mit einer Breite von 20 Metern, einer Höhe von 13 und einer

Länge von 100 Metern die notwendigen Ausmaße hatte. Dem exzentrischen Milliardär Howard Hughes diente die Halle übrigens einst als Hangar für sein legendäres Flugzeug ›Spruce Goose‹. Dies sei jedoch nur als Randnotiz erwähnt.

● Neben der ›Inneneinrichtung‹ des Raumschiffes sowie der Pyramiden von Abydos befand sich auch ein im Durchmesser sieben Meter großer Ring mit sich bewegenden Außensymbolen unter den Kulissen. Dieser Ring war jenes Requisit, das dem Film schließlich seinen Namen geben sollte – ein Sternentor, STARGATE!

● Rein optisch hatte Emmerich ein Maximum an Realismus erreicht, Abydos wirkte rein äußerlich vollkommen real. Doch der Schwabe wollte noch mehr. Er wollte, daß auch die Menschen real wirkten. Also mußten sie Ägyptisch sprechen. Natürlich durfte sich dieses Ägyptisch nicht wie Arabisch anhören. Es mußte sich aus jener Sprache entwickelt haben, die vor 3000, 4000 Jahren am Nil gesprochen wurde. Emmerich engagierte für dieses Vorhaben einen amerikanischen Ägyptologen namens Stuart Tyson Smith, der den Auftrag erhielt, eine Sprache zu erfinden, die nach Altägyptisch klingen sollte. Da niemand genau weiß, wie sich dieses Altägyptisch angehört hat, stand er vor einer schwierigen Aufgabe. Trotzdem gelang es ihm, eine eigene Grammatik und daraus resultierend ein Lautbild zu erstellen, das dem Altägyptischen recht nahe kommen könnte. Da nur zwei Darsteller wirklich längere Dialoge in dieser Sprache zu führen hatten, wurden für diese Rollen die israelische Schauspielerin Mili Avital und ihr Landsmann Erik Avari engagiert, die natürlich beide Iwrith, die Sprache des heutigen Israels, sprechen – die beide aber auch fließend Arabisch beherrschen. Beide brachten das richtige Sprachgefühl mit, Smith selbst übernahm während der Dreharbeiten den Posten eines Dialekttrainers und diente James Spader als Vorbild für dessen Rolle.

Hintergründe:

● Im Mittelpunkt von STARGATE steht der Konflikt der Marines und des bösen Außerirdischen Ra. Ra, auch bekannt unter der alternativen Schreibweise Re, war der von den Ägyptern angebetete Sonnengott. Zeichnungen, die Ra darstellen, zeigen ihn als Menschen mit dem Kopf eines Falken (diese Definition ist in der Ägyptologie nicht unumstritten, es gibt Forscher, die glauben, die Zeichnungen stellen den Kopf eines Habichts dar). Dies ist ein besonderes Merkmal der vor rund 4000 Jahren entstandenen Religion Ägyptens: die Vermischung von Mensch und Tier. Nur wenige Götter waren reine Menschen, wie zum Beispiel Ptah, der Schöpfer der Welt. Die Verbindung Mensch/Tier sollte in diesem Glauben die Verbundenheit allen Daseins erklären, manche Tiere waren sogar heilig, wie zum Beispiel Katzen, die als Gesandte der Katzengöttin Ubasestet (auch Bastet) zu den ständigen Begleitern der Pharaonen zählten. Ihnen wurde nachgesagt, Feuer vorherzusehen und aufgrund dieser Fähigkeit Menschen das Leben retten zu können. Die Verehrung der Katzen ging so weit, daß ein Mensch, der eine Katze tötete, unverzüglich selbst hingerichtet wurde.

Ra stellte in der Mythologie der Ägypter eine der wichtigsten Gottheiten dar, denn als Sonnengott der Heliopolis ist Ra auch ein Symbol für Leben, Tod und Wiederauferstehung, eine Abfolge, die sich in seinem Lebensrhythmus widerspiegelt: Morgens wurde er geboren, am Mittag war er stark und groß, am Nachmittag aber verlor er seine Kraft, bevor er am Abend schließlich starb, um am nächsten Morgen wieder aufzuerstehen beziehungsweise neu geboren zu werden; dieses Schema entsprach dem religiösen Glauben der alten Ägypter, für die die Wiederauferstehung einen zentralen Begriff ihrer Religion darstellte.

Starb beispielsweise ein Pharao, wurde dieser nicht allein, sondern mit seiner gesamten Dienerschaft beigesetzt. Funde von Skeletten lassen darauf schließen, daß ihm diese Diener freiwillig folgten; Skelette von Dienern wurden in den meisten Pyramiden gefunden. Obduktionen ihrer sterblichen Überreste konnten keine Gewalteinwirkung nachweisen, mit denen sie möglicherweise gegen ihren Willen dazu gezwungen worden waren, nach der Beisetzung des Pharaos und dem Verschluß der Zugänge zur Grabkammer in den Pyramiden zu verbleiben. Es ist daher vielmehr zu vermuten, daß sie ihrem Herrscher freiwillig beim Übergang in die Welt der Toten beistanden, da sie sich sicher sein konnten, daß es eine Fortsetzung ihres Daseins geben würde.

Überall, wo es Licht gibt, gibt es auch Schatten. Ras Schatten stellte in dieser Metapher Apophis dar, ein Dämon in Schlangengestalt. Apophis plante, Ra zu töten: Er hoffte damit, den Zyklus von Leben, Tod und Wiederauferstehung zu durchbrechen und die Menschheit in ewige Finsternis zu stürzen, die er wiederum zu beherrschen gedachte.

Apophis (oder auch Apep) war demnach auch ein Feind des Osiris. Osiris, dessen Name soviel wie ›Sitz des Auges‹ bedeutet, ist möglicherweise gleichzusetzen mit Asariluchi, einem weniger bedeutenden Gott des mesopotamischen Glaubens. Wie jedoch inzwischen bekannt sein dürfte, war der ägyptische Glaube keine auf Missionierung ausgerichtete Religion, weshalb es durchaus im Bereich des Möglichen liegt, daß Asariluchi die Ägypter – aus heute nicht mehr nachvollziehbaren Gründen – dermaßen faszinierte, daß sie ihn in ihren Glauben aufnahmen und sich im Laufe der Zeit um diese Gottheit der im ägyptischen Glauben schließlich bekannteste und populärste Mythos entwickelte. Der Mythos nahm seinen Anfang am Ostdelta des Nils, von wo aus er sich über ganz Ägypten ausbreitete.

Zwischen 2600 und 2100 v. Chr. entwickelte sich Osiris in diesem Mythos zum Herrscher der Nekropole, also der

Falke oder Habicht? Darstellung des Gottes Ra auf einer Wandmalerei aus dem Grab des Sennedjem el-Medina (West-Theben).

Abydos in Oberägypten ist die Heimat des Königs Sethos I., einem Herrscher der 19. Dynastie (1303–1290 v. Chr.), der in seiner Heimatstadt einen Tempel errichten ließ, in dem er in der »Galerie der Könige« die Namen seiner Vorgänger verewigte.

Totenstadt Abydos! Abydos wiederum ist in der Realität ein Ort – 560 Kilometer nördlich von Kairo beziehungsweise 90 Kilometer nördlich von Luxor, gelegen am Westrand des Nils –, dessen Tempelstätten noch heute vom Totenkult der Ägypter künden. Daß sich die Macher der TV-Serie STARGATE ausgerechnet für den Namen Abydos bei der Benennung des Planeten entscheiden sollten, ist nicht zufällig geschehen: Während der Vorproduktion des Spielfilms im Jahr 1993 wurde nämlich im echten Abydos das älteste heute bekannte Grab einer ägyptischen Persönlichkeit entdeckt. Da ein Teil der ebenfalls entdeckten Hieroglyphen bislang nicht entziffert werden konnte, weiß man nicht, wer in dieser Grabstätte beigesetzt wurde. Datiert werden das Grab und die Hieroglyphen auf das Jahr 3150 vor Christi Geburt!

Doch zurück zu Osiris.

Rund 1000 Jahre nach der Errichtung dieser Grabkammer, um 2100 v. Chr., entstand die Legende, Osiris sei von seinem ihm feindlich gesinnten Bruder Seth ermordet worden. Seth, so erklärt dies die populärste (aber nicht einzige) Version der Legende, verschwor sich mit

Obwohl fast 3000 Jahre alt, sind die Säulen und Wandmalereien im Tempel von Sethos I. in Abydos bis heute gut erhalten.

72 Männern gegen seinen Bruder, den er mit einer List ermordete. Er versprach dem Mann eine wertvolle Lade zum Geschenk, der liegend genau in sie hineinpassen würde. Osiris ahnte nicht, daß sie auf seine Größe maßgefertigt war, und nahm an dem Spiel teil. Mann für Mann scheiterte, bis Osiris an die Reihe kam. Als er in der Lade lag, verschlossen die Verschwörer den Holzkasten. Seth ließ den Holzkasten zum Nil bringen, wo die Lade in den Fluß geworfen wurde. Osiris starb; Isis, seine Gattin, holte seinen Leichnam jedoch zurück nach Ägypten. Seth war darüber dermaßen verärgert, daß er in einem Anfall blinder Zerstörungswut Osiris' Leichnam in 14 Teile zerstückelte und die Leichenteile über das ganze Land verstreute. Isis fand 13 Teile (lediglich der Penis blieb verschollen, da drei Fische, Lepidotos, Phagros und Oxyrynchos, diesen in ihrer Unwissenheit verspeist hatten). Überall, wo sie ein Teil fand, wurde später ein Osiris-Grab gebaut, von denen die meisten heute noch zu bewundern sind.

Osiris mußte sterben, um als Totengott das Totengericht abhalten zu können. Osiris' und Isis' gemeinsamer Sohn Horus indes rächte den Tod des Vaters und tötete Seth. In dieser Schlacht verlor Horus ein Auge, das ›das Auge des Horus‹ genannt und ein berühmtes Symbol der ägyptischen Hieroglyphen wurde. Als solches ist das Auge gleichzusetzen mit Macht. Dies führte dazu, daß sich mit der fünften Dynastie die Pharaonen zum Osiris erklärten, während ihre Söhne den Titel Horus führten. Starb der Vater (= Pharao = Osiris), nahm er seinen Platz in der Totenwelt ein, während der Horus den Platz des Osiris einnahm.

Doch zurück zum Brudermord: Aus heutiger Sicht betrachtet, ist Seth die widersprüchlichste Figur der Mythologie. Seth war nicht von jeher ein böser Gott. In den ältesten erhaltenen Aufzeichnungen über die ägyptische Götterwelt wird Seth als Gott der Wüste, des Sturms und der Fremdländer (der sogenannten Hyksos) beschrieben; bis heute ist nicht bekannt, welche Gestalt er besessen haben soll. Als Osiris Isis zur Frau nahm, so die Legende, verfiel Seth, der Isis ebenfalls liebte, der Eifersucht. Da Osiris besaß, was er niemals besitzen würde, wuchs sein Haß – bis er Osiris eines Tages tötete. Als dessen Mörder wurde er im Laufe der Jahrhunderte verfemt und erlangte den Ruf einer bösartigen Gottheit – andererseits aber war es Seth, der Ra vor Apophis beschützte und somit dessen ständige Wiederkehr am Morgen nach seinem täglichen Tod ermöglichte. Um genau zu sein, beschützte Seth Ras Sonnenwagen (oder, je nach Übersetzung, auch Sonnenschiff). Sonnenwagen, so steht es in religiösen Lexika zu lesen, waren im Glauben der Menschen Wagen (bzw. Schiffe), die tagsüber am Himmel entlang und nachts durch die Unterwelt fuhren. Da dieser Glaube nicht auf das alte Ägypten beschränkt war, könnte somit argumentiert werden – möchte man sich den Ideen eines Erich von Däniken anschließen –, daß es sich bei diesen Sonnenschiffen um Raumschiffe oder zumindest Flugmaschinen hochentwickelter Kulturen gehandelt hat, die schon frühzeitig die Erde besuchten und deren Astronauten von den Menschen, die sie sahen, als Götter verehrt wurden: Wie gesagt, diese Vermutung liegt nahe, wenn man sich den Ideen von Dänikens anschließt.

● Wer nun glaubt, Ra sei ein Gott mit blütenweißer Weste gewesen, der täuscht sich. Der ägyptische Glaube lebte davon, daß er die Gottheiten als reale Personen ansah. Dazu gehörte auch der Glaube, daß Götter durchaus Fehler begehen können: Das Totenbuch von Ramses III. erzählt die Geschichte, daß Ra sich entschloß, die Erde zu vernichten. Die Menschen waren schlecht geworden, und sie begannen die Schöpfungen der Götter zu kritisieren, ja die Götter in Frage zu stellen. Zur Strafe wurden die Menschen regelrecht abgeschlachtet, kein Mensch sollte je wieder die Götter in Frage stellen dürfen. Ra aber bereute seinen Entschluß. Er verzieh den Menschen und rettete sie vor Hathor-Sechmet, seiner Tochter, die er mit der Vernichtung der Menschheit beauftragt hatte. Doch müde von seiner Regentschaft als Sonnengott, zog er sich in den Himmel, auf die sogenannte Himmelskuh, zurück und ernannte Thoth zu seinem Stellvertreter (Thoth war ursprünglich der Gott des Mondes, der der Legende nach die Schrift erfand; er zeichnete sich durch seine bedingungslose Treue gegenüber Osiris aus und hielt unter dem Namen Hermes, bekannt als der Götterbote, schließlich auch Einzug in die griechische Mythologie).

● Ra besitzt als Sonnengott einen besonderen Platz in der Geschichte polytheistischer, also auf mehr denn einem Gott beruhenden Religionen. Sonnengötter finden sich nicht nur in der ägyptischen, sumerischen oder babylonischen Kultur wieder, bei denen argumentiert werden kann, daß sie sich im Laufe der Jahrhunderte gegenseitig stark beeinflußt haben. Neben den aus dem Mittelmeerraum stammenden Sonnengöttern Utu (Sumerer), Ra, Sol (Rom) existiert in der altindischen Glaubensrichtung ein Sonnengott namens Surja. Von den Azteken in Mexiko wurde ein gewisser Tonatiuh als Herrscher der Sonne verehrt; bei den Inka hieß er Inti, und auch der Hauptgott der Maya, Itzamná, besaß teilweise die Züge eines Sonnengottes; in Japan wurde mit Amaterasu indes eine Sonnengöttin angebetet, ebenso wie in den Gebieten, aus denen sich heute die baltischen Republiken zusammensetzen, wo sie auf den Namen Saule hörte.

● Die Epoche Ras endete zwischen 1370 und 1352 v. Chr., der Zeit der Regentschaft von Echnaton (auch Amenophis IV.), dem Gatten der Nofretete. Echnaton reformierte den Glauben, indem er die Verehrung seines Volkes für Ra nutzte und um ihn herum einen neuen, monotheistischen, als auf einen Gott beschränkten Glauben kreierte, worin er, der Pharao, nur noch den Platz eines Herrschers, aber nicht mehr den eines Gottes einnahm.

Echnaton war jedoch kein Staatsmann. Als Herrscher zur Zeit des Neuen Reiches hatte er es außerdem mit einer Bevölkerung zu tun, deren Vorfahren aus verschiedensten Teilen des Reiches und aus den Fremdländern stammten. Mehr oder weniger offen sprachen sie sich gegen Echnatons Herrschaft aus, vor allem die Beamten revoltierten, da Echnaton ihnen ihre Privilegien genommen hatte; von ihrem Widerstand aber ließ er sich nicht aus der Fassung bringen. Er peitschte seine Reformation durch, und um sie zu vervollkommnen und den Glauben an die alten Götter auszulöschen, mußte auch Ra verschwinden, da er ein Symbol des alten, polytheistischen Glaubens darstellte. Ra wurde durch den einzigen Gott Aton ersetzt. (In angelsächsischen Forscherkreisen wird Aton auch Aten genannt, weshalb diese Schreibweise in aus dem Englischen übersetzten Texten meist vorherrscht.)

Bis zu jenem Zeitpunkt wurde die Sonne als Gestirn Aton genannt. Echnaton fügte den Zeichnungen von Aton, einem Kreis, Strahlen bei, die in Händen ausgehen. Mit diesem Symbol wurde somit die Macht Ras erklärt: Ra hielt die Erde in seinen Händen, er gab der Erde ihr Leben. Echnaton, dessen Name übersetzt soviel wie ›Es gefällt dem Aton‹ bedeutet, erklärte Aton zur neuen, alleinigen, alles bestimmenden Gottheit, die nicht nur Ra, sondern auch alle anderen Götter ersetzte.

Mit der Verehrung Atons als neuem, alles bestimmendem Gott verlor Ägypten seine nach wie vor uneingeschränkte Großmachtstellung: Statt sich um seinen Staat zu kümmern, verbrachte Echnaton den größten Teil seiner Regentschaft damit, Hymnen für Aton zu schreiben. Die alten Gottheiten, die unter den Ägyptern ein Gefühl der Zusammengehörigkeit geschaffen hatten, wurden offen angefeindet.

Nach Echnatons möglicherweise gewaltsamem Tod ging auch der Aton-Kult relativ schnell wieder unter, und es kam, vor allem von den Beamten und der herrschenden Oberschicht ausgehend, zu einer Wiederbelebung der alten, polytheistischen Religion. In der wieder auferstandenen Götterwelt hatte Aton keinen Platz, weshalb er im Laufe der Jahre aus dem Glauben der Menschen verschwand. Als neuer Sonnengott wurde daraufhin der Hauptgott der Stadt Theben, Amon, verehrt, der auch der Gott des neuen Kaiserreichs genannt wird. Sein Abbild stellte einen Bullen dar. Mit Amons Aufstieg zur wichtigsten Gottheit (und dem Vergessen von Aton) erinnerten sich die Menschen wieder an Ra. Amon erhielt daraufhin Ras Sonnenscheibe als Symbol seiner Macht, bis sich sein Name im Lauf der nächsten Jahrzehnte in Amon-Ra oder auch Amon-Re änderte. Amon-Ra stellt den letzten Sonnengott der ägyptischen Mythologie dar.

Bemerkungen:

● Eigentlich wollte Roland Emmerich die Hauptrollen mit bekannten Schauspielern besetzen, keinesfalls aber mit Stars. Stars erhöhen das Budget, und Emmerich wollte das Budget so niedrig wie möglich halten. James Spader entsprach dahingehend genau seinen Erwartungen. Als sich Kurt Russell jedoch für die Rolle des Jack O'Neill interessierte, warf Emmerich seine Vorbehalte über Bord und besetzte die Hauptrolle mit dem Hollywood-Star, obwohl den Produzenten diese Verpflichtung rund sieben Millionen Dollar kostete! Mit Kurt Russells Namen aber erhoffte man sich, das Kinopublikum für den Film zu interessieren, und ging somit auf dessen Gagenforderung ein.

● Kurt Russell wurde unter dem Namen Kurt von Vogel Russell am 17. März 1951 in Springfield, Massachusetts, geboren. Weltruhm erlangte er 1981 als Snake Plissken in John Carpenters SciFi-Meisterwerk DIE KLAPPERSCHLANGE (ESCAPE FROM NEW YORK, USA 1981). Ein Star war er in den USA schon in Kindertagen. Sein Debüt

Ständig in Action: Dr. Jackson (James Spader) und Jack O'Neill (Kurt Russell)

feierte er in dem Elvis-Presley-Streifen OB BLOND, OB BRAUN (IT HAPPENED AT THE WORLD'S FAIR, USA 1962), in dem ihm die Ehre zuteil wurde, dem King vors Schienbein treten zu dürfen! Es folgte über ein Dutzend Familienfilme aus dem Hause Disney, mit dem der Knirps unter Führung seines Vaters Bing Russell, einem ehemaligen Baseballstar, der sechs Jahre die Rolle eines Deputy-Sheriffs in BONANZA gespielt hatte, einen Zehnjahresvertrag abgeschlossen hatte. Diese Rollen brachten ihm den Ruf ein, der nette Junge von nebenan zu sein, zeitweise entwickelte er sich sogar zum richtigen Teeniestar. Mit der Schauspielerei verdiente er zwar recht viel Geld, interessieren tat ihn der Beruf des Schauspielers allerdings nicht. Vielmehr wollte er professioneller Baseballspieler werden – und die Chancen standen nicht schlecht. Kurt Russell verfügte aufgrund der Vergangenheit seines Vaters über beste Verbindungen, und er hatte bereits mehrfach das Interesse einiger Proficlubs erregt; nach dem Collegeabschluß wollte er vom Amateur- ins Profilager wechseln. 1973 erlitt er jedoch eine schwere Schulterverletzung, und so blieb er bei der Schauspielerei.

Festgelegt auf die Rolle des *nice guy*, überraschte er das amerikanische Publikum 1975 in der Fernsehproduktion DEADLY TOWER bzw. TURM DES SCHRECKENS (THE DEADLY TOWER, USA 1975) in der Rolle des Charles Whitman. Whitman studierte an der Universität von Austin, Texas, wo er den Ruf eines liebenswerten Kommilitonen besaß. Aus bislang ungeklärten Gründen ermordete er eines Tages seine junge Ehefrau und seine Mutter, nahm ein Gewehr und verschanzte sich auf dem Glockenturm der Universität, von wo aus er ein Blutbad anrichtete, bevor er von einem Polizisten überwältigt und selbst getötet wurde. Der Fall hatte in den USA zu großer Bestürzung in der Bevölkerung geführt. Für Kurt Russell stellte die Darstellung des Amokläufers die Befreiung von seinem Teenie-Image dar. Das *Lexikon des Internationalen Films* schreibt zu dem Fernsehfilm anerkennend: »… semidokumentarischer Film, der seine Spannung geschickt steigern kann und durch die exzellente Kameraführung aus dem Gros vergleichbarer Fernsehproduktionen herausragt.« Trotz Russells Popularität als Schauspieler wurde der Film erst 1991 im deutschen Fernsehen uraufgeführt.

Drei TV-Filme später traf er zum erstenmal John Carpenter, der ein Jahr zuvor mit HALLOWEEN (HALLOWEEN, USA 1978) einen der erfolgreichsten Horrorfilme aller Zeiten inszeniert hatte. Mit ELVIS – THE KING (ELVIS, THE MOVIE, USA 1979) wagte Carpenter zum ersten und letzten Mal in seiner Karriere, in einem anderen Genre als dem phantastischen einen Film zu inszenieren. Obwohl ursprünglich fürs Fernsehen konzipiert, gelangte der Film in vielen Ländern, auch in Deutschland, in die Kinos, wo er – entgegen den Erwartungen der Produzenten, die hofften, mit dem Namen Carpenter eine schnelle Mark machen zu können – nur ein mäßiger Hit wurde.

Russell hatte bewiesen, einen Film als Darsteller tragen zu können; 1981 folgte schließlich DIE KLAPPERSCHLANGE – und der Rest ist Geschichte. 1982 arbeitete er zum drittenmal unter der Regie von Carpenter. Diesmal übernahm er die Hauptrolle in dem Film DAS DING AUS EINER ANDEREN WELT (THE THING, USA 1982), der sich jedoch als Flop entpuppen sollte. Zum Glück erkannten die Studios, daß Carpenter einen brillanten Film inszeniert und Kurt Russell die möglicherweise beste Leistung seiner Schauspielkarriere geliefert hatte – der Film aber, der von der Entdeckung eines außerirdischen Organismus in der Antarktis erzählt, den die Besatzung einer amerikanischen Forschungsstation aufspürt, in seiner oft nihilistischen, bösartigen Erzählweise für das Publikum lediglich zum falschen Zeitpunkt gekommen war. In den USA regierte gerade ein Mann namens Ronald Reagan vom Weißen Haus aus die Nation – und diesen gelüstete es nach heiteren, patriotischen und nicht nach solch zynisch-ausweglosen Geschichten, wie sie DAS DING AUS EINER ANDEREN WELT präsentierte.

So warf Russell der Flop keinesfalls in seiner Karriere zurück, im Gegenteil. Der Antiatomkraft-Film SILKWOOD (USA 1983), die Aufbereitung der wahren Lebensgeschichte von Karen Silkwood, einer Frau, die lange Jahre in einem Atomkraftwerk arbeitete und bei einem Autounfall – nachdem sie die Öffentlichkeit über Schlampereien in ihrer Arbeitsstätte aufmerksam gemacht hatte – unter mysteriösen Umständen starb, entpuppte sich sowohl bei den Kritikern wie beim Publikum als großer Erfolg – und Kurt Russell konnte sich endgültig als Star etablieren.

1987 arbeitete er zum viertenmal unter der Regie von John Carpenter, diesmal in dem bunten Fantasy-Film BIG TROUBLE IN LITTLE CHINA (BIG TROUBLE IN LITTLE CHINA, USA 1986/87), der kurioserweise wieder ein Flop wurde, heute aber Kultstatus besitzt, da er in gewisser Weise die Machart furioser Hongkong-Fantasy-Filme wie A CHINESE GHOST STORY (Hongkong 1988) vorwegnahm. 1987 stand Russell auch zum erstenmal neben seiner Lebensgefährtin Goldie Hawn vor der Kamera: In der Komödie OVERBOARD – EIN GOLDFISCH FÄLLT INS WASSER (OVERBOARD, USA 1987) stellt er einen verwitweten Zimmermann dar, der sich an einer zickigen Millionärin, die ihm für eine ausgeführte Arbeit das vereinbarte Salär verweigert, rächt, indem er sie, nachdem sie bei einem Unfall das Gedächtnis verloren hat, mit nach Hause nimmt und ihr einredet, sie sei seine Ehefrau. Woraufhin sie seinen Haushalt führen und die drei ›gemeinsamen‹ Söhne versorgen darf – was zu allerlei haarsträubenden Situationen führt.

Obwohl ein äußerst populärer Schauspieler, wurde keiner von Russells Filmen nach SILKWOOD, für den er immerhin für den Oscar in der Kategorie beste Nebenrolle nominiert worden war, ein Hit. Erst nachdem Patrick Swayze und Dennis Quaid es abgelehnt hatten, neben Sylvester Stallone die Hauptrolle im Buddy-Movie TANGO UND CASH (TANGO & CASH, USA 1991), zu spielen, erhielt Kurt Russell das Drehbuch – und nahm die Rolle an. Der Film wurde ein ansehnlicher Kassenhit, der ihn als Actionstar etablierte. Diesen Ruf festigte er in den kommenden Jahren mit Filmen wie BACKDRAFT – MÄNNER, DIE DURCHS FEUER GEHEN (USA 1991), TOMBSTONE (TOMBSTONE,

USA 1993), FLUCHT AUS L. A. (ESCAPE FROM L. A., USA 1996), EINSAME ENTSCHEIDUNG (EXECUTIVE DECISION, USA 1996) und BREAKDOWN (BREAKDOWN, USA 1997).

Kurt Russell, dessen familiäre Wurzeln unter anderem auf ein preußisches Aristokratengeschlecht zurückgehen, war in den späten 70er Jahren kurzzeitig mit der Schauspielerin Season Hubley verheiratet. Aus dieser Ehe stammt ein gemeinsamer Sohn namens Boston. Seit 1983 lebt Kurt Russell mit Goldie Hawn im Wintersportparadies Aspen, Colorado, zusammen, allerdings ohne Trauschein. Ihr gemeinsamer Sohn heißt Wyatt.

● Weit weniger aufregend verlief bislang das Leben von James Spader, dem Darsteller von Dr. Daniel Jackson. Am 7. Februar 1960 in Boston, Massachusetts, geboren, verbrachte der Lehrerssohn eine relativ normale Kindheit und Jugend in einer Vorstadt der Metropole an der Atlantikküste. 1979, mit gerade einmal 19 Jahren, lernte er seine Lebensgefährtin Victoria Kheel kennen, mit der er bis zum heutigen Tag liiert ist. Nachdem er seine Schauspielausbildung ohne Abschluß beendet hatte, schlug er sich unter anderem als Kellner und Yogalehrer durch. Sein Kinodebüt gab er in dem Teenie-Hitfilm ENDLESS LOVE (ENDLESS LOVE, USA 1981). Es folgte eine ganze Reihe von Nebenrollen in TV- und Kinoproduktionen; in Teenie-Filmen wie BABY BOOM (BABY BOOM, USA 1987), MANNEQUIN (MANNEQUIN, USA 1987) oder PRETTY IN PINK (PRETTY IN PINK, USA 1986) stellte er zumeist wenig liebenswerte Figuren dar; als Schauspieler profilieren durfte er sich erstmals in Oliver Stones WALL STREET (WALL STREET, USA 1987). Seinen überraschenden Durchbruch erlebte er in Steven Sondheims Kultfilm SEX, LÜGEN UND VIDEOS (SEX, LIES, AND VIDEOTAPES, USA 1989) an der Seite der bis dato ebenfalls unbekannten Andie McDowell. Über Nacht wurde James Spader als kommender Superstar gehandelt.

Für ihn und Rob Lowe, der in etwa den gleichen Status

besaß, wurde der Film TODFREUNDE (BAD INFLUENCE, USA 1990) geschrieben, der als potentieller Kassenhit vorausgeplant wurde und die Karriere der beiden Schauspieler vorantreiben sollte. In dem von Curtis Hanson inszenierten Film ist Spader in der Rolle des unbescholtenen Helden Michael zu sehen, der unverschuldet in eine verzwickte Situation gerät: Während eines Barbesuchs wird er von einem ihm fremden Mann beschuldigt, mit dessen Freundin angebandelt zu haben. Noch bevor er zu diesen Anschuldigungen Stellung beziehen kann, beginnt der Fremde auf ihn einzuschlagen. Michael, der bislang jede Form von körperlicher Gewalt aus dem Weg gegangen ist, ist dem Fremden hoffnungslos unterlegen. Doch er hat Glück. Ein Mann, der sich später als Alex (Rob Lowe) vorstellt, kommt ihm zu Hilfe und kann durch sein beherztes Eingreifen Schlimmeres verhindern. Michael, glücklich, nur mit leichten Verletzungen aus der Schlägerei herausgekommen zu sein, freundet sich mit seinem Retter an und lädt ihn in sein Haus ein. Zwischen beiden entsteht eine enge Freundschaft. Michael ahnt nicht, daß es sich bei Alex um einen gefährlichen Soziopathen handelt, dessen Ziel es ist, Kontrolle über Michaels Leben zu erlangen.

Um die Geschichte kurz zu machen: TODFREUNDE wurde ein Flop und schadete James Spaders Karriere mehr als ihr weiterzuhelfen. 1991 folgten zwei weitere Flops, 1992 gelang es ihm zwar, mit BOB ROBERTS (BOB ROBERTS, USA 1992) einen Hit zu landen, doch spielte er in der Mediensatire von Tim Robbins kaum mehr als eine etwas größere Nebenrolle. Zwei Jahre später konnte er mit WOLF (WOLF, USA 1994) zumindest einen Hit vorlegen, wenngleich seine Leistung neben den beiden Hauptdarstellern Jack Nicholson und Michelle Pfeiffer kaum für Aufsehen sorgte. STARGATE als Megahit hätte nun zwar die endgültige Wende seiner Karriere darstellen können, doch auch mit der Wahl der nachfolgenden Werke bewies er, was den kommerziellen Aspekt betrifft, kein glückliches Händchen. Lediglich CRASH (CRASH, Kanada 1996) von David Cronenberg sorgte unter den Kritikern für einiges Aufsehen. In den USA aber fand der apokalyptisch angehauchte Film (die Buchvorlage stammt von dem englischen SF-Autor J. G. Ballard), der von Menschen erzählt, die sich sexuell nur noch stimulieren können, indem sie Autounfälle provozieren, lange Zeit keinen Verleiher. Bevor Spader sich im Frühjahr mit den Streifen SUPERNOVA (SUPERNOVA, USA 1998) beim US-Publikum zurückmeldete, begab er sich Ende 1997, um nicht in Vergessenheit zu geraten, in die Abgründe des Fernsehens und übernahm eine wiederkehrende Gastrolle in der neunten Staffel der erfolgreichen Sitcom SEINFELD.

● Für Jaye Davidson, den Darsteller des Ra, stellte STARGATE den Endpunkt seiner kurzen Karriere dar. Berühmt wurde der 1968 in Riverside, Kalifornien, aber in Hertfordshire, Großbritannien, aufgewachsene Schauspieler als Dressman, bevor er 1992 sein vielumjubeltes Leinwanddebüt in Neil Jordans Nordirlanddrama CRYING GAME gab. Seine Rolle ist inzwischen legendär, stellte er doch bis zum Ende des Films eine Frau namens Dil dar – bis in quasi der letzten Szene des Films die Bombe platzt – und der vollkommen erstaunte Zuschauer erfährt, daß Dil ein Transvestit ist. Obwohl er für die Rolle des/der Dil für den Oscar nominiert wurde, blieben nach seiner Mitwirkung in STARGATE weitere Angebote aus. Seither umfaßt seine Filmographie nur noch einen weiteren Titel: CATWALK (Italien 1995), bei dem es sich offenbar um ein schwülstiges, für den Video- und TV-Markt produziertes Erotikdrama handelt.

● Mili Avital, die Darstellerin der Sha'uri, konnte den Erfolg von STARGATE zumindest insoweit nutzen, daß sie seither ausschließlich in US-Kinoproduktionen mitgewirkt hat, ohne dabei jedoch für Aufsehen zu sorgen.

● Der ebenfalls in Israel aufgewachsene Schauspieler

Nari Erik Avari, Darsteller von Kasuf, dem Anführer der Menschen von Abydos, etablierte sich in den USA als Darsteller der Ärzte-Soap GENERAL HOSPITAL, in die er 1991 einstieg. Avari hat sich einen Namen als Nebendarsteller in Science-fiction-Fernsehserien gemacht. So spielte er Rollen in STAR TREK: DAS NÄCHSTE JAHRHUNDERT und LOIS & CLARK, nach STARGATE sah man in unter anderem in BABYLON 5 und STAR TREK: DEEP SPACE NINE. Auch in Roland Emmerichs INDEPENDENCE DAY hatte er einen kleinen Auftritt, zuletzt war er in dem Videospiel ZORK: GRAND INQUISITOR zu sehen.

● John Diehl, Darsteller des Lieutenant Kawalsky, erlangte durch seine Mitwirkung in MIAMI VICE Bekanntheit. Von 1984 bis 1987 stellte er in der Serie den Undercover-Polizisten Larry Zito dar, dessen Job zumeist darin bestand, in einem Lieferwagen zu sitzen und fremde Gespräche abzuhören. 1987 schied der in Cincinnati geborene Mime aus der Serie aus, indem er den Serientod starb. Im Ensemble der Darsteller hatte er die kleinste Rolle, obschon er als einziger bereits vor der Serie eine beachtliche Karriere hinter sich gebracht hatte – allerdings am Theater. Diehl galt als Spezialist in Sachen amerikanisches Drama, er brillierte in Stücken nach Beckett, seinen größten Erfolg feierte er mit LIE OF THE MIND nach einem Stück von Sam Shepard an der Seite der damals noch weitgehend unbekannten Holly Hunter. Diehl verließ MIAMI VICE, um seine ins Stocken geratene Karriere wieder in Gang zu bringen, allerdings ohne größeren Erfolg. Er spielte 1987 eine Hauptrolle in dem Antikriegsdrama HANOI HILTON (HANOI HILTON, USA/Israel 1987), in den Kinos aber floppte der Film, in Deutschland erhielt er nur einen Videostart. Seither war Diehl zwar in mehreren größeren Filmen zu sehen – außer für STARGATE stand er im gleichen Jahr auch für DER KLIENT (THE CLIENT, USA 1994) vor der Kamera –, seine Parts aber beschränken sich bis heute auf kaum mehr als größere Nebenrollen.

Die Serie: Folge 01 bis 21

01 STARGATE: THE NEW MISSION
OT: CHILDREN OF THE GODS
Erstausstrahlung USA: 27. Juli 1997
Erstveröffentlichung Deutschland: 27. Februar 1998
(Video)

Regie: Mario Azzopardi. Drehbuch: Jonathan Glassner, Brad Wright. Gaststars: Jay Acovone (Major Charles Kawalsky), Peter Williams (Apophis), Vaitiare Bandera (Sha'uri), Brent Stait (Major Louis Ferretti), Gary Jones (Techniker), Alexis Cruz (Skaara), Rachel Howard (Wächter #3), Rick Ravanello (Wächter #2), J. B. Bivens (Wächter #1), Stephen Sumner (Goa'uld #1), Colin Lawrence (Warren), John Tierney (Mönch).

Kurzinhalt:
Außerirdische, angeführt von Apophis, einem alten ägyptischen Gott, schreiten durch das Sternentor, töten die zur Bewachung abgestellten Soldaten und entführen die einzige in der Halle befindliche Frau. Zu ihrem Schrecken müssen die Militärs feststellen, daß es offenbar Hunderte von Sternentoren gibt. O'Neill erhält den Auftrag, mehr über diese Tore in Erfahrung zu bringen und erneut nach Abydos zu reisen – das kurze Zeit später ebenfalls von den Außerirdischen angegriffen wird. Auch auf Abydos entführen sie eine Frau – Sha'uri, Jacksons Ehefrau.

Langinhalt:
Fast 70 Jahre vergingen zwischen der Entdeckung des Sternentors und seiner Nutzbarmachung. Doch schon nach der ersten Expedition und der Begegnung mit Ra wurde es in einen Abstellraum verfrachtet, wo es von einer Handvoll Soldaten bewacht wird. Das Sternentor hat

seine Faszination und Bedeutung verloren – bis zu jenem Tag, an dem es sich plötzlich öffnet und Wesen vom Aussehen Ras hervortreten. Ohne Vorwarnung eröffnen sie mit ihren Schießstäben das Feuer und töten die meisten Soldaten. Lediglich die einzige Frau unter den Bewachern wird verschont. Sie wird betäubt und durch das Tor hindurch verschleppt. Zurück bleiben die toten Soldaten – und ein getöteter Außerirdischer.

O'Neill, inzwischen geschieden und aus dem aktiven Dienst entlassen, versteht nicht, wie das passieren konnte, hat er doch Ras Raumschiff explodieren sehen. Und nun erzählt ihm General Hammond, der neue Leiter der Militäranlage, Ra sei mit einigen seiner Männer durch das Tor gekommen und habe mehrere Soldaten getötet. Nach seiner Rückkehr von Abydos lieferte O'Neill einen Bericht ab, in dem er seinen Vorgesetzten erklärte, Jackson sei gestorben, das Tor nach ihrer Rückkehr automatisch zerstört worden. Nun muß er zugeben, daß Jackson lebt – und das Tor steht. Hätte er nicht gelogen, hätte die Army eine zweite Bombe durch das Tor geschickt, die Tausende von Menschen hätte töten können. Hammond gibt sich angesichts der Erklärung unversöhnlich. Eine zweite Bombe wird durch das Tor geschickt, um zu vollenden, was O'Neill versäumt hat zu tun.

Mag Hammond nach außen den unerbittlichen General verkörpern, ist er doch kein Mörder. Er gibt O'Neill die Möglichkeit, mit Jackson Kontakt aufzunehmen, der Gang durchs Tor aber kommt dafür nicht in Frage. Kurzerhand wirft O'Neill eine Kleenex-Packung – Jackson ist starker Allergiker – durch das Sternentor, um kurze Zeit später eine leere Packung mit der kurzen Mitteilung ›Danke‹ zurückgeschickt zu bekommen, was aufzeigt, daß auf Abydos alles in Ordnung ist. O'Neill erhält die Genehmigung, mit einem Kommando durch das Tor zu reisen. Diesem Kommando gehört neben Ferretti und Kawalsky, die schon der ersten Mission angehörten, auch die Astrophysikerin Captain Samantha Carter an. Auf der anderen Seite angekommen, berichtet ihnen Jackson, daß das Tor rund um die Uhr bewacht werde, von ihrer Seite sei niemand eingedrungen. Carter negiert, daß es ein weiteres Tor geben könnte, doch Jackson hat einen alten Tempel freigelegt, auf dessen Wänden Zehntausende von Schriftzeichen geschrieben stehen. Einige von ihnen hat er entziffern können – und er ist zu der Überzeugung gelangt, daß sie eine Art interstellaren Wegweiser zu möglicherweise Hunderten von Toren darstellen. Wenn Sam Carter nun angibt, sie hätte Tausende von Konstellationen am Tor ausprobiert, aber keine Verbindung erhalten, hat man außer acht gelassen, daß sich die Sterne stetig voneinander fortbewegen. Und seit das Tor auf der Erde postiert wurde, sind 10.000 Jahre vergangen. Daß eine Verbindung von der Erde zu Abydos möglich war, lag eventuell ganz einfach daran, daß sie die am nächsten gelegenen Tore besitzen und die Abweichungen im Vergleich zu den anderen Welten minimal ausfallen.

Während sie in dem freigelegten Tempel reden, wird der Tempel des Sternentors von den außerirdischen Besuchern, den Goa'uld, überfallen. Ohne Warnung eröffnen sie das Feuer. Wieder entführen sie eine Frau: Sha'uri, Jacksons Ehefrau. Auch Skaara, der Junge, der O'Neill verehrte, wird mit durch das Tor genommen.

Jackson ist verständlicherweise verzweifelt. Die Menschen von Abydos brauchen ihn. Doch er weiß auch, daß er Sha'uri nur finden kann, wenn er O'Neill zurück zur Erde folgt. Er fordert seine Freunde auf Abydos auf, das Tor zu vergraben. In einem Jahr sollen sie es freilegen. Wenn er Sha'uri bis dahin gefunden hat, kehrt er zurück. Ansonsten wird er sie nie wiedersehen. Der einzige Soldat, der ihnen indes mitteilen kann, welchen Zielort die Außerirdischen am Sternentor eingegeben haben, ist Ferretti. Doch Ferretti wurde angeschossen und liegt im Koma.

Nach der Rückkehr zur Erde erfährt O'Neill, daß das Stargate ab sofort mit einer Titanhülle umschlossen wird, die ein unbefugtes Eindringen unmöglich macht, es sei denn, ein Transponder sendet vorher ein Signal aus, das die Iris genannte Hülle öffnet.

Nachdem Ferretti aus dem Koma erwacht ist und Carter mitgeteilt hat, welche Zeichen die Goa'uld am Sternentor eingegeben haben, gibt General Hammond die Gründung von neun sogenannten SG-Kommandos bekannt. Diese Kommandos haben zwei Aufträge. Erstens: die friedliche Kontaktaufnahme mit Menschen fremder Zivilisationen. Zweitens: das Aufspüren der Heimatwelt der Goa'uld und gegebenenfalls ihre Vernichtung. O'Neill kehrt in den aktiven Dienst zurück und wird zum Anführer der Stargate bestimmt, zu der neben ihm Carter und Jackson gehören, Kawalsky erhält das Kommando über das SG-2. Zusammen gehen sie durch das Tor – auf der Suche nach den Goa'uld.

Die Koordinaten bringen das Team auf einen Planeten mit erdähnlicher Vegetation, aber eisigen Temperaturen. Das Sternentor befindet sich in der Mitte eines von kleinen Obelisken umgebenen Platzes, der von den Bewohnern des Planeten offenbar für religiösen Riten benutzt wird.

Während SG-2 den Auftrag erhält, das Tor zu sichern, begibt sich Stargate auf die Suche nach den Goa'uld. Im Kerker einer gigantischen Burg werden die von den Goa'uld entführten Menschen gefangengehalten. Nicht nur die Soldatin von der Erde sowie Sha'uri und Skaara befinden sich hier, auch Menschen unterschiedlichster Kulturen dienen als mögliche Wirte, zum Beispiel für die Königin, die, nachdem sie die Soldatin abgelehnt hat (die daraufhin getötet wird), Sha'uri als neuen Wirt aussucht. Sie, die Goa'uld, sind tatsächlich parasitäre Wesen, Symbionten, die sich im Körper eines Menschen einnisten und Macht über all seine Gedanken erlangen. Davon wissen O'Neill und der Rest seiner Truppe noch nichts, als sie, geführt von einer Gruppe von Mönchen, die sie auf ihrem Weg getroffen haben, in die Burg gelangen, wo sie von dem Anführer der Goa'uld und seinen Männern gefangengenommen werden.

Der Anführer, erklärt Jackson, sei nicht Ra, sondern Apophis, was darauf hindeutet, daß sie es noch mit einer ganzen Reihe von ›Göttern‹ zu tun bekommen können. Zusammen mit den anderen Menschen werden sie im Kerker gefangengehalten, aus dem Apophis und seine Königin – nun im Körper von Sha'uri – Wirte für ihre Kinder aussuchen. Diese Arbeit übernehmen für sie ihre Wächter, die von einem Mann namens Teal'c angeführt werden. Teal'c war bereits an der Gefangennahme von O'Neill beteiligt – und verhielt sich daraufhin äußerst ungewöhnlich. Er entdeckte eine Quarzuhr am Handgelenk O'Neills, die er zweifellos als eine nicht von den Goa'uld stammende Technologie erkannte. Trotzdem schwieg er und verriet O'Neill nicht. Nun, da die Wirtskörper ausgesucht sind – zu denen auch Skaara gehört –, erhalten die Wächter den Auftrag, die restlichen Menschen zu töten. Das muß das nicht sein, bittet O'Neill Teal'c, zusammen können sie diesen Wahnsinn beenden. Dies, antwortet ihm Teal'c, hätten schon viele behauptet. O'Neill aber sei der erste, dem er es zutrauen würde.

Bevor einer der anderen Wächter überhaupt die Gelegenheit bekommt zu reagieren, wendet sich Teal'c gegen seine eigenen Männer. Es kommt zu einer Schießerei, in der es O'Neill gelingt, die Menschen zu befreien und die Kerkerwächter zu töten. Durch ein in die Wand geschossenes Loch flüchten die Menschen. Teal'c bleibt zurück. Er sei ein Jaffa, erklärt er, ausgesucht, um die Larve eines Goa'uld auszutragen. Da es sich um ein Kind handle, habe es keine Kontrolle über ihn. Aber er ist einer von ihnen. O'Neill findet dies zwar höchst interessant, aber wenn Teal'c zurückbleibt, gibt er ihm zu bedenken, wird er nichts verändern können. Diesem Argument kann der Jaffa nichts entgegenhalten. Teal'c folgt den Menschen zum Sternentor, wo ein heftiger Kampf zwischen den Wächtern, den Jaffa, und den SG-Kommandos beginnt, in dessen Verlauf die Goa'uld entkommen, die meisten der Flüchtlinge aber gerettet werden können. Auch den Soldaten der Teams und Teal'c, ihrem Retter, gelingt der Sprung durch das Tor. Dabei bemerkt niemand, wie der Symbiont eines getöteten Jaffas auf Kawalsky übergeht. Kaum hat Kawalsky als letzter das Sternentor durchschritten, wird es hinter ihm verschlossen.

Kommentar:

● Die Produktion des Pilotfilms – und dementsprechend die Produktion der gesamten Serie – begann am 18. Februar 1997 in einem Wald in der Nähe von Vancouver, dessen vollständiger Name Greater Vancouver Regional District Seymour Watershed lautet. Der Drehort, der einer Reihe weiterer Episoden als Location dienen sollte, war unter den Produzenten der Serie nicht unumstritten. Obwohl Vancouver inzwischen die Hochburg der amerikanischen TV-Serienproduktion darstellt und die Stadt selbst als Surrogat schon für die unterschiedlichsten Metropolen hat herhalten müssen (sämtliche AKTE X-Episoden wurden in Vancouver gedreht, für eine Episode der Serie MILLENNIUM mußte Vancouver sogar als Kulisse für die Stadt Bremen herhalten – und außer den Bremern wird es niemand gemerkt haben!), haben Filmemacher um den District Seymour Watershed bislang einen großen Bogen gemacht: Der Distrikt gehört zu den regenreichsten Regionen der Erde!

Außerdem muß man ein bedingungsloser Optimist sein, wenn man in Kanada mitten im Winter Außenaufnahmen für eine TV-Serie produzieren will, welche möglichst wenig Schnee aufweisen sollen. Der Wagemut der Produzenten wurde jedoch belohnt, und obwohl ein paar

Tricks – wie das Abtauen von Schneeflächen – angewandt werden mußten, wirken die so entstandenen Außenaufnahmen wirklich nicht, als seien sie während der vielleicht ungemütlichsten Zeit des Jahres entstanden.

● Im Vorfeld der Produktion mußten zwei Sternentore gebaut werden, eines für die Innen-, eines für die Außenaufnahmen. Für das zweite wurde auf die Überreste des für den Spielfilm konstruierten Tores zurückgegriffen. Für die Innenaufnahmen mußte jedoch ein zweites Tor aus Stahl und Fiberglas gefertigt werden. Auch dieses Tor hat einen Durchmesser von sieben Metern. Die Produktion entschied sich für den Bau eines zweiten Kreises, um flexibel arbeiten zu können. Während das Außentor überall auf- und abgebaut werden kann, steht das zweite Tor für Studioaufnahmen jederzeit zur Verfügung.

Die Tricktechniker standen nun jedoch vor einem Problem: Im Spielfilm war das Stargate ausschließlich in der Vorderansicht zu sehen gewesen. Für die Serie aber waren Kamerafahrten geplant, die eine Rundumansicht des Sternentores wiedergeben sollten. Das Sternentor selbst ist strenggenommen nichts weiter als ein im Durchmesser sieben Meter hoher Ring. Die Wasseroberfläche, die dem Zuschauer aus dem Inneren entgegenfunkelt, ist natürlich nur per Computer eingefügt worden. Nun sollte es im Pilotfilm zu einer Art Explosion kommen, in dem Moment, wenn jemand durch das Tor schreitet. Diese Explosion findet jedoch nur im Inneren des Rings statt. Wie aber bringt man Wasser dazu zu, explodieren?

In zwei Metern Höhe über einem Wassertank wurde eine Flugzeugturbine installiert, die im Moment ihres Anlassens einen solchen Druck auf das Wasser ausübte, daß sich im Bruchteil einer Sekunde ein Strudel im Wasser bildete: Dieser Effekt wurde von mehreren Kameras aufgenommen. Dabei war die Geschwindigkeit dieses Vorgangs so enorm, daß visuell der Effekt einer Explosion entstand. Da nun aus verschiedenen Perspektiven Bildmaterial zur Verfügung stand, konnte dieses in den Ring beliebig eingearbeitet werden, so daß sogar eine vollständige Kamerafahrt um das Tor möglich wurde.

● Insgesamt hatten die Macher der TV-Serie Glück, denn sie konnten auf einen Großteil der Spielfilmsets zurückgreifen. Diese wurden in Hollywood demontiert und in Kanada, je nach Bedarf, wieder aufgebaut. Ein Problem stellten jedoch die Kostüme dar. Von den Soldatenuniformen über die Kostüme der Außerirdischen bis hin zur Kleidung der Gefangenen mußten über 100 Schauspieler und Statisten eingekleidet werden. Es mußten Kostüme geschneidert werden, die mittelalterlich, ägyptisch, nordisch/normannisch, frühzeitlich oder auch sumerisch wirkten, ohne nur 100prozentige Kopien der Originalvorlagen zu sein. Jede Kultur sollte erkennbar sein, gleichzeitig mußte gewährleistet werden, daß äußerlich eine Fortentwicklung stattgefunden hatte. Ausgerechnet der in vielen Filmproduktionen kaum beachtete Prozeß der Kostümfertigung entwickelte sich zu einem der aufwendigsten Produktionsvorgänge.

War es aufgrund der im Laufe der Jahre entstandenen filmwirtschaftlichen Infrastruktur inzwischen möglich, einen Großteil der Spezialeffekte sogar in Vancouver zu erstellen oder zumindest so weit vorzubereiten, daß die dafür zuständigen Studios in Hollywood für STARGATE nur noch die Feinarbeit zu erledigen hatten (immerhin sind im STARGATE-Pilotfilm nicht weniger als 200 visuelle Effekte zu zählen, laut einer Preview der angesehenen US-Tageszeitung *USA Today* sogar 240), konnten die Kostüme nicht nur in Vancouver gefertigt werden. Schnittaufträge gingen auch an Schneidereien in Los Angeles und New York. Lediglich für die Hauptdarsteller um Richard Dean Anderson mußten keine eigenen Kostüme angefertigt werden. Die US-Air-Force erklärte sich nämlich bereit, der Produktion originale Uniformen zur Verfügung zu stellen.

● Ungewöhnlich ist die Tatsache, daß es im Pilotfilm der TV-Serie eine Frau in voller Frontalansicht nackt zu sehen gibt. Was in kaum einem Staat der westlichen Welt heutzutage noch einen Hund hinter dem Ofen hervorlockt, ist in den USA, wie die australische Sonntagszeitung *Sunday Herald Sun* in einer Besprechung vom 30. November 1997 ganz richtig betont, nach wie vor ein großes Problem. Während Pay-TV-Sender wie Showtime keine Probleme mit dem Zeigen von Nacktaufnahmen haben, sind solche Szenen bei Sendern, die über Antenne zu empfangen sind, noch heute tabu. Trotz des Verkaufs auf dem freien Markt nach der Ausstrahlung bei Showtime entschlossen sich die Produzenten, die Szene unverändert zu lassen, da sie dramaturgisch begründet war und nicht (nur) der Befriedigung voyeuristischer Genüsse diente.

● Während sämtliche Hauptrollen für die Serie neu besetzt werden mußten, konnte zumindest ein Nebendarsteller für die Mitwirkung in der Serie gewonnen werden. Der junge US-Schauspieler Alexis Cruz verkörperte sowohl im Spielfilm wie im Pilotfilm die Rolle des Skaara. Da er am Ende der Pilotfilmepisode in einen Goa'uld verwandelt wird, ist eine Rückkehr von Cruz nicht ausgeschlossen, bestätigte der Produzent der Serie, Jonathan Glassner, den Fans bei einem Internet-Chatting.

● Der Name Sha'uri variiert in Episodenführern zwischen eben Sha'uri und Sha're. In diesem Buch soll die aus dem Spielfilm bekannte Schreibweise übernommen werden.

Hintergründe:

● Apophis ist nicht nur der Name eines Gottes (siehe hierzu die Hintergründe zum Spielfilm STARGATE), Apophis ist auch bekannt als der Name eines Großkönigs der 17. Dynastie. Die 17. Dynastie fällt zeitlich betrachtet in die zweite Zwischenzeit (zwischen dem Mittleren und dem Neuen Reich). Sie begann im 17. vorchristlichen Jahrhundert mit der Herrschaft der Fremdländer (Hyksos), asiatischen Söldnern, die die Macht der Könige sicherten. Ob die Könige weitestgehend autonom regierten oder ihrerseits Vasallen fremder Herrscher waren, darüber gehen die Meinungen heute auseinander. Das ägyptische Reich indes weitete sich in jener Zeit nach Nubien im Süden und Syrien im Osten aus. Den Hauptgott der Hyksos stellte der Kriegs- und Gewittergott Ba'al, auch bekannt als Teschub, dar, den die Anführer der Söldner aus Vorderasien mitgebracht hatten, der in Ägypten allerdings in der Gestalt von Seth verehrt wurde.

Hatten die Hyksos insgesamt kulturell wenig zu bieten, brachten sie den Ägyptern doch immerhin Pferd und Wagen. Apophis war einer der ersten Großkönige der 17. und damit der letzten Zwischenzeitdynastie. Er strebte, wie seine Vorgänger, eine aggressive Expansionspolitik an, um die Vormachtstellung Ägyptens im heutigen Nahen Osten zu festigen; offenbar aber ging er dabei auch gegen die Rechte der Hyksos vor, deren Anhänger sich schließlich gegen ihn erhoben und ihn entmachteten. Die von ihm eingeschlagene Entwicklung aber ließ sich nicht mehr aufhalten, und sein Nachfolger Kamose, der letzte König der 17. Dynastie, und dessen Bruder Ahmose vertrieben die Hyksos aus Ägypten, womit sie den Beginn des Neuen Reiches einleiteten.

● Während die Stargate-Einheit erstmals das Sternentor durchschreitet, zeigt sich Dr. Sam Carter von der Energie beeindruckt, die das Tor aufbringen muß, um den Ereignishorizont erkennbar zu machen. Der Ereignishorizont ist eine gedachte Fläche, die ein Schwarzes Loch umgibt. Siehe hierzu das Kapitel »Ein Loch im All«. Wie im Falle der Schwarzen Löcher ist auch die Existenz des Ereignishorizonts bislang ein rein hypothetisches Konstrukt.

Bemerkungen:

● Die Produzenten der Serie, Jonathan Glassner und Brad Wright, sind erfahrene TV-Autoren, die für diverse Fernsehserien in den unterschiedlichsten Funktionen gearbeitet haben. Glassner arbeitete vor allem für Stephen J. Cannell, einen der mächtigsten TV-Serienproduzenten der 80er Jahre, aus dessen Ideenschmiede solch qualitativ unterschiedliche Serien wie DAS A-TEAM, KAMPF GEGEN DIE MAFIA oder 21, JUMP STREET stammten. Die letztgenannte Serie ermöglichte es Glassner, erstmals die Schreibstube zu verlassen und im Auftrag von Cannell als Produzent zu arbeiten. Nach dem Ende der Serie arbeitete er wieder als Autor und entwickelte eine Reihe von TV-Serien, von denen nur eine, ISLAND CITY, tatsächlich in Produktion ging, über den Pilotfilm aber nicht hinauskam. Für Showtime entwickelte Glassner eine Neuauflage der Serie OUTER LIMITS. Zur Überraschung aller Beteiligten entwickelte sich OUTER LIMITS auf dem internationalen Fernsehmarkt zum riesigen Hit, was Glassner als dem Produzenten neue Möglichkeiten eröffnete, wie das Regieführen, wovon er bislang zweimal im Rahmen von OUTER LIMITS Gebrauch machte.

Brad Wright ist Kanadier. Während Jonathan Glassner als Amerikaner vorwiegend für den US-Markt gearbeitet hat, ist Brad Wright daran gewöhnt, für Produktionen zu arbeiten, deren Geldgeber aus den verschiedensten Ländern kommen. Eine Serie wie HIGHLANDER beispielsweise wurde mit Geldern aus den USA, Großbritannien, Kanada, Frankreich und sogar Deutschland produziert: Und jeder Produzent möchte natürlich, daß zumindest ein paar Episoden in seinem Land spielen, um das heimische Publikum zu befriedigen (ob sie dann auch in den betreffenden Ländern gedreht werden oder zum Beispiel die Stadt Quebec als Paris herhalten muß, ist eine Frage des Budgets). HIGHLANDER wurde an dieser Stelle nicht zufällig als Beispiel ausgesucht: Wright hat für diese Serie eine

Reihe von Drehbüchern verfaßt und ist maßgeblich an der Entwicklung der verschiedenen Handlungsstränge beteiligt. Ebenso gehörte er zu den Hauptautoren der kanadischen Vampircop-Serie NICK KNIGHT. Showtime entdeckte Wright, nachdem dieser den Pilotfilm für POLTERGEIST: DIE SERIE geschrieben hatte. Als Koproduzent der Serie NEON RIDER hatte er bereits Erfahrung im Produktionswesen sammeln können. Als Autor für Serien wie HIGHLANDER, NICK KNIGHT und POLTERGEIST besaß er den Ruf, ein versierter SciFi/Fantasy-Autor zu sein, was ihn mit Jonathan Glassner zusammenbrachte, als dieser OUTER LIMITS vorbereitete. STARGATE ist demnach ihr zweites gemeinsames Projekt.

● Der Schauspieler Jay Acovone, der in STARGATE in der Rolle des Major Charles Kawalsky zu sehen ist und damit die Rolle John Diehls übernommen hat, gehört zu den bekanntesten unbekannten Schauspielern der Traumfabrik. Acovone, am 20. April 1955 in Mahopac, New York, geboren, war unter anderem in Einzelepisoden solch erfolgreicher (oder zumindest namhafter) Serien wie AKTE X, DARK SKIES, DIE SCHÖNE UND DAS BIEST, FRIENDS, NYPD BLUE, DAS PALM BEACH DUO, DER POLIZEICHEF, DER SENTINEL oder COLUMBO zu sehen. Mit Ausnahme von NYPD BLUE und PALM BEACH DUO waren seine Auftritte auf eine Episode beschränkt. Er war zu sehen in den Spielfilmen INDEPENDENCE DAY, VATERTAG (STEPFATHER 3, USA 1992) sowie den Steven-Seagal-Filmen DEADLY REVENGE (OUT FOR JUSTICE, USA 1991), ZUM TÖTEN FREIGEGEBEN (MARKED FOR MURDER, USA 1993). Sein Spielfilmdebüt feierte er 1980 neben Al Pacino in dem kontroversen William-Friedkin-Spielfilm CRUISIN' (CRUISIN', USA 1980).

● Ein Schauspieler, der im Kino dauernd präsent sein möchte, kann es sich kaum erlauben, in einer TV-Serie mitzuspielen; Springer zwischen den Medien sind selten. Entweder ist man TV-Star oder Kinostar. Beides funktioniert äußerst selten. Was für Schauspieler gilt, gilt auch für die meisten anderen Schlüsselpositionen. Ob Regisseure, Ausstatter, Kameraleute: Wer im Kino Erfolg haben will, kann es sich kaum erlauben, auch im Fernsehmilieu zu arbeiten. Der Komponist Joel Goldsmith hat mit dieser Regel gebrochen und einen Teil des Seriensoundtracks geschrieben. Joel Goldsmith ist ein Sohn des legendären Filmkomponisten Jerry Goldsmith (Oscar-Preisträger für DAS OMEN [THE OMEN], USA 1976) und hat seine Karriere mit der musikalischen Untermalung eher unterdurchschnittlicher Action- und Science-fiction-Filme wie LASERKILL – TODESSTRAHLEN AUS DEM ALL, USA 1978) oder COUNTERFORCE (COUNTERFORCE, USA 1986) begonnen. In Deutschland arbeitete er 1989, als er für Roland Emmerich den Soundtrack zu MOON 44 komponierte. Nach einer Reihe von Soundtracks zu mehr oder weniger gelungenen Action- und Horrorfilmen etablierte sich Goldsmith mit der Musik zu STAR TREK: DER ERSTE KONTAKT (STAR TREK: FIRST CONTACT, USA 1996) als Komponist für große Kinofilme. Trotzdem kehrte er nach seiner Arbeit für STAR TREK zum Fernsehen zurück, um für Wright und Glassner, für die er bereits einen Großteil der Musik zu OUTER LIMITS geschrieben hatte, auch STARGATE zu vertonen.

● Regisseur Mario Azzopardi ist seit den späten 70er Jahren im Fernsehgeschäft tätig. Sein Regiedebüt feierte er mit einer Episode der Serie THE LITTLES HOBO. Von der Arbeit im Fernsehgeschäft nicht sonderlich angetan, beging er einen schweren Fehler und wechselte nach Italien, wo er 1981 tatsächlich einen Kinofilm namens DEADLINE inszenierte, der jedoch floppte und außerhalb Italiens kaum Verleiher fand. Erst 1987 gelang es Azzopardi, in den USA wieder Fuß zu fassen, wo er den äußerst spannenden Actionthriller DIE UNBARMHERZIGEN (NOWHERE TO HIDE, USA 1987) inszenierte, in dem Amy Madigan und Michael Ironside die Hauptrollen spielten. Der Film wurde vor allem auf dem Videomarkt ein ordentlicher Erfolg.

Seither hat Azzopardi ausschließlich für das Fernsehen gearbeitet und Episoden von TV-Serien wie SLIDERS, E.N.G., KUNG FU, M.A.N.T.I.S., FX – DIE SERIE, POLTERGEIST: DIE SERIE oder DAS ZWEITE GESICHT in Szene gesetzt.

02 DER FEIND IN SEINEM KÖRPER
OT: THE ENEMY WITHIN
Erstausstrahlung USA: 01. August 1997
Erstauswertung Deutschland: 20.März 1998 (Video)

Regie: Dennis Barry. Drehbuch: Brad Wright. Besetzung: Jay Acovone (Major Charles Kawalsky), Kevin McNulty (Dr. Warner), Gary Jones (Techniker), Alan Racchines (Colonel Kennedy), Warren Takeuchi (junger Arzt).

Kurzinhalt:
In Major Kawalskys Körper hat sich ein Goa'uld eingenistet und begonnen, die Kontrolle über seinen Wirt zu übernehmen. Eine Kernspintomographie macht den Parasiten ausfindig, die operative Entnahme des Außerirdischen verläuft zunächst nach Plan.

Währenddessen hat Teal'c ganz andere Probleme: Ein gewisser Colonel Kennedy taucht im Stützpunkt auf und will Teal'c und den in ihm wohnenden Goa'uld untersuchen. Er macht keinen Hehl daraus, daß er Teal'c ausschließlich als Versuchskaninchen betrachtet. Zum Ärger von O'Neill, der Teal'c sein Leben zu verdanken hat.

Langinhalt:
Pausenlos versuchen die Goa'uld den Stützpunkt zu stürmen. Die Iris, mit der das Stargate verschlossen wird, wehrt ihre Angriffe jedoch regelmäßig ab. Niemand weiß daher, ob es die Götter selbst sind, die versuchen, auf der Erde zu landen und sich für ihre Niederlage zu rächen, oder ob sie Sklaven, also Menschen, zur Erde schicken und bewußt deren Tod in Kauf nehmen. Solange die An-

griffe fortdauern, bleibt das Tor geschlossen. Eigentlich sind für Stargate unter O'Neill und SG-2 unter Kawalsky Expeditionen zu den Planeten P35375 und P3A577 geplant, diese werden jedoch erst einmal ausgesetzt. Für Kawalsky kommt diese Pause gerade recht, er klagt über schwere Kopfschmerzen und kurzzeitige Blackouts.

O'Neill beurlaubt ihn. Gleichzeitig gerät er mit General Hammond in Konflikt. Sein Antrag für die Aufnahme von Teal'c ins Stargate-Kommando wurde abgelehnt. Hammond folgt nur einem Befehl, er selbst hätte gegen eine Aufnahme von Teal'c nichts einzuwenden.

O'Neill muß Teal'c nun beibringen, daß er sein Versprechen, ihn ins Team aufzunehmen, nicht einhalten kann. Er glaubt, Teal'c würde zornig oder traurig werden, doch zu seiner Überraschung versteht er die Menschen. Sie haben Angst vor ihm. Er ist ein Fremder, ein Jaffa, er trägt einen Goa'uld in sich. Für O'Neill ist es ein Trost, zu wissen, daß Teal'c ihm trotz allem vertraut. Er verspricht ihm, sich auch weiter für ihn einzusetzen.

Währenddessen läßt sich Kawalsky untersuchen. Leidet er möglicherweise an einem Trauma, hervorgerufen durch die Reisen durch das Sternentor? Der junge Arzt kann keine physischen Schäden feststellen, bis er sich Kawalskys Rücken anschaut und eine Narbe entdeckt, deren Existenz Kawalsky nicht erklären kann. In diesem Moment erkennt der Goa'uld, daß er entdeckt wurde, und übernimmt die Kontrolle über seinen Wirt. Kawalsky ist außer sich vor Wut. Seine Hände umklammern den Hals des jungen Arztes und drücken ihm die Luft ab. Der verliert die Besinnung und stirbt.

Kawalsky tritt vor das Sternentor. Sehnsüchtig starrt er das Tor an. Dr. Carter beobachtet sein eigenwilliges Verhalten und verständigt O'Neill. Als dieser den Sternentor-Raum betritt, gibt der Goa'uld Kawalskys Verstand frei. Dieser kann sich an nichts erinnern. Zurück auf der Krankenstation, wird das Verschwinden des jungen Arztes bemerkt, an dessen Stelle übernimmt Dr. Warner die Untersuchung Kawalskys. Da dieser einen vollkommenen Blackout gehabt hat, ordnet er eine Kernspintomographie an.

Zur gleichen Zeit erscheint Colonel Kennedy im Stargate-Hauptquartier. Kennedy kommt direkt aus dem Pentagon, sein Auftrag besteht darin, Teal'c nach Langley zu schaffen, wo er untersucht werden soll. Da Hammond ihm klar zu verstehen gibt, daß er mit diesem Vorhaben nicht einverstanden ist, willigt Kennedy in den Vorschlag ein, mit Teal'c zuerst ein informelles Gespräch zu führen, an dem auch O'Neill teilnehmen darf. Das Gespräch verläuft nach Meinung des Colonels jedoch unbefriedigend. Auf die Frage, welche Energiequelle die Goa'uld benutzen, kann Teal'c ebensowenig eine Antwort geben wie auf die Frage, welcher physischen Zusammenhänge sich die Goa'uld bedienen, um Raum und Zeit überwinden zu können. Erst als O'Neill in das Gespräch eingreift, kommen konstruktive Fragen zustande, die Teal'c beantworten kann. So zum Beispiel: Wer sind die Goa'uld?

Für Teal'c ist die Antwort einfach: Sie sind Despoten, die sich mit Hilfe ihrer Technologie und ihres Wissens das Universum untertan gemacht haben. Sie waren eine kleine Rasse, die sich in den letzten Jahrzehnten jedoch stark vermehrt hat und von der niemand genau sagen kann, wie viele es von ihnen gibt. Vor Tausenden von Jahren entdeckten sie eine Welt namens Taori, auf der sie Lebewesen erkundeten, die sich für ihre Belange perfekt eigneten. Sie waren ideale Sklaven – aber auch perfekte Wirte für ihre zerbrechlichen, parasitenartigen Körper. Sie entführten Tausende von ihnen und verteilten sie auf Dutzende, wenn nicht sogar Hunderte von Welten, wo sie ihnen dienen sollten. Dann aber riß der Kontakt zu Taori ab, und im Laufe der Generationen vergaßen sie, wo sich diese Urwelt befand. Ebenso wurden für sie viele Welten, auf denen sie Menschen angesiedelt hatten, im Laufe der Generationen uninteressant. Sie gaben diese Planeten auf und ließen die Menschen, auf sich allein gestellt, zurück.

Daß die Außerirdischen auch über gigantische Raumschiffe verfügen, erwähnt Teal'c nur am Rande.

Taori ist natürlich die Erde. Über Generationen hinweg unterdrückten die Goa'uld die Menschen und ließen sich als Götter verehren. Eines Tages aber rebellierten die Menschen gegen ihre Unterdrücker, verjagten sie von der Erde und vergruben das Sternentor im Sand Ägyptens. Daher blieb die Erde in den nächsten 5000 Jahren von Besuchen der Götter verschont. Sie hatten ganz einfach keine Verbindung mehr zu Taori.

Für Dr. Jackson geht indes ein langer Tag zu Ende. Eigentlich möchte er nur schlafen gehen, als aus dem Bett über ihm plötzlich ein lebloser Arm fällt. Erschrocken springt Jackson auf – und entdeckt die Leiche des jungen Arztes. In diesem Moment gibt Dr. Warner Alarm. Er hat in Kawalskys Körper den Goa'uld entdeckt. Von Panik ergriffen, übernimmt dieser erneut Kawalskys Körper und versucht durch das Sternentor zu fliehen. Doch bevor er es aktivieren kann, stürmen Soldaten den Kontrollraum des Stargate-Raums und überwältigen Kawalsky, der sich an nichts erinnern kann.

Teal'c erklärt Hammond und O'Neill, daß eine operative Entfernung unmöglich sein dürfte. Der Goa'uld muß noch sehr jung sein, denn wäre er es nicht, hätte Kawalsky sein Bewußtsein nach der Verschmelzung nicht mehr wiedererlangt. Die Tatsache aber, daß die Verschmelzung noch nicht endgültig ist, macht Dr. Warner Hoffnung, den Parasiten vielleicht doch noch entfernen zu können. Kennedy ist mit diesem Vorschlag allerdings nicht unbedingt einverstanden, seiner Meinung nach wird Kawalsky mit 90prozentiger Sicherheit bei dem Eingriff sterben. Läßt man ihn leben, erhält das Stargate-Projekt einen echten Goa'uld auf dem Silbertablett gereicht.

Tatsächlich, so erklärt Teal'c, wird ein Goa'uld mit dem Wissen all seiner Vorfahren geboren. Aus diesem Blickwinkel ist für Kennedy ein lebender Goa'uld einiges mehr wert als ein lebender Kawalsky. Hammond stimmt ihm zu, aber, so schränkt er ein, er würde niemals ein Mitglied seines Teams sterben lassen, wenn er es verhindern kann. Daher wird die Operation genehmigt.

Teal'c stellt sich und seinen Symbionten als Untersuchungsobjekte zur Verfügung, an denen Dr. Warner seine Operation planen kann. Nach einer gründlichen Untersuchung von Teal'c, der mit seinem Symbionten vollständig verschmolzen ist, nutzt Dr. Warner die gewonnenen Erkenntnisse und beginnt die Operation: mit Erfolg. Der Symbiont wird entfernt, kurze Zeit später erwacht Kawalsky aus der Narkose. Es geht ihm gut.

Obwohl Teal'c den Menschen Treue geschworen hat, seine Auskünfte von größter strategischer Wichtigkeit sind und er seinen Körper von Dr. Warner hat testen lassen, womit er Kawalsky das Leben gerettet hat, wird der Entschluß, ihn mit nach Langley zu nehmen, nicht revidiert.

Kawalsky bittet indes, Teal'c noch einmal sehen zu dürfen: Immerhin hat der ihm das Leben gerettet, und vielleicht wird es keine Gelegenheit mehr für ihn geben, sich persönlich bei ihm zu bedanken. So geschieht es, daß Teal'c und Kawalsky allein im Krankenzimmer aufeinandertreffen – wo der Jaffa eine unangenehme Überraschung erlebt. Kurz vor der Operation ist es dem Goa'uld gelungen, endgültig von Kawalsky Besitz zu ergreifen. Das, was aus seinem Körper entfernt wurde, war nichts weiter als eine tote Hülle. Der Goa'uld greift Teal'c an und gewinnt im Kampf für kurze Zeit die Oberhand. Da er weiß, daß eine Flucht für ihn allein fast unmöglich ist, will er Teal'c seinen Verrat verzeihen, wenn dieser sich ihm anschließt und ihm bei der Flucht hilft. Teal'c denkt jedoch nicht daran. Seine heftige Gegenwehr kommt für den Goa'uld außerdem überraschend. Dem ›Gott‹ bleibt keine andere Wahl, als Teal'c loszulassen.

Da Teal'c angeschlagen ist, gelingt es dem Goa'uld, sich einen Vorsprung zu verschaffen. Er gelangt bis in den Kontrollraum, wo er den Durchgang öffnet. Bevor er jedoch durch das Tor fliehen kann, stellt sich ihm Teal'c in den Weg. Die Situation ist gefährlich, da der Goa'uld eine Bombe aktiviert hat, die das Tor in letzter Konsequenz – sollte die Iris beschädigt werden – zerstören würde. Allerdings wurde diese Bombe mit einer solchen Sprengkraft ausgerüstet, daß das gesamte Hauptquartier in die Luft fliegen würde. In letzter Sekunde gelingt es O'Neill und Hammond, den Countdown zu stoppen. Das Tor wird wieder geschlossen, der Kampf zwischen Teal'c und dem Goa'uld verlief für den Außerirdischen indes tödlich.

Der Außerirdische wußte weder, wie die Iris geöffnet werden konnte, noch hatte er eine Ahnung davon, wie die Bombe zu aktivieren war. Vielmehr nutzte er Kawalskys Wissen, und dies macht Jackson Hoffnung. Hoffnung, daß die Wirte nicht wirklich sterben, sondern daß ein Teil ihrer Persönlichkeit erhalten bleibt – so daß er seine Sha'uri, und zwar die echte, eines Tages wieder in die Arme schließen kann. Hammond macht Kennedy währenddessen klar, daß Teal'cs Weiterleben beschlossene Sache ist. Er wird nicht nach Langley verfrachtet und wie ein Versuchskaninchen auseinandergenommen. Sein selbstloser Einsatz für das Team hat bewiesen, daß er ein guter Mann ist. Hammond läßt seine Verbindungen spielen – und hat Erfolg. Statt deportiert zu werden, wird Teal'c von O'Neill in das Stargate-Team aufgenommen.

Kommentar:

● Die Iris hält die Angriffe ab. Wie ihr dies gelingt? Dr. Carter erklärt, daß es sich bei dem Verschlußmaterial um reines Titan handelt, welches sich weniger als drei Mikrometer vom Ereignishorizont entfernt befindet und damit verhindert, daß sich die Materialisation der Angreifer richtig entfalten kann. Kaum zu glauben, was drei Mikrometer so alles aufhalten können.

● Wenn die Goa'uld mit dem Wissen all ihrer Vorfahren geboren werden, warum haben sie dann die Position der Erde vergessen?

Hintergründe:

● Colonel Kennedy mag zwar vom Pentagon kommen, er erwähnt jedoch, daß er Teal'c nach Langley, Virginia, bringen wird. In Langley sitzt allerdings nicht die amerikanische Militärverwaltung, die gemeinhin als Pentagon bekannt ist, sondern die Central Intelligence Agency, die CIA, der Auslandsgeheimdienst der Vereinigten Staaten.

Es handelt sich hier keinesfalls um einen Fauxpas der Autoren, sondern um eine bewußte Anspielung auf die Rolle der CIA in einer Reihe von Ufo-Sichtungen. Als Beispiel sei der Roswell-Absturz genannt. 1947 soll in der Nähe des kleinen Provinzkaffs Roswell in New Mexico ein außerirdisches Raumschiff abgestürzt sein. Hunderte von Menschen haben dies bestätigt, via Fernschreiber ging die Nachricht seinerzeit um die Welt. Kurze Zeit später behauptete das Militär, ein Wetterballon sei abgestürzt, und es sei nur ein Mißverständnis gewesen.

Egal, was 1947 in der Wüste New Mexicos geschehen sein mag: Tatsächlich hat sich die CIA mit dem Zwischenfall beschäftigt und die dazu angelegten Akten zur Verschlußsache erklärt. Aus dieser Tatsache hat sich inzwischen die Legende entwickelt, die CIA habe die Wahrheit verschleiert und bewußt Falschmeldungen in Umlauf gebracht, um die wirklichen Geschehnisse von Roswell, nämlich den Absturz eines unbekannten Flugobjekts, zu verschleiern. Schon damals arbeiteten CIA und Militär eng zusammen; im Laufe der Jahrzehnte wurde die Zusammenarbeit auf dem Gebiet der Ufo-Forschung außerdem stetig ausgebaut.

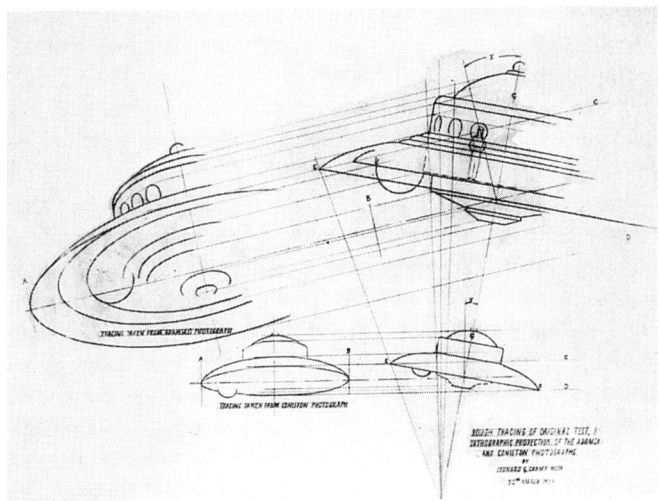

Testet das US-Militär in Roswell etwa Ufos? Und wie sehen sie aus? Etwa wie auf dieser Skizze? Tatsächlich beruht die von Leonard S. Cramp angefertigte Zeichnung auf einer berühmten Ufo-Fotografie aus Lancashire, England (1954). Pech für den Skizzierer: Die Fotografie wurde inzwischen als Fälschung entlarvt – das Ufo war in Wahrheit ein Lampenschirm!

● Daß ein Außerirdischer die Kontrolle über einen Menschen übernimmt, ist nicht neu. Jack Shoulders THE HIDDEN – DAS UNSAGBAR BÖSE (THE HIDDEN, USA 1989) spielte bereits sehr erfolgreich mit dieser Idee. In Shoulders Actionfilm, der im Los Angeles des Jahres '89 angesiedelt ist, liebt der Symbiont schnelle Autos und Heavy-Metal-Musik. Bei der Auswahl seiner Körper ist er wenig wählerisch. Mal versteckt er sich in einem älteren Mann, mal in einer Stripperin, je nachdem, wohin es ihn gerade verschlägt. Gejagt wird er von einem FBI-Beamten, der sich nach der Hälfte der Spielzeit ebenfalls als Wirt für einen außerirdischen Symbionten herausstellt. Dieser außerirdische Parasit ist jedoch so etwas wie ein Weltraumpolizist – der dem bösen Symbionten ständig näher auf die Fersen rückt. Als sich der Böse im Körper eines Senators einnistet, der möglicherweise der nächste amerikanische Präsident werden könnte, kommt es zu einem spektakulären Showdown – vor den Kameras Dutzender Fernsehreporter! Shoulders Actionfilm gehört sicherlich zu den innovativsten und spannendsten Actionfilmen der späten 80er Jahre – mag sich die Handlung auch ein wenig eigenartig anhören: Wer ihn nicht kennt, sollte ihn sich unbedingt einmal anschauen. Doch nicht nur THE HIDDEN spielt mit der Idee vom Symbionten und dem Wirtskörper. Auch in den ALIEN-Filmen (Teil 1: GB 1979, Teil 2–4: USA 1986/93/97) findet sich diese Idee wieder, wie auch in STAR TREK: DEEP SPACE NINE. Im Unterschied zu den bislang genannten Beispielen handelt es sich in DEEP SPACE NINE jedoch um eine freiwillig eingegangene Symbiose zweier unterschiedlicher Lebewesen.

Bemerkungen:
● Statt Joel Goldsmith hat Dennis McCarthy die Musik für die Fortsetzung des Pilotfilms geschrieben. McCarthy ist im Science-fiction-Fernsehen eine bekannte Persönlichkeit, zeichnet er doch für die Vertonung Dutzender Episoden von STAR TREK: DAS NÄCHSTE JAHRHUNDERT und DEEP SPACE NINE verantwortlich. Auch Richard Dean Anderson ist ihm kein Unbekannter: In den 80er Jahren hat McCarthy eine Reihe von MACGYVER-Episoden musikalisch unterlegt.

03 VERRATEN UND VERKAUFT
OT: EMANCIPATION
Erstausstrahlung USA: 8. August 1997
Erstveröffentlichung Deutschland: 9. April 1998 (Video)

Regie: Jeff Woolnough. Drehbuch: Katharyn Powers. Gaststars: Cary-Hiroyuki Tagawa (Turghan), Jorge Vargas (Abu), Soon-Tek Oh (Häuptling der Shavadai), Crystal Lo (Nya), Marilyn Chin (Stammesfrau).

Kurzinhalt:

Als Carter dem Häuptlingssohn eines Mongolenstammes das Leben rettet, gerät sie dadurch selbst in große Gefahr. Gleichzeitig werden die Stammesangehörigen jedoch auch dazu gezwungen, die Rolle der Frau in ihrer Gesellschaft neu zu überdenken.

Langinhalt:

Als sich das Stargate auf dem Planeten P3X593 öffnet, gerät das Team um Colonel O'Neill umgehend in eine bedrohliche Situation. Es sieht, wie ein Mann von einem Rudel wilder Hunde verfolgt wird. Zwar gelingt es, die Hunde zu verscheuchen, aber die Dankbarkeit des jungen Mannes hält sich in Grenzen. Er stellt sich als Turghan vom Stamm der Shavadai vor, und obwohl es Carter war, die sein Leben rettete, weigert er sich, sie anzusehen oder mit ihr zu reden. Nur wenige Minuten später treffen Reiter ein, die Carter feindselig anstarren und kurz davor sind, sie anzugreifen. Sie verbieten ihr, sich zu äußern, und erläutern, es sei eine Todsünde, als Frau in Männerkleidung angetroffen zu werden. Erst das Eingreifen des Häuptlings der Shavadai, der Turghans Vater ist, verhindert eine Eskalation der Lage. Trotz des befremdlichen Empfangs entschließt sich das Team auf Daniels Bitte, die Männer ins Dorf zu begleiten, um dort ihre Kultur und Lebensweise zu studieren. Daniels Meinung nach handelt es sich bei dieser Kultur um Mongolen, deren Kultur seit über 900 Jahren ausgestorben ist.

Im Dorf trifft das Team auf weitere Anzeichen, daß die Frauen dieser Gesellschaft ungewöhnlich stark unterdrückt werden. Sie dürfen ihr Gesicht nicht in der Öffentlichkeit zeigen und haben auch sonst keine Rechte. Um weiteren Anfeindungen zu entgehen, überredet Jack eine widerstrebende Carter, sich stammestypisch zu kleiden. Sie stimmt schließlich zu und läßt sich von den Frauen des Dorfes ankleiden. Währenddessen entdeckt Daniel, daß ihr Besuch doch noch einen Nutzen für das Projekt haben könnte, denn die Shavadai verfügen über pflanzliche Medikamente, die Schmerzen unterdrücken und Wunden schneller heilen lassen. Bei einer Feier am Abend, zu der Carter natürlich nicht eingeladen ist, verhandelt das Team mit dem Häuptling über die Medikamente, nicht ahnend, daß Carter in der gleichen Nacht entführt wird. Als das Team das leere Zelt entdeckt, ist es bereits zu spät: Carter ist verschwunden – entführt von Turghan. Gemeinsam mit Turghans Vater folgt das Team den beiden. Carter und Turghan erreichen ein anderes Dorf, das von einem Feind der Shavadai beherrscht wird. Hier sind die Zeichen der Unterdrückung wesentlich drastischer als bei den Shavadai. Die Frauen wagen sich kaum aus ihren Hütten heraus und erscheinen völlig verängstigt. Turghan bringt Carter zum Häuptling und bietet ihm einen Tausch an: Er bekommt Carter, die wegen ihrer hellen Haare und ihrer blauen Augen sehr begehrt sein wird, und gibt als Gegenleistung seine Tochter Nya an Turghan. Der Häuptling lacht darüber nur, denn er hat seine Tochter längst jemand anderem versprochen, um eine Allianz zwischen zwei Stämmen zu schmieden. Er speist Turghan mit ein paar Goldmünzen ab und schickt ihn nach Hause. Nya, die schon lange in Turghan verliebt ist, bleibt am Boden zerstört zurück. Als Carter den Häuptling auf seine unmenschliche Haltung anspricht, droht er ihr mit Auspeitschung und kündigt an, ihren Willen früher oder später brechen zu wollen.

Währenddessen erfährt das Team von Turghans Vater den Grund für die Unterdrückung der Frauen. Alten Legenden zufolge seien die Frauen früher frei gewesen, aber das habe den Göttern nicht gefallen. Sie schickten einen Dämon, der die Stämme bestrafte. Aus Angst vor dessen Rückkehr halten die Männer seitdem ihre Frauen wie Sklaven. Daniel findet jedoch schnell heraus, daß der alte Häuptling nicht an diese Legenden glaubt und die Frauen seines Stammes lieber frei sehen würde, wenn er nur wüßte, wie er diese Revolution einleiten sollte.

Turghan schmiedet in der Zwischenzeit seine eigene Revolution. Er hat sich zum Dorf zurückgeschlichen und trifft sich heimlich mit Nya. Noch in der gleichen Nacht wollen sie gemeinsam fliehen.

Auch Carter trägt sich mit Fluchtplänen. Als die Frauen, die sie bewachen sollen, für einen Moment unachtsam sind, stiehlt sie ein Messer und ein Pferd und entkommt aus dem Dorf. Aber nur wenige Meter hinter den Hütten wird sie bereits von den Wachen überwältigt und zum Häuptling gebracht. Der teilt ihr wütend mit, daß die anderen Frauen für ihre Flucht mit Auspeitschung bestraft werden würden. Carter kann das jedoch verhindern, indem sie sich selbst als Opfer anbietet, wenn er die Frauen verschont. Um sein Gesicht nicht zu verlieren, sieht der Häuptling von einer Bestrafung ab. Nya, die die Auseinandersetzung mitverfolgt hat, ist beeindruckt von Carters Mut und vertraut sich ihr an. Sie erklärt, daß sie die Haltung ihres Vaters verstehen könne und daß er sich auch nur nach den Gesetzen richte, denen sie alle unterworfen seien. Wenig später gelingt Nya mit Hilfe einiger Frauen, die zur Ablenkung Feuer legen, die Flucht.

Am Morgen trifft das Team im Dorf ein. Daniel und Turghans Vater verhandeln mit dem gegnerischen Häuptling über Carters Schicksal. Obwohl Daniel immer wieder betont, daß Carter bei seinem Stamm eine Gelehrte und Kriegerin ist, die dringend zu ihrem Volk zurückkehren muß, weigert sich ihr ›Besitzer‹, sie gegen Gold zu tauschen. Als die Verhandlungen endgültig zu scheitern drohen, demonstriert O'Neill seine Pistole. Der Häuptling ist begeistert und malt sich große Siege durch diese Wunderwaffe aus. Nur zu gerne ist er bereit, Carter gegen sie zu tauschen – nicht wissend, daß nur fünf Kugeln im Magazin sind ...

Das Team reitet mit Turghans Vater zurück zum Dorf der Shavadai. Auf dem Weg dorthin taucht plötzlich der völlig verstörte Turghan auf und berichtet, daß Nyas Flucht gescheitert sei. Dem Gesetz nach muß sie dafür von den Dorfbewohnern zu Tode gesteinigt werden, und auch ihr Vater wird sie davor nicht schützen können. Carter ist entsetzt und will augenblicklich zum Dorf zurückkehren, doch Jack hält sie zurück. Er fürchtet, daß es zum Krieg zwischen den Stämmen kommen könnte, wenn sie sich einmischen. Schließlich ist es der alte Häuptling, der eine Lösung findet. Dem Gesetz nach hat ein anderer Häuptling das Recht, eine Steinigung anzufechten, wenn er bereit ist, diesen Anspruch in einem Kampf zu belegen.

Es gelingt dem Team zwar gerade noch, vor der Steinigung ins Dorf zu gelangen, doch Nyas Vater weigert sich, den Kampf anzunehmen, da der gegnerische Häuptling bereits alt ist und außerdem hinkt. Er will nicht gegen einen Krüppel kämpfen. Carter wittert ihre Chance und bietet sich an dessen Stelle zum Kampf an. Erst als der Häuptling zusagt, begreifen sie und der Rest des Teams, daß dieser Kampf auf Leben und Tod ausgetragen wird. Nach einem harten Kampf gelingt es Carter, den Häuptling zu besiegen, ohne ihn zu töten. Wie es das Gesetz verlangt, gibt er daraufhin seine Tochter frei – und auch alle anderen Frauen seines Stammes.

Kommentar:
● Wenn die Goa'uld vor 3000 Jahren ihre Sklaven von der Erde holten, wo kommen dann die Mongolen her, die – wie Daniel Jackson sagt – vor 900 Jahren so gelebt haben?
● »Mir gefällt's.« Ein kleiner Chauvie-Ausspruch von Jack O'Neill zur genervten Samantha Carter, als er sie im Kleid sieht.

Hintergründe:

»Der Himmel hatte genug vom übergroßen Stolz und Luxus Chinas ... Ich stamme aus dem barbarischen Norden. Ich trage die gleiche Kleidung und esse die gleiche Nahrung wie die Kuhtreiber und Pferdehirten. Wir bringen die gleichen Opfer, und wir teilen unsere Reichtümer. Ich sehe in der Nation ein neugeborenes Kind, und ich kümmere mich um meine Soldaten, als wären sie meine Brüder.« – Dschingis Khan

1991 feierte die Mongolei das 2000jährige Jubiläum des ersten Hunnenstaates, der 209 v. Chr. gegründet wurde. Die Hunnen galten als die ersten Staatsgründer Zentralasiens. Ihr Land erstreckte sich vom Baikalsee im Norden bis zur Chinesischen Mauer im Süden. Die Hunnen waren die Vorläufer der Mongolen, die vor Dschingis Khan weder eine nationale Identität besaßen noch sich selbst als Mongolen verstanden.

Zwischen dem 4. und dem 6. Jahrhundert wurde das ehemalige Territorium der Hunnen von verschiedenen Stämmen aus Turkestan, den Uighur und den Kirghiz, beherrscht. Erst mit Dschingis Khan (als Temuchin 1155 oder 1167 geboren, 1227 gestorben), der 1206 die mongolische Nation gründete, fanden die Stämme, die jahrhundertelang untereinander Krieg geführt hatten, zusammen. In den Jahren nach Dschingis Khans Ernennung zum Khan unterwarfen sich ihm die Stämme. 1211 brach er mit seinen Reitern nach China auf und begann dort einen Invasionsfeldzug, der schließlich 1215 mit der Eroberung Pekings endete (zumindest vorläufig, denn China war zu diesem Zeitpunkt in drei Teile zerfallen, die Dschingis Khan alle erobern wollte). 600.000 Chinesen standen zur Verteidigung gegen 75.000 Mongolen bereit und hatten trotzdem keine Chance.

Im Jahr 1219 zogen Dschingis Khan und seine Generäle (die sogenannten ›vier Hunde des Krieges‹) gegen

Dschingis Khan, Feldherr und Begründer des mongolischen Reiches, auf seinem Thron in der Darstellung einer persischen Buchmalerei aus dem 14. Jahrhundert.

Khwarezm, das Reich des Schah Mohammed, das Afghanistan, Persien und Turkestan umfaßte. Der Grund für diesen Krieg war Rache, denn ein Gouverneur des Schahs hatte eine Karawane mongolischer Händler ermordet. Die Armee der Mongolen verwüstete das Land auf der Suche nach dem Schah, der mehr als ein halbes Jahr lang auf der Flucht war, bis er schließlich vor Erschöpfung und in völliger Armut starb.

Subedei, einer der Generäle, die den Schah verfolgt hatten, machte auf dem Rückweg zur Hauptstreitmacht noch einen kleinen Umweg über Rußland, löschte dort die georgische Armee aus und vernichtete in der berühmten Schlacht von Khalka die vierfach überlegene russische Armee. 1227 starb Dschingis-Khan während eines Feldzugs gegen die Chinesen. Mit seinem Tod begann auch der Untergang des mongolischen Reiches. Obwohl Subedei noch Rußland, Ungarn, Polen und einen Teil Österreichs eroberte, war der Verfall des Reichs nicht mehr zu stoppen. Im Jahr 1260 übernahm Kubilai-Khan schließlich die Herrschaft über die Mongolen. Da er sich als Chinese fühlte, verlegte er die Hauptstadt von Karakorum nach Peking, was schließlich zu einer Spaltung der mongolischen Stämme und internen Kriegen führte.

»Emancipation« spielt vermutlich vor der Einigung der Stämme durch Dschingis-Khan, da sein Name nicht erwähnt wird und die Mongolen einen sehr primitiven Lebensstil haben. Die Erzählungen des Häuptlings über das Verhältnis zwischen Mann und Frau vor der ›Bestrafung‹ durch den Dämon sind richtig, denn die Mongolen betrachteten Frauen als gleichwertig. Sie konnten reiten, Bogenschießen und mit Schwert und Dolch umgehen. Schwächere Frauen zogen nach dem Kampf über das Schlachtfeld und töteten verwundete Feinde. Generell glaubten die Mongolen, daß eine Frau einige Jahre älter als ihr Mann sein sollte, um ihn bei Entscheidungen zu beraten. Es galt als unreif, wenn ein Mann eine wichtige Entscheidung traf, ohne sie vorher mit seiner Frau zu besprechen.

Wer mehr über die Mongolen erfahren möchte, kann sich an den Mongolenexperten Per Inge Oestmoen wenden, dessen Internetseite *http://home.powertech.no/pioe/* wesentlich tiefer auf das Thema eingeht, als wir das hier können.

Bemerkungen:
● Der koreanische Schauspieler Soon-Tek Oh (manchmal auch Soon Taik Oh oder Soon-Teck Oh) hat in seiner mehr als 30 Jahre umspannenden Karriere wohl schon jede Art Asiaten gespielt. Unter anderem konnte man ihn sehen in DER MANN MIT DEM GOLDENEN COLT (THE MAN WITH THE GOLDEN GUN, GB 1974), der TV-Miniserie MARCO POLO (1982, als Chinesen), MISSING IN ACTION 2 (MISSING IN ACTION 2, USA 1985, als Vietnamesen), DEATH WISH 4 (DEATH WISH 4: THE CRACKDOWN, USA 1987, als Japaner) und BEVERLY HILLS NINJA – DIE KAMPFWURST (BEVERLY HILLS NINJA, USA 1997). Er ist außerdem einer der wenigen Schauspieler, die sowohl in der alten wie auch in der neuen KUNG FU-Serie mitspielten. Richard Dean Anderson arbeitete auch schon mal mit ihm zusammen in einer Folge der Serie MACGYVER.

04 DIE SEUCHE
OT: THE BROCA DIVIDE
Erstausstrahlung USA: 15. August 1997
Erstveröffentlichung Deutschland: 20. März 1998 (Video)

Regie: William Gereghty. Drehbuch: Jonathan Glassner. Gaststars: Teryl Rothery (Dr. Frasier), Gary Jones (Techniker), Steve Makaj (Makepeace), Nicole Oliver (unberührte Frau), Gerard Plunkett (Hoher Berater Tuplow), Danny Wattley (Johnson), Roxana Phillip (Melosha).

Kurzinhalt:
Zwei Stargate-Teams landen auf dem Planeten P3X797, auf der die Menschen durch einen heimtückischen Virus

196

zu primitiven, affenartigen Höhlenwesen mutieren. Bei ihrer Rückkehr stellen die Teams fest, daß auch sie nicht davon verschont geblieben sind.

Langinhalt:

Das Stargate-Team wird von General Hammond zu einer Besprechung gerufen, bei der auch ein zweites Team anwesend ist, das nur aus Marines besteht. Der Grund dafür wird schon bald von Hammond offenbart: Die Sonde, die auf den Planeten P3X797 geschickt wurde, hat die Verbindung plötzlich abgebrochen, so daß niemand weiß, was das Team auf dem fremden Planeten erwarten wird. Bekannt ist nur, daß sich der Planet in einer zwar stabilen, aber dem irdischen Mond sehr ähnlichen Umlaufbahn befindet, die dafür sorgt, daß eine Seite des Planeten immer der Sonne zugewandt ist, während die andere im Dunkel liegt. Trotzdem ist Hammond bereit, das Risiko einzugehen und ein Team dorthin zu schicken – allerdings nur mit den Marines als Rückendeckung. Beide Teams sind von der Aussicht, zusammenarbeiten zu müssen, nicht begeistert, und so kommt es noch vor dem Stargate zu ersten Reibereien, als sich die Frage stellt, welches der beiden Teams als erstes die Reise wagen soll. Jack kann sich schließlich durchsetzen und bringt sein Team als erstes durch das Stargate.

Auf der anderen Seite herrscht tiefste Nacht. Kaum ist das Team eingetroffen, wird es auch schon von primitiv wirkenden Humanoiden angegriffen. Erst als die Marines ebenfalls durch das Tor kommen und auf die Angreifer das Feuer eröffnen, fliehen diese. Die beiden Teams folgen ihnen und stoßen auf ein Dorf, in dem sie eine Frau entdecken, die menschlicher als die anderen zu sein scheint. Bevor sie sich darüber jedoch Gedanken machen können, wird das Dorf von weißgekleideten Gestalten angegriffen, von denen die menschliche Frau befreit wird. Dabei entdecken die Gestalten auch die Stargate-Teams, die sie prompt für Götter halten. Sie nehmen die Teams mit ins ›Land des Lichts‹.

Ein Mann, der sich ihnen als Hoher Ratgeber vorstellt, erklärt, daß ihre Gesellschaft aus zwei Teilen bestehe, den ›Berührten‹ und den ›Unberührten‹. Die Unberührten, so wie er selbst und seine Tochter (die er aus den Händen der ›Berührten‹ gerettet hat), leben auf der hellen Seite des Planeten, während die Berührten auf die dunkle Seite verbannt werden. Das Team erkennt, daß die vermeintlichen Höhlenmenschen, von denen sie angegriffen wurden, in Wirklichkeit dieser Kultur angehören, obwohl sie physisch eher Neandertalern gleichen. Auf die Frage, wie aus Unberührten Berührte werden, antwortet der Hohe Ratgeber, es sei ein Fluch, der die Menschen träfe und sie so gewalttätig werden ließe, daß man nicht mehr mit ihnen leben könne und sie verbannen müsse. Jack und Daniel diskutieren kurz, ob die Goa'uld für den Fluch verantwortlich sein könnten, kommen dann aber zu dem Schluß, daß sie vermutlich niemals auf dieser Welt gewesen sind. Obwohl Daniel und Carter heftig protestieren, befiehlt Jack dem Team, den Planeten zu verlassen.

Zu Hause angekommen, werden sie von Hammond zu einer Nachbesprechung der Mission gebeten, bei der sich wieder einmal die üblichen Fronten zwischen wissenschaftlichen und militärischen Interessen bilden. Jack verteidigt seine Entscheidung, den Planeten zu verlassen, gegen Daniels Argumentation, man hätte den Planeten und den ›Fluch‹, von dem die Bewohner betroffen sind, genauer untersuchen sollen. Plötzlich springt Johnson, einer der Marines, auf und greift Teal'c an. Der hat zwar keine Probleme, sich zu wehren, weiß aber nicht, was Johnsons Verhalten ausgelöst haben könnte. Zu seiner eigenen Sicherheit wird Johnson in eine Arrestzelle gebracht. Nur wenig später werden zwei Marines bei einem Kampf verletzt. Langsam verdichten sich die Anzeichen, daß in der Station etwas nicht stimmt. Als auch noch Carter versucht, Jack zu verführen, und Jack dann Daniel angreift, ordnet Hammond an, die Station unter Quarantäne zu stellen.

Dr. Frasier findet bei der Untersuchung der Opfer heraus, daß sie von Organismen befallen sind, die die höheren Gehirnfunktionen abschalten und die Hormone verstärken. Mehr und mehr Personal wird von dem Virus befallen, nur Teal'c und Daniel scheinen immun zu sein. Hammond schickt sie auf den Planeten, um dort herauszufinden, warum die ›Unberührten‹ nicht auf den Virus reagieren. Kaum sind sie dort angekommen, werden sie von den ›Berührten‹ überfallen. Daniel wird gefangengenommen.

Auf der Station ist mittlerweile auch Hammond befallen. Als Frasier ihn in Jacks Zelle bringt, verlangt dieser nach mehr Sedativa, da nur die Beruhigungsmedikamente die Symptome des Virus lindern können. Frasier zögert zunächst, erklärt sich dann aber doch bereit, ihm die Sedativa zu verabreichen. Geistig wieder halbwegs normal, überredet Jack Frasier, ihn für Experimente zu benutzen.

Auf dem Planeten ist Teal'c mittlerweile bei den ›Unberührten‹ angekommen und bittet sie, ihnen Blut abnehmen zu dürfen. Sie lehnen aus religiösen Gründen ab und lassen sich auch durch die Aussicht auf Heilung der ›Berührten‹ nicht umstimmen. Verbittert berichtet der Hohe Ratgeber, daß seine Tochter inzwischen auch dem Fluch zum Opfer gefallen ist und von ihm in die dunkle Zone verbannt wurde. Er bittet Teal'c zu gehen. Teal'c, der nicht plant, ohne das Blut eines ›Unberührten‹ zur Station zurückzukehren, schlägt daraufhin eine der Wachen nieder und zapft ihm Blut ab. Damit kehrt er zur Station zurück, wo Dr. Frasier feststellt, daß die ›Unberührten‹ sehr niedrige Histaminwerte haben, was vermutlich auf die Ernährung zurückzuführen ist, bei manchen (wie bei Teal'c) jedoch auch angeboren sein kann. Sie entwickelt ein Serum, was sie an Jack ausprobiert, der kurze

Zeit später wieder normal ist. Zusammen mit Teal'c und anderen Geheilten kehrt er zum Planeten zurück. Sie betäuben die ›Berührten‹ mit Tranquilizer-Gewehren und befreien Daniel, der durch die Nahrung der ›Berührten‹ ebenfalls erkrankt ist. Sie bringen ihn zu den ›Unberührten‹ und demonstrieren das Gegenmittel. Wenig später tauchen die ersten ›Berührten‹ geheilt am Rande der dunklen Zone auf. Auch die Tochter des Hohen Ratgebers ist dabei.

Kommentar:

● Carter behauptet, die Kultur der Bewohner des Planeten P3X797 beruhe vermutlich auf der minoischen, einer Hochkultur, die vor 3000 bis 4000 Jahren den Mittelmeerraum von Kreta aus beherrschte. Sie macht diese Bemerkung in einem Bankettsaal, dessen Wände mit riesigen Stierköpfen verziert sind. Problematisch ist daran jedoch, daß Stierköpfe nie Teil der minoischen Religion waren. Es finden sich in Gräbern und ehemaligen Tempelanlagen nur Abbilder und Skulpturen, die wie Hörner aussehen und, je nach Meinung des einzelnen Forschers, entweder stilisierte Stierhörner oder die Sichel des Mondes darstellen. Stiere spielten jedoch bei den Minoern nie eine religiöse oder auch bloß dekorative Rolle. Zu Carters Ehrenrettung könnte man jedoch die Theorie aufstellen, daß die Minoer, nachdem sie eine Weile auf dieser Welt gelebt hatten, den Bezug zu ihrer religiösen Symbolik verloren. So könnten sie auf einer Welt ohne Tag und Nacht und ohne Mond vergessen haben, daß die geschwungenen Hörner nicht unbedingt zu einem Stier gehören müssen, sondern sich auch auf ein Himmelsphänomen beziehen könnten. Daher werden die Darstellungen der Hörner immer naturgetreuer, bis schließlich ganze Stierköpfe dargestellt werden. Natürlich hängt die Wahrscheinlichkeit dieser Theorie von der Frage ab, ob es auf P3X797 Rinder gibt ...

● DIE SEUCHE hat nicht nur mit den Minoern, sondern leider auch mit der Darstellung der Neandertaler aufs falsche Pferd gesetzt, da in einer kürzlich erschienenen Studie einwandfrei nachgewiesen wurde, daß die Neandertaler sprechen konnten und über komplexe soziale Strukturen verfügten.

Hintergründe:

● Der Originaltitel THE BROCA DIVIDE bezieht sich auf das sogenannte Broca-Zentrum im menschlichen Hirn. Das ist der Teil, der für unsere Sprachfähigkeit und Teile der höheren Denkfunktionen benötigt wird.

05 DAS ERSTE GEBOT
OT: FIRST COMMANDMENT
Erstausstrahlung USA: 22. August 1997
Erstveröffentlichung Deutschland: 9. April 1998 (Video)

Regie: Robert C. Cooper. Drehbuch: Dennis Barry, Gaststars: William Russ (Captain Jonas Hansen), Roger R. Cross (Lieutenant Connor), Zahf Hajee (Jamala), Adrian Hughes (Lieutenant Baker), D. Neil Mark (Frakes), Darcy Laurie (Höhlenbewohnerin).

Kurzinhalt:
Auf einem Planeten, dessen Oberfläche aufgrund starker Sonneneinstrahlung kaum bewohnbar ist, trifft das SG-1-Kommando auf einen der bislang gefährlichsten Gegner: Lieutenant Jonas Hansen, den Anführer des SG-9-Kommandos, der offenbar den Verstand verloren hat und sich von den in Höhlen lebenden Menschen als Gott verehren läßt.

Langinhalt:
Für Frakes und Connor geht es ums nackte Überleben. Gejagt durch einen finstern Wald, besitzt nur Connor ei-

ne Waffe. Doch eine Waffe reicht nicht aus, um sich der Übermacht der unsichtbaren Feinde zu stellen. Die Jäger verstecken sich hinter den Bäumen und den dichten Sträuchern. Sie schießen mit Giftpfeilen und scheinen fest entschlossen, im Notfall ihr eigenes Leben zu opfern, um Frakes und Connor, Angehörige des SG-9-Teams, aufzuhalten. Das Sternentor dieser fremden Welt ist zum Greifen nah, als Frakes von einem Pfeil getroffen wird. Geschwächt gleitet er zu Boden. Sein letzter Wunsch: Connor soll allein durchs Tor. Als ihn die geheimnisvollen Fremden umzingeln, ist Connor verschwunden. Aus der Mitte der in einfache Tücher gekleideten Männer tritt ihr Anführer hervor. Er zieht eine Pistole und erschießt Frakes; sein Leichnam wird verbrannt.

Das Kommando SG-1 betritt den namenlosen Planeten. Sein Auftrag: die Suche nach Kommando SG-9, das spurlos verschwunden ist. Obwohl die Vegetation der Bewaldung Nordamerikas gleicht, fällt eines sofort ins Auge: Es gibt offenbar keine Tiere. Teal'c erklärt dem Team, daß die Goa'uld eine Reihe von Welten bewohnbar gemacht und den Lebensbedingungen der Menschen angepaßt haben. Die ungewöhnlich starke Sonneneinstrahlung aber macht ein Leben auf diesem Planeten so gut wie unmöglich. Nur die Pflanzen haben im Laufe der Zeit offenbar einen Mechanismus entwickelt, um sich schützen zu können. Wenn es Menschen gibt – und davon gehen sie aus, immerhin befindet sich auf diesem Planeten ein Sternentor –, müssen diese tagsüber in den Höhlen wohnen. Plötzlich taucht Connor aus dem Unterholz auf, er ist verwundet und vollkommen erschöpft. Und er ist nicht minder überrascht, das Stargate-Team zu sehen, wie das Team sich über sein plötzliches Auftauchen wundert.

Die Geschichte ist schnell erzählt: SG-9 erhielt den Auftrag, den Planeten zu erforschen. Die Eingeborenen glaubten, als die Gruppe aus dem Tor trat, es seien Götter, und Hansen, ihr Anführer, vertrat die Meinung, das

Spiel erst einmal mitzuspielen. Offenbar waren die Menschen von ihrem Glauben dermaßen überzeugt, daß es einige Zeit dauern würde, ihnen ihre wahre Herkunft erklären zu können. Frakes, ihr Anthropologe, betrachtete dieses Vorgehen durchaus kritisch, willigte aber in den Plan ein, da aufgrund der primitiven Lebensweise der Menschen das Wissen um ihre wahre Herkunft möglicherweise noch mehr hätte schockieren können als das Auftauchen der Götter.

Im Laufe der Wochen aber veränderte sich Hansen. Er spielte nicht mehr nur die Rolle eines Gottes, er begann an seine Göttlichkeit zu glauben!

Die Situation eskalierte, als die Menschen einige Männer, die offen die Vermutung zu äußern wagten, die Besucher seien keine Götter, an Pfähle fesselten und der Sonne aussetzten, wohlwissend, daß die Sonne sie wahrscheinlich töten würde. Frakes und Connor versuchten die Situation zu entschärfen. Das Problem: Der vierte Angehörige ihres Teams, ein Soldat namens Baker, hatte seinerseits Gefallen am Leben als Gott gefunden und stellte sich hinter Hansen, so daß dieser Frakes und Connor für vogelfrei erklärte. Zwar gelang es ihnen zu entkommen, doch Frakes überlebte die Flucht nicht.

O'Neill will Dr. Carter zusammen mit Connor zurück zum Hauptquartier schicken, damit diese die Situation erklären, doch Sam weigert sich. Sie kennt Hansen, hatte mit ihm eine kurze Affäre. Sie glaubt, wenn es einen Menschen gibt, der ihn stoppen kann, dann sei sie das. Connor macht O'Neill indes darauf aufmerksam, daß er die Gegend kennt und seine Kenntnisse dem Team nützlich sein könnten.

Die Nacht bricht herein. Nun trauen sich die Menschen aus ihren Höhlen. Und so geschieht, was geschehen muß: Das SG-1 wird entdeckt und von den Bewohnern des Planeten angegriffen. Es kommt zu einem kurzen Gefecht, erschreckt von dem Gewehrfeuer der Fremden, ergreifen die Menschen die Flucht. Doch der Kampf hat Opfer gefordert. Einer der Angreifer wurde offenbar von einem Querschläger getötet, Connor ist verschwunden.

Unweit des Waldes entdeckt das Kommando am folgenden Tag einen Steinbruch, an dessen Fuß Hansen einen Tempel errichten läßt. Die Menschen, offenbar Nachfahren von Ägyptern, scheinen – ihrem kulturellen Entwicklungsstand nach zu urteilen – noch vor der ersten ägyptischen Dynastie von den Goa'uld entführt worden zu sein. Tempel oder andere Gebäude aus Stein scheinen ihnen unbekannt. Hansens Eingriff in ihre Zivilisation hat beträchtliche Ausmaße angenommen.

Um den Tempel zu errichten, läßt Hansen die Menschen in der prallen Sonne arbeiten. Diese verbrennt unaufhörlich ihre Haut, viele von ihnen werden das Ende der Bauarbeiten nicht mehr erleben. Während O'Neill die Truppe verläßt, um von einem höher gelegenen Punkt aus Ausschau nach Connor zu halten – den er schließlich an einen Pfahl gefesselt entdeckt –, müssen Teal'c, Jackson und Carter beobachten, wie Baker auf einen Mann, der aufgrund der Strapazen zusammengebrochen ist, mit dem Kolben seines Gewehrs einschlägt. Von unbändiger Wut befallen, entfernt sich Carter von der Truppe und kommt dem Mann zu Hilfe, indem sie Baker ihrerseits den Gewehrkolben ihrer Waffe ins Gesicht schlägt. So mag sie den Mann zwar gerettet haben, der zu bezahlende Preis ist jedoch hoch: Sie wird gefangengenommen.

Hansen ist durchaus erfreut, Sam zu sehen. Doch warum kann sie ihn nicht verstehen? Als das SG-9-Kommando den Planeten besuchte, entdeckte es Menschen, die in Höhlen lebten, sich vor der Sonne fürchteten und deren einziger Lebenszweck darin zu bestehen schien, immer tiefere Höhlen zu graben und sich unentwegt fortzupflanzen. Eines Tages hätten ihre Höhlen all den Menschen keinen ausreichenden Platz mehr geboten. Und was dann? Hätte er einfach zusehen sollen, wie sie langsam, aber sicher ihrem Untergang entgegenarbeiteten? Den Einwand, er führe sich wie ein Despot auf, läßt Hansen nicht gelten. Er schenkt den Menschen die Zivilisation, dafür können sie ruhig ein paar Opfer bringen. Der Nutzen wird die Opfer auf jeden Fall übersteigen, erklärt er ihr. Allerdings, kontert Samantha: Was würden die Menschen wohl tun, wenn sie herausbekämen, daß Hansen nur ein ganz gewöhnlicher Mensch ist?

Jackson beobachtet, wie sich ein junger Arbeiter heimlich den Strapazen entzieht. Bei den strengen Regeln, die im Steinbruch herrschen, kommt dies, vermutet er, einem schweren Verbrechen gleich. Wenn jemand helfen kann, ins Lager zu gelangen, um Connor und Dr. Carter zu befreien, dann müßte er das sein. Zur Rede gestellt, verfällt der junge Mann in Panik. Er glaubt, die Teammitglieder seien die Teufel, die Hansen beschrieben hat. Womit er nicht gerechnet hat, ist, unter ihnen einen Jaffa zu sehen. Er kennt sie aus den Geschichten seiner Vorfahren und weiß, daß sie den Göttern gedient haben. Jamala, so heißt der Junge, erklärt, daß Hansen ihnen versprochen habe, den Himmel orange zu färben und der Sonne ihren Schrecken zu nehmen. Teal'c versteht, was er damit meint: Die Goa'uld haben viele Planeten den Bedürfnissen der Menschen angepaßt, indem sie ein Gerät benutzten, das die Fähigkeit besitzt, eine Art Kraftfeld aufzubauen, welches – ähnlich der natürlichen Ozonschicht – die Sonnenstrahlen filtert. Offenbar haben die Goa'uld, als sie diesen Planeten verließen, die Geräte abgeschaltet – aber zurückgelassen. Und Hansen hat ein solches Gerät entdeckt und seine Funktionsweise entschlüsselt. Jamala bestätigt dies. Was Hansen jedoch nicht ahnt: Man benötigt zwei Geräte, um diesen Prozeß in Gang zu setzen.

Jackson und Teal'c begeben sich mit Jamala auf die Suche nach dem zweiten Gerät – und entdecken es unter den Ruinen einer alten Tempelstätte.

Währenddessen mißlingt O'Neill der Versuch, Connor

zu befreien. Wie sich herausstellt, kommt O'Neill diese Gefangennahme durchaus recht, wenngleich sich die Situation zuspitzt, als er von Hansen zu dem von dessen Untertanen umgestürzten, aber aktivierten Sternentor gebracht wird, das Hansen als Tor zur Unterwelt bezeichnet, in welches er die Eindringlinge werfen wird. In einer Art Zeremonie will er das Todesurteil vollstrecken und gleichzeitig den Sonnenschutz einschalten. Obwohl er die Maschine und das Sternentor nach diesem Akt zerstören will, weigert er sich, Sam zumindest das Signal aussenden zu lassen, das auf der anderen Seite des Wurmlochs die Iris im Stargate-Hauptquartier öffnen würde. Er will O'Neill und Connor töten, ist endgültig von dem Wahn besessen, tatsächlich ein Gott zu sein.

Bevor er den Befehl geben kann, tauchen Jackson und Jamala auf, um Hansen als gewöhnlichen Menschen zu demaskieren. Als dieser die Maschine zum Filtrieren der Sonnenstrahlen einschaltet, erlebt er eine unliebsame Überraschung. Die Maschine sendet zwar einen orange-farbenen Strahl aus – doch ansonsten geschieht nichts. Es kann auch nichts geschehen, klärt Jackson die erstaunten Menschen auf, denn man benötigt eine zweite Maschine, um sich den Effekt zunutze machen zu können. Warum wußte dies Hansen nicht, wenn er ein allwissender Gott sein will? Jamala gibt Teal'c ein Zeichen, die zweite Maschine einzuschalten. Der von der zweiten Maschine ausgesandte Strahl vereinigt sich mit dem ersten, innerhalb von Sekunden entsteht eine Art Kuppel, die die Sonnenstrahlen filtert und ein normales Leben ermöglicht. In ihrer Wut stürzen sich die Menschen auf Hansen und werfen ihn in das Sternentor, in dem er spurlos verschwindet.

Kommentar:
● Ist es nicht eigenartig, daß das Kommando SG-1 auf ein Volk trifft, das die letzten 5500 Jahre offenbar vollständig

verschlafen hat – und das sich trotzdem perfekt in der englischen Sprache zu artikulieren weiß?

Hintergründe:

● Auf Dr. Carters Frage, warum er sich zum Gott erklärt habe, zeigt ihr Hansen eine abgegriffene Bibel, die er seit seinem Eintritt in die Armee bei sich trägt, und antwortet, er habe sich immer auf der Suche nach Antworten befunden, nun habe er sie gefunden.

Hansen läßt sich von den Menschen als Gott verehren, seine eigene Position aber betrachtet er eher als eine Mischform aus allwissendem Gott und abrahamesker Persönlichkeit.

Abraham, erzählt das erste Buch Mose, war 29 Jahre alt, als Gott ihm in seiner Heimatstadt Ur in Babylonien (oder, wie eine Reihe von Theologen auch behaupten, Haran in Nordwestmesopotamien) erschien. Im 17. Kapitel spricht Gott zu Abraham: »Und ich will dich sehr fruchtbar machen und will aus dir Völker machen und auch Könige sollen aus dir kommen. Und ich will aufrichten meinen Bund zwischen mir und dir und deinen Nachkommen (...) daß es ein ewiger Bund sei, so daß ich deiner Nachkommen Gott bin.« Daher schickt Gott Abraham nach Kanaan, damit dieser dort sein Volk gründet, das den einzigen Gott anbetet.

So wird Abraham nicht nur als Urvater der Israelis betrachtet, auch das Christentum und der Islam führen ihre Wurzeln auf Abraham zurück.

In Hansen verschmelzen Gott und sein Prophet zu einer Person. Er ist der Angebetete; wie Abraham seine Familie aber nach Kanaan führte, so führt auch er seine Kinder in ein neues Land (hier: die Zivilisation) und übernimmt damit gleichzeitig die Rolle des Propheten und auch die des Religionsgründers. Indem er einen Tempel errichten läßt, verbindet er automatisch den technischen Fortschritt mit Religion. Die Menschen erlernen, wie man ein Gebäude errichtet. Und was für ein Gebäude errichten sie? Einen Tempel, in dem sie Hansen anbeten werden.

● Der Titel der Episode bezieht sich natürlich auf das erste Gebot der Bibel, das heißt: Du sollst keine anderen Götter haben neben mir.

● Ob gewollt oder ungewollt, weist die Folge Parallelen auf zu DER MANN, DER KÖNIG SEIN WOLLTE (THE MAN WHO WOULD BE KING, GB 1976). Darin stoßen zwei englische Deserteure (Sean Connery und Richard Harris) im Himalaja auf ein vergessenes Volk, das seit Jahrtausenden auf die Rückkehr seines Gottfürsten Alexander der Große wartet. Als die beiden Engländer die Schätze der primitiv lebenden Einwohner entdecken, schwingen sie sich zu Göttern auf und regieren mehr schlecht als recht über das Volk. Nach und nach beginnt Connerys Charakter jedoch, seinen Posten ernst zu nehmen und auf die Belange der Bevölkerung einzugehen, während sein Freund auf einen raschen Aufbruch drängt. Wie nicht anders zu erwarten, endet der Film für beide in einer Katastrophe.

● DAS ERSTE GEBOT streift auch ein unter Anthropologen gefürchtetes Phänomen, das sogenannte *going native*, bei dem Wissenschaftler, die getarnt in einer anderen Kultur leben sollen, sich nach einer gewissen Zeit so stark mit ihr identifizieren, daß sie zu einem Teil dieser Kultur werden und ihre Objektivität verlieren.

Bemerkungen:

● Regisseur Dennis Barry hat 26 Episoden der TV-Serie HIGHLANDER inszeniert. Ansonsten arbeitete er bislang hauptsächlich für das französische und das britische Fernsehen.

● Der Engländer Adrian Hughes, der hier in einer Rolle zu sehen ist, spielte in der AKTE X-Folge HOME mit und hatte ein kurzes Verhältnis mit Dana-Scully-Darstellerin

Gillian Anderson. Dieses von der englischen Boulevard-
presse besonders hochgespielte Verhältnis endete allerdings abrupt, als eine andere Schauspielerin Hughes wegen sexueller Nötigung verklagte.

06 DIE AUFERSTEHUNG
OT: COLD LAZARUS
Erstausstrahlung USA: 22. August 1997
Erstveröffentlichung Deutschland: April 1998 (Video)

Regie: Kenneth J. Girotti. Drehbuch: Jeffrey F. King. Gaststars: Harley Jane Kozak (Sara O'Neill), Teryl Rothery (Dr.
Frasier), Gary Jones (Techniker), Wally Dalton (Saras Vater), Kyle Graham (Charlie O'Neill), Marc Baur (Kommis-
sar), Jane Spence (Krankenschwester), Carmen Moore
(Laborantin), Charles Payne (Wache).

Kurzinhalt:
Von der elektronischen Aufladung eines Kristalls getroffen, verliert O'Neill während einer Mission das Bewußtsein. Ein Doppelgänger nimmt seinen Platz ein und kehrt
mit dem Team ins Hauptquartier zurück. Dessen Weg
führt ihn zu Sara, O'Neills Exfrau, die sich über Jacks
merkwürdiges Verhalten wundert.

Langinhalt:
Auf einem offenbar unbewohnten, vollständig von Sand
bedeckten Planeten machen die Mitglieder des SG-1-
Kommandos eine merkwürdige Entdeckung: In der Nähe
des Sternentores entdecken sie einen Graben voller blau-
er Kristalle, die zum größten Teil gewaltsam zerstört wurden. Während Teal'c Wache hält und Jackson und Carter
die Kristalle fasziniert untersuchen, entdeckt O'Neill
einen weitestgehend unbeschädigten Kristall. Auch er
kann sich der Schönheit dieser Kristalle nicht entziehen
und berührt einen mit bloßen Händen. Von einem Schlag

getroffen, wird er mehrere Meter durch die Luft gewirbelt und verliert das Bewußtsein. Aus der freigesetzten Energie bildet sich ein neues Lebewesen – ein perfektes Ebenbild von O'Neill. Der Doppelgänger kehrt mit dem Rest des Teams auf die Erde zurück.

Im Spind O'Neills entdeckt der Doppelgänger einen kleinen Zigarrenkasten, in dem der echte O'Neill einige Fotos aus der Vergangenheit aufbewahrt. Unter ihnen sind Fotos seines Sohnes. Während der Doppelgänger die Fotos anstarrt, erlebt er O'Neills Erinnerungen an einen Nachmittag, an dem er mit Charlie Baseball spielte. Er erlebt aber auch den Schmerz, den er empfand, als Charlie starb. O'Neill, so erfährt der Zuschauer, kam von der Arbeit heim. Sara arbeitete im Garten. Es war ein wunderschöner Sommertag, Sara und Jack tauschten ein paar belanglose Worte, als plötzlich im Zimmer von Charlie ein Schuß fiel. Charlie hatte die Dienstwaffe seines Vaters gefunden und mit ihr gespielt. Es löste sich der Abzug, ein Schuß fiel – und Charlie starb kurze Zeit später im Krankenhaus.

›O'Neill‹ verläßt das Hauptquartier und geht zu Sara O'Neill, Jacks Exfrau. Sara arbeitet an ihrem Auto und ist von Jacks Besuch überrascht – und wenig erfreut. Gleichzeitig aber ist sie äußerst verwirrt, als Jack nach Charlie fragt. Wütend rennt sie ins Haus. Der Doppelgänger versteht nicht, was er falsch gemacht hat. Auf ›seinen‹ Schwiegervater wirkt er indes nur etwas verwirrt. Er kommt dessen Aufforderung einzutreten nach.

Während der Doppelgänger Charlies Zimmer betritt, untersuchen Jackson und Sam Carter einen der zur Probe mitgenommenen Kristalle. Dabei entdeckt Sam eine eigenartige Verbrennung, die, wie ein Versuch ergibt, von einem Schießstab, wie Teal'c ihn benutzt, erzeugt wurde. Keine Frage: Die Goa'uld waren vor gar nicht langer Zeit auf dem Planeten. Doch warum zerstörten sie die Kristalle?

Währenddessen erklärt O'Neills Doppelgänger Sara,

RICHARD DEAN ANDERSON

STARGÅTE

KOMMANDO SG·1

DIE AUFERSTEHUNG

DIE MACHT DER WEISEN

Heiße Planeten brauchen coole Helden mit modischen Son-
nenbrillen!

daß er zurück durchs Stargate gehen muß, um ihr Charlie zurückbringen zu können. Sara zweifelt an seinem Verstand, doch sie ergreift die Möglichkeit, ein Gespräch mit Jack führen zu können. Warum, fragt sie ihn, flüchtet er sich in eine Traumwelt? Warum hat er nie mit ihr über Charlies Tod sprechen können? Warum ist er in Selbstmitleid zerflossen und hat sich nie um sie und ihren Schmerz gekümmert?

Zur gleichen Zeit nähert sich Jackson im Hauptquartier einem der Kristalle und weicht erschrocken zurück, als dieser seine Form verändert und sein Gesicht imitiert. Hilf uns, bittet ihn der Kristall. Während Carter und Jackson den Kristall erstaunt anstarren, ertönt der Alarm. Die Iris des Tors öffnet sich, und das Stargate wird aktiviert. Soldaten beziehen Stellung, General Hammond erwartet einen Angriff der Goa'uld. Staunen steht ihm ins Gesicht geschrieben, als O'Neill durch das Tor tritt.

Das Reden hat Sara indes gutgetan. Zum erstenmal hat sie mit Jack über das Unglück sprechen können, ohne daß er sich in Selbstmitleid zurückgezogen hätte. Sie gesteht ihm, daß sie ihm niemals einen Vorwurf gemacht hat. Es war ein tragisches Unglück. Hätte er sie an sich herangelassen, hätte er sich emotional nicht von ihr abgewendet, hätte es für sie möglicherweise eine Zukunft gegeben. Gerade in dem Moment, in dem sie ihn umarmen möchte, bekommt Jacks Doppelgänger einen Schlag. Energieblitze schießen aus seinem Körper: Der Doppelgänger liegt im Sterben.

Nachdem O'Neills Identität geklärt ist, steht die Frage im Raum: Wen oder was haben sie von dieser Expedition mit nach Hause gebracht? Der Kristall erklärt ihnen, die Kristalle hätten Angst gehabt, daß ihnen erneut Schmerzen zugefügt würden. Sie glaubten, sie, die Menschen, seien die Goa'uld. Als die Goa'uld ihre Welt besuchten, handelte es sich um Forscher, mit denen sie friedlich in Kontakt traten. Als einer von ihnen einen der Kristalle berührte, bekam er jedoch einen tödlichen Schlag. Die Goa'uld sammelten daraufhin alle Kristalle zusammen, warfen sie in ein Loch und begannen sie zu zerstören. Da die Kristalle selbst aus reiner Energie bestehen, besitzen sie die Fähigkeit, nach ihrem Tod neue Formen anzunehmen.

Als O'Neill verletzt wurde, nahm ein Kristall sein Aussehen an, um ihm zu helfen. Er wußte aber nicht, wie. Also schaute er in seine Seele und entdeckte den Schmerz über Charlies Tod. Wenn es ihnen also gelänge, Charlie zurückzubringen, hofften sie, würden ihnen die Goa'uld verzeihen können. Da sie Wesen aus reiner Energie sind, konnten sie nicht ahnen, daß der Tod der Menschen etwas Endgültiges darstellt, ist für sie der Tod doch nichts anderes als der Übergang in eine neue, veränderte Daseinsform. Der Doppelgänger aber muß zurück auf seine Heimatwelt, da seine physische Zusammensetzung zusammenzubrechen droht. Die daraus hervorgehende Energieentladung stellt eine Gefahr für alle Menschen in seiner Umgebung dar.

O'Neill wird klar, daß der Doppelgänger Sara aufgesucht haben muß. Als dann die Nachricht eingeht, ein Colonel O'Neill sei ins Krankenhaus eingeliefert worden, gibt es für den echten O'Neill kein Halten mehr.

Im Krankenhaus kommt es währenddessen zu einem ersten Zwischenfall: Eine Energieentladung zerstört sämtliche Lampen auf der Notfallstation. Panik bricht aus, selbst Sara rennt davon. Als der echte O'Neill just in diesem Moment zur Tür hereinkommt, versteht sie die Welt nicht mehr. Sam nimmt sich der vollkommen verstörten Exehefrau an, O'Neill wagt sich derweil an das Bett seines Doppelgängers, der in diesem Moment die Gestalt Charlies annimmt und seine Mission in gewisser Weise erfüllt hat: Er gibt Jack und kurze Zeit später auch Sara die Gelegenheit, von ihrem Sohn Abschied zu nehmen. Natürlich ist er nicht wirklich Charlie, doch ihn berühren zu dürfen, ihnen das Gefühl zu geben, einfach nur auf Wiedersehen sagen zu können, wird es Sara und Jack ermöglichen, in Zukunft besser mit ihrem Schmerz leben zu können.

Jack nimmt das Wesen bei der Hand und bringt es zurück ins Hauptquartier. Zusammen durchschreiten sie das Sternentor.

Kommentar:

● Da ist den Autoren aber ein böser Fauxpas unterlaufen – und zwar in der folgenden Szene: Sam Carter vermutet, daß die Verbrennung, die sie am Kristall festgestellt hat, von einem Schießstab herrühren muß. Also bittet sie Teal'c, diese Theorie zu bestätigen, indem sie einen der Kristalle aufstellt und Teal'c auf ihn feuern läßt. Die Feuerkraft des Kampfstabes zerstört den Kristall. Ein paar Szenen später erfahren Carter und Jackson, daß es sich bei den Kristallen um intelligente Lebewesen handelt. Auch wenn es kurze Zeit später heißt, der Tod der Kristalle sei anders zu verstehen als der Tod menschlichen Lebens, ändert dies nichts daran, daß Sam Carter zur Befriedigung ihres Forschungsdrangs ein intelligentes Lebewesen hat töten lassen. *Oops!*

Hintergründe:

● 1997 und 1998 entdeckten Wissenschaftler sowohl auf dem Mars wie auf dem Mond Wasser. Gefroren zwar, aber vorhanden. Wasser, so ging es durch die Weltpresse, sei der wichtigste Grundstoff, um Leben erschaffen zu können. Warum eigentlich? Warum geht der Mensch davon aus, daß Leben nur entstehen kann, wenn Bedingungen ähnlich denen auf der Erde existieren? Diese Überlegung ließ Autor Jeffrey F. King in seine Planungen einfließen und kreierte als intelligente Lebensform die Kristalle, die eben nicht auf Wasser angewiesen sind und deren molekulare Zusammensetzung sich in keiner Weise

Das Aussehen von Extraterrestrischen hat schon viele Film-
regisseure beschäftigt. Der wohl knuddeligste Außerirdische dürfte 1981 Spielbergs ›E. T.‹ gewesen sein.

mit der des Menschen vergleichen läßt. Viele Wissenschaftler teilen diese Überlegungen durchaus und gehen davon aus, daß sich Leben unter den ungewöhnlichsten Bedingungen entwickeln kann.

In der Literatur, vor allem aber in TV-Serien, besitzen Außerirdische zumeist das Aussehen von Humanoiden. Vor allem STAR TREK hat dieses Bild entwickelt: Außerirdische sehen aus wie Menschen, von denen sie höchstens durch ein Hübbelchen auf der Nase oder eine verschrumpelte Stirn zu unterscheiden sind. Diese Darstellungsformen haben hauptsächlich damit zu tun, daß die Figuren den Zuschauern Bezugs- und Identifikationsmomente liefern sollen. Selbst in einer Serie wie BABYLON 5, die in vielen Belangen mit den Konventionen des SciFi-Fernsehens gebrochen hat, werden die meisten Lebensformen als menschenähnliche, aufrecht gehende, zweiarmige und -beinige Wesen dargestellt, die große Ähnlichkeit mit den Menschen aufweisen. Selbst in BABYLON 5 bekommt der Zuschauer nur selten Figuren zu sehen, die gar nichts Menschliches an sich haben, wie die Schatten, die vermeintlichen Bösewichter der Serie. Da sie jedoch die Antagonisten der Helden darstellen, ist es nicht wirklich wichtig, daß sie Identifikationsmomente herstellen. Für sie reicht im Endeffekt ein ungewöhnliches, wiedererkennbares Aussehen.

Bemerkungen:

● STARGATE hat, was die Musik betrifft, immer wieder Überraschungen zu bieten. Es gelang nicht nur, für die Vertonung David Arnold und Joel Goldsmith zu engagieren, die inzwischen eigentlich nur noch für Big-Budget-Kinofilme die Musik schreiben: Für DIE AUFERSTEHUNG engagiert man einen Musiker, der aus genau der anderen Ecke des Filmgeschäfts kommt, nämlich Richard Band. Richard Band ist ein Sohn von Albert Band, der seine Regie- und Produzentenkarriere 1956 mit dem Selbstjustiz-Western GANGSTERBRUT (THE YOUNG GUNS, USA 1956) begann und seither Filme vom Kaliber ZOLTAN, DRACULAS HÖLLENHUND (ZOLTAN ... HOUND OF DRACULA, USA 1977) oder DINO KIDS 2 (PREHYSTERIA 2, USA 1994) inszenierte. Richards Bruder ist wiederum B-Film-König Charles Band, dessen Motto »Jeden Monat ein Film« lautet. Er begann seine Karriere mit dem gar nicht einmal üblen Horrorschocker DAS HAUS MIT DEM FOLTERKELLER (MANSION OF THE DOOMED, USA 1976) und finanziert seither Filme wie ROBOTJOX (ROBOTJOX, USA 1989) oder SHRUNKEN HEADS (SHRUNKEN HEADS, Rumänien/USA 1994), um die besseren Titel neben einer schier unglaublichen Zahl billigster Horrorstreifen zu nennen.

Kein Wunder, daß sich auch Richard Band dem Familienbetrieb angeschlossen hat und daher fast ausnahmslos die von seinem Bruder produzierten Filme musikalisch unterlegt. Als Komponist trat er erstmals 1978 in Erscheinung, als er zusammen mit Joel Goldsmith (!) LASERKILL vertonte. Zu den Höhepunkten seines Schaffens zählen die von seinem Bruder produzierten Stuart-Gordon-Filme DER RE-ANIMATOR (RE-ANIMATOR, USA 1984/85), FROM BEYOND – ALIENS DES GRAUENS (FROM BEYOND, USA/Italien 1986), MEISTER DES GRAUENS (THE PIT AND THE PENDULUM, USA/Italien 1990) und CASTLE FREAK (CASTLE FREAK, USA/Rumänien 1995). Vor allem DER RE-ANIMATOR hat Band, zumindest in der B-Film-Szene bekannt gemacht, da er für den Soundtrack Bernhard Herrmanns klassischen Soundtrack zu PSYCHO (PSYCHO, USA 1960) verwendete und diesen, statt ihn neu einzuspielen, elektronisch verzerrte und somit einige überraschende Effekte zustande brachte. STARGATE ist Richard Bands erste Arbeit für eine von einem Major-Studio, in diesem Fall Metro-Goldwyn-Mayer, finanzierte TV-Serie.

● Regisseur Ken Girotti gehört zu den erfahrensten kanadischen Fernsehregisseuren überhaupt. Es gibt kaum eine in Kanada produzierte US-Serie, für die er in den letzten drei Jahren nicht mindestens einmal hinter der Kamera gestanden hätte. Seine Filmographie umfaßt daher unter anderem Serien wie ADVENTURES OF SINBAD, POLTERGEIST – DIE SERIE, KUNG FU, TEKWAR, LA FEMME NIKITA, PSI FACTOR und DAS ZWEITE GESICHT.

07 DIE MACHT DER WEISEN
OT: THE NOX
Erstausstrahlung USA: 12. September 1997
Erstveröffentlichung Deutschland: 24. April 1998 (Video)

Regie: Charles Corell. Drehbuch: Hart Hanson. Gaststars: Armin Shimerman (Anteaus), Peter Williams (Apophis), Ray Xifo (Opher), Gary Jones (Techniker), Frida Betrani (Lya), Terry David Mulligan (David Swift), Addison Ridge (Nafrayu), Michasa Armstrong (Shak'l), Zora Vukelic (Jaffa).

Kurzinhalt:
Auf dem Planeten P3C117 trifft das SG-1-Kommando nicht nur auf die friedliebenden Nox, sondern auch auf Apophis. Apophis hat es auf eine Technik abgesehen, die Lebewesen unsichtbar machen kann. O'Neill will die Nox beschützen, doch diese wollen keinen Schutz; sie vertrauen auf die Einsicht von Apophis.

Langinhalt:
Der Besuch eines Ministers stellt sich als Bedrohung des gesamten Stargate-Projektes heraus. Washington will Forschungsresultate sehen, oder, ganz einfach ausgedrückt: Man will endlich von fremden Technologien profitieren können. All das hat das Stargate-Projekt bislang nicht bieten können. Statt dessen kostet es nur Geld. So denkt Washington daran, das Projekt zu beenden. Da ergreift Teal'c das Wort: Wie wäre es, wenn er eine Tech-

nologie anbieten könnte, die Menschen unsichtbar macht und vor der selbst Apophis Respekt hat?

Mit Apophis sei er bereits auf dem Planeten gewesen. So ist es möglich, die Zielkoordinaten zu ermitteln. Doch der Besuch des Planeten birgt schon zu Beginn eine Überraschung: Kaum haben die SG-1-Mitglieder das Tor durchschritten, wird es ganz einfach unsichtbar. Als reichte dies nicht aus, begegnen sie auch noch Apophis, der sich ebenfalls auf der Suche nach der Technologie befindet. Es kommt zu einem Kampf – in dem O'Neill, Jackson und Carter getötet werden. In dem Moment, in dem Apophis auch Teal'c erschießen will, bekommt dieser Hilfe von den Nox, die ihn, wie bereits zuvor das Tor, ganz einfach verschwinden lassen.

Es ist Jackson, der zuerst aus seinem Todesschlaf erwacht, ihm folgen Carter und O'Neill. Sie liegen in einer einfachen Hütte, die von elfenähnlichen Menschen bewohnt wird. Leider verstehen sie die Sprache der Sternentor-Reisenden nicht. Aber: Sie sind freundlich und liebenswürdig. Zu ihrem Entsetzen haben die Ureinwohner dieser Welt auch einen getöteten Jaffa wieder zum Leben erweckt. Da dessen Körper jedoch längere Zeit zur Regeneration benötigt, liegt dieser, Shak'l mit Namen und ein ehemaliger Schüler Teal'cs, noch im Koma.

Obwohl nur ein einfaches Waldvolk, verfügen die Nox über ungemeine kognitive Fähigkeiten. In kürzester Zeit erlernen sie Englisch. Sie machen den Sternentor-Reisenden klar, daß sie jede Form von Gewalt verabscheuen. In ihren Augen gibt es für jeden Konflikt eine Lösung ohne Gewalt.

Nicht nur, daß sie offenbar eine naive Weltsicht pflegen, auch besitzen sie – ihren eigenen Aussagen nach – keinesfalls die Fähigkeit, sich unsichtbar zu machen. Dies können nur die Fenry, eine mannsgroße Insektenart, die von den Goa'uld gejagt wird. Natürlich kennen sie die

Goa'uld, erklärt ihr Anführer Anteaus, aber bislang sind sie ihnen immer aus dem Weg gegangen, ohne mit ihnen in Konflikt zu geraten.

Dies aber wird sich ändern: Der Jaffa Shak'l erwacht aus seinem Koma und weigert sich, sich Teal'c anzuschließen. In seinen Augen hat dieser ihren Gott verraten. Teal'cs Einwand, daß es sich bei Apophis lediglich um einen Parasiten handelt, läßt Shak'l nicht gelten. Mehr noch: Es gelingt ihm, sich zu befreien und Teal'c zu überrumpeln. Ohne einen ersichtlichen Grund aber tötet er auch ein Nox-Mädchen.

Ist er deshalb jetzt ein Feind? Die Nox verneinen, sie wollen keine Gewalt. Und selbst das Verbrechen des Jaffa bringt sie von dieser Meinung nicht ab. Sie leben mit der Natur in Einklang, leben in Liebe und Achtung. Nicht einmal eine Tat wie die von Shak'l kann sie von diesem Weg abbringen.

In einer geheimnisvollen Zeremonie, in der sich die Nox an den Händen halten, holen sie das Mädchen ins Leben zurück. Und die Zeremonie macht eines deutlich: Die Wahrheit bezüglich ihrer Fähigkeiten haben sie nicht gesagt. Sehr wohl sind sie es, die die Fähigkeit besitzen, sich unsichtbar zu machen. Sie lesen Gedanken. Und den Tod haben sie schon vor langer Zeit besiegt. Ihre Zeremonie hat jedoch einen Nachteil: Während sie sie durchführen, sind sie verwundbar, da sie sich nicht unsichtbar machen können.

Dieses Phänomen bleibt auch Shak'l, der sich in einem Waldstück unweit ihrer Waldhütte versteckt hat, nicht verborgen. Shak'l rennt davon und findet schließlich Apophis, dem er von den Dingen berichtet, die er beobachtet hat.

Ein Kind der Nox, Nafrayu, ist neugierig. Es hat noch nie einen Goa'uld gesehen. Und entgegen der Bitte von Anteaus, bei der Gruppe zu bleiben, schleicht sich Nafrayu durch den Wald und trifft auf Apophis, der das

Zusammentreffen eiskalt ausnutzt. Er tötet den kleinen Jungen, wohlwissend, daß die Nox ihn ins Leben zurückholen werden. Während dieser Zeremonie plant er, die Nox gefangenzunehmen.

O'Neill will dies verhindern. Die Waffen der Goa'uld sind ohne Zweifel stärker als die der Menschen, dies hat er ja bereits am eigenen Leib erfahren. Aber im Kampf Mann gegen Mann haben sie eine Chance, wenn sie das Überraschungsmoment nutzen können. Und so gelingt es ihnen, Apophis und den Jaffa aufzulauern. Es kommt zu einem erbitterten Kampf, aus dem diesmal das SG-1-Kommando als Sieger hervorgeht. Doch der Sieg hat einen bitteren Nachgeschmack: O'Neill gelingt es, Apophis zu überwältigen. In dem Moment aber, als er ihn töten will, haben die Nox ihre Reanimationszeremonie abgeschlossen. So gelingt es Anteaus, Apophis mit dem Mantel der Unsichtbarkeit zu bedecken. Die Gelegenheit, sich Apophis' zu entledigen, ist verloren.

Die Nox geleiten das SG-1-Kommando zum wieder sichtbar gemachten Sternentor. Sie werden es vergraben, erklärt Anteaus, damit weder die Menschen noch die Goa'uld ihr friedliches Leben jemals wieder stören können. Aber sie haben Raumschiffe, erklärt ihnen O'Neill. Und sie werden wiederkommen. Das mag sein, antwortet ihm der Nox – und seine Augen blitzen auf –, aber man soll die Nox nicht unterschätzen. Sie sind nicht so naiv, wie O'Neill glauben mag. Und für einen kurzen Moment macht er den Menschen eine gigantische Stadt in den Wolken sichtbar, die über Technologien verfügt, die selbst die Goa'uld erblassen lassen würde.

Hintergründe:
● Die Idee, Menschen elfenartig darzustellen, mag etwas eigenartig erscheinen. In der Ufologie gibt es jedoch eine Tendenz zu behaupten, Feen und Elfen seien nichts weiter als Urzeitastronauten gewesen, das heißt Außerirdi-

sche, die die Erde in einer Zeit besuchten, in der Menschen noch nicht ahnten, daß die Erde möglicherweise nicht den Mittelpunkt des Universums darstellen könnte. Manche hielten die Besucher für Engel oder Dämonen. Die Wesen wurden in den Augenzeugenberichten als freundlich, äußerlich allerdings nur bedingt menschenähnlich dargestellt – wie nun auch in DIE MACHT DER WEISEN –, und es entstanden Legenden von Feen und Elfen, liebenswürdigen Zeitgenossen, die nichts Böses im Sinn hatten, sondern im Gegenteil oftmals als Retter in höchster Not erschienen, ohne dafür Dank oder Anerkennung zu verlangen.

Eine rationale Erklärung für die Existenz von Feen und Elfen bietet indes die Psychologie. Da heißt es, ebenso, wie viele Kinder unsichtbare Spielkameraden erfinden, die in ihrer Phantasie zu real existierenden Personen werden, stellen Feen und Elfen nichts weiter als anspruchsvollere, erwachsene Projektionen dieser Phantasien dar, die der Hoffnung nach der Befriedigung geheimster Bedürfnisse entspringen – oder entsprangen. Denn tatsächlich gibt es heute nur wenige Sichtungen, die auf Feen und Elfen schließen lassen. Heute kommt man statt dessen direkt auf den Punkt und spricht von dem, was man wirklich gesehen hat: Außerirdische – vorausgesetzt, man möchte sich der psychologischen Erklärung partout nicht anschließen (siehe hierzu auch das Kapitel »Besuch aus dem Weltall« unter besonderer Berücksichtigung des Unterpunktes »Zweifel am Pseudoglauben«).

● Abgesehen davon stammt der Ausdruck Elfe von dem mittelhochdeutschen Begriff Alb, aus dem sich auch der rechtschreibreformierte Albtraum (= Alptraum) ableitet. Je nach Region werden sie auch Elben oder Alben genannt, was in jedem Fall Druckgeist bedeutet, wobei die Bezeichnung Druckgeister auch Wesen wie Zwerge, Unterirdische und Kobolde einschließt.

Bemerkungen:

● Armin Shimerman gehört ohne Zweifel zu den bekanntesten Schauspielern des televisionären SciFi-Genres der späten 90er Jahre. Seit 1993 stellt Shimerman niemand anderen dar als Quark, den berühmt-berüchtigten Ferengi-Wirt einer bekannten Raumstation namens DEEP SPACE NINE. Geboren wurde Shimerman am 5. November 1949 in Lakewood, New Jersey. Als er sieben Jahre alt war, ließen sich seine Eltern scheiden. Daraufhin zog seine Mutter mit ihm und seinem Bruder nach Los Angeles, wo er die Santa Monica High School besuchte und schließlich auf die UCLA wechselte, um Schauspieler zu werden und gleichzeitig Literatur zu studieren. Shimerman entdeckte bereits zu High-School-Zeiten seine Passion für Shakespeare – eine Passion, die er bis heute pflegt, indem er junge Schauspieler in shakespearschen Darstellungsformen unterrichtet.

1974, nach dem Abschluß seines Studiums, zog er nach New York, wo er sein Glück am Broadway versuchte und, wie es sich für einen anständigen Jungschauspieler gehört, erst einmal als Kellner arbeitete. Erste Rollen spielte er in einer Broadway-Inszenierung von Bertolt Brechts DREIGROSCHENOPER und einem Musical namens I REMEMBER MAMA. 1979 lernte er die Schauspielerin Kitty Swink kennen, die ihn überredete, sein Glück in Hollywood zu versuchen, wo er tatsächlich die Hauptrolle im Pilotfilm einer TV-Serie erhielt, die jedoch nicht in Produktion ging. Ein Jahr später hatte er das Glück, eine kleine Rolle in Woody Allens STARDUST MEMORIES (USA 1980) zu erhalten, was ihn in seiner Absicht bestärkte, es noch einmal in Hollywood zu versuchen, allerdings mit mäßigem Erfolg.

1984 erhielt er eine Rolle in der TV-Serie MORD IST IHR HOBBY, danach stand er fast Woche für Woche für eine andere Serie vor der Kamera: Eigenen Aussagen zufolge hat er in insgesamt 40 Fernsehserien mitgewirkt. Da es sich zumeist um Kleinstrollen handelte, arbeitete er neben seiner Schauspielertätigkeit in den verschiedensten Jobs, unter anderem war er schon damals als Schauspiellehrer tätig.

1986 erhielt er erneut eine kleine Rolle, diesmal als Polizist, in dem Überraschunghit HITCHER – DER HIGHWAYKILLER (THE HITCHER, USA 1987), nachdem er kurze Zeit vorher in einer Gaststarrolle in SLEDGE HAMMER zu sehen gewesen war, einer Serie, die in den USA vollkommen unterging, sich in Ländern wie Deutschland aber zu einem gesunden Hit entwickelte. Es folgte eine Reihe kleiner Rollen in diversen Kino- und TV-Filmen, wobei sich 1987 als Glücksjahr entpuppen sollte: Zuerst erhielt er einen Vertrag für 13 Episoden der Serie DIE SCHÖNE UND DAS BIEST. Dann spielte er, in verschiedenen Rollen, in zwei STAR TREK: DAS NÄCHSTE JAHRHUNDERT-Episoden mit, mit denen es ihm gelang, sich ins Gedächtnis der Produzenten zu spielen, die ihn für die zweite Staffel gleich ein drittes Mal buchten, um ihn einen Ferengi spielen zu lassen. Allerdings nicht Quark. Daimon Bractor hieß der Charakter, und mit diesem Charakter sollte eine neue, bösartige Rasse ins Trek-Universum eingeführt werden. Obwohl Shimerman wirklich einen alles andere als liebenswürdigen Charakter darstellte, verzichteten die Produzenten auf die Idee, die Ferengi wirklich bösartig sein zu lassen. Ein weiser Entschluß.

1991 spielte er seine einzige Film-Hauptrolle in dem Billig-SciFi-Produkt ARENA (ARENA, USA 1991), interessanterweise an der Seite eines Schauspielers namens Mark Alaimo, der als Gul Dukat einige Jahre später ebenfalls eine immer wiederkehrende Rolle in DEEP SPACE NINE spielen sollte.

Zwischen 1987 und 1992, dem Jahr, in dem er die Rolle des Quark in STAR TREK: DEEP SPACE NINE erhielt, spielte er die Hauptrollen vieler Theaterstücke, seinen letzten Kinoauftritt absolvierte er 1996 in John Schlesingers

Selbstjustiz-Thriller AUGE UM AUGE (EYE FOR AN EYE, USA 1995/96).

Armin Shimerman hat keine Kinder. Er lebt mit seiner Ehefrau in Hollywood.

08 DIE AUSERWÄHLTEN

OT: BRIEF CANDLE
Erstausstrahlung USA: 19. September 1997
Erstveröffentlichung Deutschland: 22. Mai 1998 (Video)

Regie: Mario Azzopardi. Story: Steven Barnes. Drehbuch: Katharyn Powers. Gaststars: Bobbie Phillips (Kynthia), Teryl Rothery (Dr. Frasier), Harrison Coe (Alekos), Gabrielle Miller (Thetys), Gary Jones (Techniker).

Kurzinhalt:
Das SG-1-Team reist zum Planeten Argos und trifft auf eine humanoide Rasse, die sich ›die Auserwählten‹ nennt. Der Grund für diesen Namen ist offensichtlich: Alle sind gesund, sehen gut aus und leben an einem paradiesisch anmutenden Strand. Das Team findet heraus, daß die Bewohner vor Jahrhunderten von den Goa'uld auf diese Welt gebracht wurden, die Goa'uld selbst jedoch nie zurückkamen. Als die Gruppe dann auch noch feststellt, daß die Bewohner innerhalb eines Tages erheblich altern und O'Neill plötzlich die gleichen Symptome zeigt, entpuppt sich das vermeintliche Paradies als Todesfalle.

Langinhalt:
Ein Mann kniet in einem griechisch wirkenden Tempel auf dem Planeten Argos und betet zur Statue des Erschaffers des Planeten. Hinter der Statue befindet sich das Stargate, das sich zur großen Überraschung des Mannes plötzlich öffnet. Er versteckt sich und beobachtet, wie das Team den Tempel untersucht. Daniel bemerkt,

daß die Statue griechisch wirkt, weiß aber nicht, welchem Gott sie zugeordnet ist. Das Team entdeckt den Mann, der sich als Alekos vorstellt, und eine hochschwangere Frau namens Thetys, die kurz vor der Geburt steht. Alekos bemerkt, sie seien keine ›Pellops‹, bittet sie aber trotzdem, bei der Geburt zu helfen. Alle starren daraufhin Carter an, die sich völlig überfordert fühlt und die Ehre gerne an Daniel abtritt, der einmal im Dschungel einer Hebamme geholfen hatte. Die Geburt verläuft ohne Komplikationen. Nur wenige Minuten nach der Geburt eines Sohnes ist Thetys schon wieder auf den Beinen – sehr zur Überraschung des Teams. Alekos und Thetys eröffnen Daniel, daß sie ihr Kind nach ihm benennen möchten, und bieten dem Team die Gastfreundschaft ihres Dorfes an. Auf dem Weg dorthin erzählt Alekos, daß sein Volk sich ›die Auserwählten‹ nennt. Auf Teal'cs Frage, wo ihre Götter leben, lächelt Alekos und sagt, sie würden selbstverständlich im Himmel leben.

Außerhalb des kleinen Dorfes präsentiert Alekos seinen Sohn den anderen Dorfbewohnern; die Stimmung ist festlich und ausgelassen. Es fällt Daniel auf, daß alle Dorfbewohner vor Gesundheit strotzen und durchweg attraktiv sind. Das bemerkt auch Jack, der sich besonders von einer Frau, Kynthia, angezogen fühlt. Daß dieses Gefühl auf Gegenseitigkeit beruht, stellt das Team wenig später fest, als Kynthia Jack einen Kuchen schenkt, den er – und darauf besteht sie – allein essen soll.

Das Team spekuliert über die Herkunft der Argoser. Daniel ist begeistert angesichts der Artefakte, die sich in dem Dorf befinden, und berichtet, der dargestellte Gott sei der griechische Gott Pellops. Teal'c fragt sich hingegen, aus welchem Grund die Goa'uld diese Leute, die offensichtlich keine Sklaven sind, auf den Planeten gebracht haben. Während ihrer Unterhaltung ißt Jack von Kynthias Kuchen und fühlt sich nur wenig später seltsam desorientiert. Eine Freundin von Kynthia führt ihn von den anderen weg zu Kynthia, die vor ihm einen offensichtlich erotischen Tanz aufführt und ihn dann in ein Gebäude führt, das wie ein Gemeinschaftsschlafsaal aussieht.

Um das Team von den Geschehnissen abzulenken, serviert Alekos Wein und weist darauf hin, es sei eine Sünde, an der 100tägigen Feier nicht teilzunehmen, die vom Erschaffer der Welt bei einer Geburt angeordnet wurde.

Mittlerweile haben Jack und Kynthia im Schlafsaal ihre Beziehung erheblich vertieft, werden jedoch vom Klang einer Glocke unterbrochen, die im ganzen Dorf zu hören ist. Daraufhin stehen die Dorfbewohner auf und strömen in den Schlafsaal, wo sie und Kynthia sofort in einen tiefen Schlaf fallen. Das Team, das den Dorfbewohnern gefolgt ist, weiß nicht, was los ist. Es bemerkt nur, daß der Zusammenbruch exakt bei Sonnenuntergang erfolgte, weiß aber nicht, wodurch er ausgelöst wurde. Es spekuliert über eine Krankheit oder über etwas in der Nahrung, was aber eigentlich nicht sein kann, weil alle das gleiche gegessen haben – alle außer Jack, der Kynthias Kuchen gegessen hat und im gleichen Moment zusammenbricht.

Bei Sonnenaufgang am nächsten Morgen erwachen die Argoser ebenso wie Jack, der allerdings das Gefühl hat, verkatert zu sein. Er verlangt nach einer Erklärung.

Währenddessen führt Alekos Daniel und Teal'c durch den Tempel. Er bestätigt noch einmal, daß es sich bei der Statue um Pellops, den ›Geber der Tage‹, handelt. Der Tempel sei dessen Heimat gewesen, als er noch unter den Argosern lebte. Es heißt, daß die Auserwählten von Pellops so geliebt wurden, daß er dieses Dorf für sie erschuf und sie von einem weit entfernen Ort hierher brachte. Seitdem warten die Argoser auf Pellops' Rückkehr.

Daniel und Teal'c finden im Tempel einige Piktogramme, die Teal'c als einen alten Dialekt der Goa'uld identifiziert. Auch Daniel kennt solche Piktogramme: Sie wurden in Griechenland und auf Kreta gefunden, jedoch nie entziffert. Als Teal'c die Statue des Gottes genauer untersucht, entdeckt er eine verborgene Öffnung, in der sich noch mehr dieser Piktogramme befinden. Teal'c beginnt, die Schriften zu entziffern.

Sam nimmt gerade Bodenproben, als ihr Thetys und ihr Sohn begegnen, der in nur einem Tag um rund ein Jahr gealtert zu sein scheint. Als Sam Jack das Kind zeigt, erklärt Thetys, daß für die Argoser Tage wie Jahre sind. So sei sie 21 Tage alt und Kynthia 31. Daniel hat noch schwerwiegendere Neuigkeiten in den Piktogrammen entdeckt: Pellops brachte die Menschen nach Argos, um dort die menschliche Evolution zu studieren. Er verkürzte ihre Lebensspanne, um seine Untersuchungen voranzutreiben. Weder Teal'c noch Daniel konnten bisher herausfinden, wie Pellops das erreicht hat, gehen jedoch von einem Virus aus, der sich durch Körperkontakt verbreitet. Eine Übertragung durch die Luft scheidet jedenfalls aus, denn dann wäre das ganze Team befallen, nicht nur Jack, der außerdem als einziger Körperkontakt zu einer Argoserin hatte. Jack versucht zwar, diese Theorie zu dementieren, als jedoch in diesem Moment die Sonne untergeht, fällt er wie die Argoser in einen tiefen Schlaf. Bevor er das Bewußtsein verliert, befiehlt er Sam, zur Erde zurückzukehren und dort nach den Ursachen zu forschen.

In der Station entdecken Sam und Frasier, daß sich im Blut der Argoser seltsame Organismen befinden. Auch Jacks Blut weist diese Organismen auf, die sich bei ihm sogar noch vermehren. Sam kehrt nach Argos zurück und findet einen stark gealterten Jack vor, dem sie lediglich berichten kann, daß er von keinem Virus befallen ist. Außerdem muß sie ihm mitteilen, daß die Organismen in seinem Blut versuchen, die Zeit aufzuholen, die er bereits gelebt hat. Wenn er weiter in dieser Geschwindigkeit altert, wird er in zwei Wochen tot sein. Sam will ein Labor auf Argos einrichten, aber Jack befiehlt ihr, mit dem Team zur Erde zurückzukehren. Er will nicht noch einmal eine gefährliche Krankheit zur Erde bringen. Frustriert kehrt das Team zur Erde zurück, wo Sam und Frasier ihre Untersuchungen fortführen. Dabei entdecken sie, daß die Organismen Maschinen sind und Pellops offenbar Nanotechnologie beherrschte. Allerdings hat auch Sam Nanotechnologie studiert ...

Auf Argos sitzt Jack im Tempel und bedenkt die Pellops-Statue mit beleidigenden Kommentaren. Kynthia gesellt sich zu ihm und fragt, ob er mit seinem Team gehen wird. Als Jack verneint, freut sie sich und erzählt mehr von ihren Bräuchen. So erfährt Jack, daß er und Kynthia nach ihren Bräuchen verheiratet sind, weil er den Kuchen gegessen hat und sie miteinander geschlafen haben. Jack versucht sich dagegen zu wehren und erwähnt dabei wütend, daß Pellops ihrer aller Leben ruiniert hat und daß sie 100 Jahre und nicht 100 Tage leben sollten. Kynthia verläßt schockiert den Tempel.

Im Labor der Station finden Sam und Frasier heraus, daß die Nanociten für den schnellen Alterungsprozeß nicht verantwortlich sind, sondern sich einfach nur vermehren. Sie sind davon überzeugt, daß es irgend etwas auf Argos geben muß, das den Prozeß auslöst. Bei den Untersuchungen kommt es beinahe zur Katastrophe, als die Nanociten sich so schnell vermehren, daß sie fast aus ihren Containern ausbrechen.

Alekos besucht Jack im Tempel und fragt ihn, ob das, was er Kynthia erzählt hat, wirklich wahr ist. Als Jack nickt, wird Alekos wütend. Er fühlt sich betrogen und fragt sich, was er wohl machen würde, wenn er Tausende anstatt Hunderte von Tagen zu leben hätte. Jack schlägt vor, die Welt zu erforschen, doch Alekos gibt zu bedenken, daß Pellops ihnen verboten hat, das Dorf zu verlassen, und drohte, er würde sie alle vernichten, sollten sie es jemals versuchen. Jack macht ihn darauf aufmerksam, daß Pellops nur eine steinerne Statue ist und nichts und niemanden vernichten kann.

Wenig später besucht Kynthia Jack, der niedergeschlagen neben dem Stargate sitzt. Sie sagt ihm, daß sie seinen Ärger nicht versteht, weil sie nichts vermissen kann, was sie nie gehabt hat. Als Jack von seiner Exfrau erzählt, fühlt Kynthia sich schuldig, weil er sie wegen ihr nie wiedersehen wird. Gleichzeitig verspricht sie ihm jedoch, daß er die Zeit, die er noch hat, mit ihr zusammen genießen wird.

In der Station berichten das Team und Frasier Hammond von ihren Erfolgen. Sie wollen weiter mit den Nanociten experimentieren, aber Hammond hält die Gefahr einer Verseuchung für zu groß. Er ordnet ihre Vernichtung an und ist sogar bereit, den Tod seines Colonels und der Argoser in Kauf zu nehmen. Obwohl das Team über die Anordnung entsetzt ist, hat es Hammond nichts entgegenzusetzen. Da es dem Team verboten ist, Argos zu besuchen, und es die Nanociten nur noch im Computer studieren kann, nimmt es eine letzte Videobotschaft für den inzwischen stark gealterten Jack auf, in der es sich von ihm verabschiedet.

Die Argoser kommen zum Tempel, um Pellops zu bitten, ihnen ihr Leben zurückzugeben. Als Jack ihnen wütend sagt, daß Pellops sich nicht um Dinge wie Liebe kümmert, sondern nur Menschen in Sklaven verwandeln will, tritt Alekos vor und sagt, dann wolle er nicht mehr einer der Auserwählten sein. Die anderen Argoser stimmen zu und stürzen gemeinsam die Statue ihres Gottes um.

Jack und Kynthia verlassen das Dorf und wandern durch die Wälder – weiter, als die Argoser je gegangen sind. Sie verbringen die Nacht redend unter einem Baum. Plötzlich bemerken sie, daß die Sonne aufgegangen ist, sie aber nicht geschlafen haben. Jack stellt die Theorie auf, daß die Ursache für den plötzlichen Schlaf und die schnelle Alterung im Dorf zu finden sein muß, aber als sie zurückkehren, liegt die Bevölkerung immer noch in tiefem Schlaf.

Die Antwort auf ihre Fragen finden sie im Tempel: einen zerbrochenen Transmitter im Fuß der umgestürzten Statue. Jack ruft das Team zurück nach Argos. Teal'c hat aus den Aufzeichnungen herausgefunden, daß es sich bei den Piktogrammen um Transmitterfrequenzen handelt: eine, die den Tiefschlaf auslöst und die Nanociten aktiviert, und eine, die den Wachzustand einleitet und die Maschinen abschaltet. Mit Sams Hilfe schalten sie die Maschinen ab, so daß die Argoser von nun an normal altern können. Auch Jack kann geholfen werden. Da die Nanociten nie dazu gedacht waren, den Alterungsprozeß in einem erwachsenen Körper einzuleiten, haben sie ihn nur vorgetäuscht, so daß Jack älter wirkte. Da die Maschinen, die den Eindruck aufrechterhielten, jetzt abgeschaltet sind, sollte er bald wieder normal sein. Kynthia weiß, daß dies auch bedeutet, daß Jack sie verlassen wird. Als sie ihn fragt, was passieren wird, wenn Pellops jemals zurückkehrt, verspricht er, daß regelmäßig Leute nach dem Rechten sehen werden. Sie hofft, daß er einer dieser Leute sein wird.

Kommentar:

● STARGATE ist nicht die erste Serie, bei der eine oder mehrere Hauptpersonen plötzlich altern, auch STAR TREK und DEEP SPACE NINE haben sich dieses Themas ebenso angenommen wie AKTE-X. In der Episode DOD CALM altern Mulder und Scully innerhalb weniger Stunden um Jahrzehnte.

Hintergründe:

● Das wichtigste wissenschaftliche Thema dieser Folge ist die Nanotechnologie, ein völlig neues Prinzip in der Forschung, das unser Leben in den nächsten 50 Jahren so revolutionieren könnte, wie es die Mikrotechnologie in den letzten 20 Jahren getan hat. Dabei beschäftigt sich die Mikrotechnologie, auf der unsere gesamte Computertechnik beruht, mit Elektronik in Größenordnungen von einem Millionstelmeter oder noch kleineren Einheiten (den sogenannten Mikrons). In einigen Jahren allerdings – soviel ist heute schon abzusehen – wird die Mikrotechnologie an ihre Grenzen stoßen, und man wird nicht mehr in der Lage sein, damit Geräte noch kleiner und noch effizienter zu bauen. Dann könnte sich der Vorhang für die Nanotechnologie öffnen, eine Technologieform, die auf atomarer Ebene funktioniert und in der es um Größenordnungen geht, die nur ein Tausendstel der Mikrotechnologie betragen (ein Nanometer hat die unvorstellbar geringe Größe von einem Milliardstelmeter). Bedenkt man die Möglichkeiten der Nanotechnologie, bekommt man den Eindruck, selbst die Mikrotechnologie sei nichts anderes als der hilflose Versuch, mit Boxhandschuhen Legosteine zusammenzusetzen. Nanotechnologie konstruiert nicht mehr, sie erschafft, indem sie die atomare Zusammensetzung von Dingen verändert. Der alte Alchimistentraum, aus Blei Gold herzustellen, wäre zum Beispiel kein Problem mehr; man könnte auch aus Kohle Diamanten machen oder aus Luft Wasser und Dreck Kartoffeln.

Die Anwendungen sind endlos, und man braucht dazu im Grunde genommen nicht mehr als Roboter auf Molekularebene, von denen die Atome präzise bewegt werden, und eine Möglichkeit der Vervielfältigung, um einen Schritt nicht millionenfach ausführen zu müssen.

Auch in der Medizin könnte die Nanotechnologie bisher Unmögliches wahr machen. Die Kleinstroboter könnten die Tätigkeiten von Enzymen oder Hormonen imitieren, erkranktes Gewebe heilen oder sogar Gliedmaßen nachwachsen lassen. Ähnlich wie in dem Film DIE PHANTASTISCHE REISE, in dem eine Gruppe Wissenschaftler in einem extrem verkleinerten U-Boot den menschlichen Körper bereist, würden die selbstreplizierenden Roboter (allerdings ohne Krieg gegen lästige weiße Blutkörperchen führen zu müssen) innerhalb des Körpers agieren und dabei Aufgaben übernehmen, die jeden heutigen Arzt überfordern würden. Und ja, sie könnten auch dafür sorgen, daß Colonel Jack O'Neill innerhalb weniger Tage um Jahrzehnte altert.

09 IM REICH DES DONNERGOTTES
OT: THOR'S HAMMER
Erstausstrahlung USA: 26. September 1997
Erstveröffentlichung Deutschland: 12. Juni 1998 (Video)

Regie: Brad Turner. Drehbuch: Katharyn Powers. Gaststars: Galyn Görg (Kendra), Vincent Hammond (Unas), Tasmin Kelsey (Gaerwen), James Earl Jones (Unas' Stimme), Mark Gibbon (Thor).

Kurzinhalt:
Das SG-1-Team besucht die Cimmerianer in der Hoffnung, mehr über die Reisen zur Erde zu erfahren, die diese früher vielleicht unternommen haben. Als sie durch das Stargate treten, geraten Teal'c und Jack in einen Laserstrahl, der sie in ein unterirdisches Labyrinth transportiert, wo ein holographisches Abbild des Wikingergottes Thor über ihr Schicksal entscheiden wird.

Langinhalt:
Das SG-1-Team diskutiert mit General Hammond Daniels neue Theorie über die Stargates. Daniel glaubt, daß die Mythen und Legenden der Erde darauf schließen lassen, es gebe zwei Arten von Sternengöttern: Tyrannen wie die Goa'uld und weise Mächte, die ihre Kenntnisse und Technologien zum Wohle der Menschheit einsetzten. Daniel geht darüber hinaus davon aus, daß die Goa'uld, die von Natur aus Parasiten sind, die Stargates nicht selbst konstruierten, sondern sie nur benutzten, um die Galaxis zu

beherrschen. Das bedeutet aber, daß auch die guten Götter die Stargates hätten benutzen können und vielleicht noch irgendwo im Universum sind. Wenn man sie finden könnte, wären sie natürlich hervorragende Verbündete gegen die Goa'uld. Besonders interessant findet Daniel in diesem Zusammenhang die nordischen Mythen über Thor, dessen Waffe – Thors Hammer – eine weitentwickelte außerirdische Waffe sein könnte. Teal'c bestätigt, daß der Hammer das Symbol der Welt Cimmeria ist, eines Planeten, den die Jaffa auf Befehl der Goa'uld meiden sollen. Den Grund dafür kennt Teal'c nicht, weiß aber die Adresse des Planeten.

Vor ihrem Aufbruch gibt Hammond dem Team ein Geschenk für das Volk von Cimmeria mit: eine Schachtel, auf der das Stargate-Symbol der Erde eingraviert ist und in der sich Informationen über die Menschheit und den Planeten befinden.

Das Stargate auf Cimmeria befindet sich am Fuß eines riesigen, hammerförmigen Steins. Als das Team dort eintrifft, beginnen die Bewohner zu lachen und »Thor, Thor« zu rufen. Bevor das Team reagieren kann, lädt sich der Hammer auf und scannt mit einem Energiestrahl die einzelnen Mitglieder. Als der Strahl Teal'c erreicht, verstärkt er sich. Teal'c schreit vor Schmerzen. Jack kommt ihm zu Hilfe und versucht, ihn aus dem Strahl zu ziehen, aber es ist bereits zu spät. Beide verschwinden im Strahl.

Daniel ist der erste, der begreift, daß es sich bei dem Stein um Thors Hammer handelt. Er befürchtet, Jack und Teal'c könnten von ihm getötet worden sein, doch Sam will nichts davon hören. Sie schlägt statt dessen vor, ein zweites Team zu holen, das nach den beiden suchen soll. Bevor sie den Vorschlag in die Tat umsetzen kann, taucht eine Frau namens Gaerwen auf, die glaubt, daß das Team aus ›Thors Heimat zwischen den Sternen‹ stammt, da es ungehindert den Hammer passieren konnte. Erst als Sam und Daniel beginnen, sich zu streiten, begreift sie, daß die beiden auch Menschen sind. Sie berichtet, vor langer Zeit habe Thor die Cimmerianer aus Mitgard (der Erde) gerettet und sie hierhergebracht, um sie vor den Ettins (wie die Cimmerianer die Goa'uld nennen) zu schützen. Gaerwen weiß nicht, wie der Hammer funktioniert, kann sich aber nicht vorstellen, daß die Götter jemanden töten würden. Allerdings gibt es nur eine Person, die ihnen Genaueres erzählen kann, Kendra, eine Frau, die ebenfalls von dem Hammer entführt wurde. Gaerwen bietet an, Daniel und Sam zu ihr zu bringen.

Jack und Teal'c erwachen derweil in einer Höhle. Überrascht stellen sie fest, daß sie ihre Waffen noch bei sich haben. Jacks Maschinenpistole funktioniert sogar, Teal'cs Stab nicht. Als sie die Höhle erkunden, stoßen sie auf ein Hologramm von Thor, das ihnen eine aufgezeichnete Nachricht übermittelt: Der Hohe Rat von Asgard hat Cimmeria zu einer geschützten Welt erklärt und die Goa'uld darüber informiert. Sie wurden gewarnt, diese Welt nicht zu betreten. Die Höhle, in der sich Jack und Teal'c befinden, ist ein Gefängnis, das sie erst verlassen können, wenn sie sich dem Hammer in der Halle gestellt haben. Nur dem ›Wirt‹ wird es gestattet, die Höhle zu verlassen. Wenn Teal'c versuchen sollte zu fliehen, wird sein Goa'uld getötet werden.

Daniel, Sam und Gaerwen finden Kendra, die zur großen Überraschung des Teams Goa'uld-Technologie besitzt. Sie berichtet, daß sie vor langer Zeit einen Goa'uld in sich trug, der durch den Hammer getötet wurde. Daniel hört ihr fasziniert zu: Wenn der Hammer die Kraft hat, die Parasiten zu entfernen, gibt es neue Hoffnung für Sha'uri.

Jack ist bei Teal'c in der Höhle geblieben und sucht nach einem Fluchtweg. Bei ihrer Suche stoßen sie auf einige Jaffa-Knochen und tote Goa'uld neben einem kleinen Teich. Es erweckt den Anschein, als seien sie gegessen worden. Jack hält die Entdeckung nicht nur für eine schlechte, sondern auch für eine gute Nachricht: Wenn es einem Raubtier gelungen ist, in die Höhle einzudringen, muß es auch einen Weg nach draußen geben. Keiner der beiden Männer bemerkt das Wesen, das im Schatten lauert.

Kendra erzählt dem Team, daß die Höhle das Labyrinth genannt wird. Es ist der Ort, an dem die Goa'uld zerstört werden. Sie begreift nicht, daß Sam Teal'c als ihren Freund bezeichnet und verhindern will, daß er getötet wird. Erst als es donnert (was Kendra für ein Zeichen hält), erklärt sie sich widerwillig bereit, den beiden zu helfen und sie zum Labyrinth zu führen. Bevor sie aufbrechen, müssen sie jedoch noch auf ein Zeichen von Thor warten. Kendra nutzt die Zeit, um von ihrer Kindheit zu erzählen. Sie war verflucht, weil sie ein schönes Kind war, und die Goa'uld, die nur perfekte Wirte wollen, sie deshalb aussuchten. Sie war im Tempel ausgebildet worden, was es dem Goa'uld erschwerte, ihren Geist vollständig zu brechen. Ein Rest ihrer Persönlichkeit blieb übrig, und obwohl es ihr nicht gelang, den Goa'uld von seinen blutrünstigen Feldzügen abzuhalten, konnte sie ihn doch so weit manipulieren, daß er auf der Suche nach Reichtümern die verbotene Welt Cimmeria betrat. Dort wurde er von Thors Hammer getötet. Als sie davon spricht, donnert es erneut. Kendra steht auf: Jetzt ist der Zeitpunkt gekommen, nach Jack und Teal'c zu suchen.

Im Labyrinth begegnen Jack und Teal'c dem Wesen, das sich Unas, ›der Erste‹, nennt. Teal'c behauptet, Unas existiere nicht. Der Außerirdische weiß jedoch, daß Teal'c ein Jaffa ist, und bietet ihm an, Jack zu töten, so daß sie gemeinsam speisen können. Als Teal'c ablehnt, greift Unas an, aber Jack kann ihn ohne Probleme erschießen. Die beiden Männer setzen ihre Suche fort und sehen nicht, wie Unas' Augen zu glühen beginnen.

Teal'c ist nervös nach der Konfrontation. Er erzählt, Unas sei angeblich der erste Wirt und hätte den gleichen

Ursprung wie die Goa'uld. Obwohl die Parasiten eigentlich menschliche Wirte bevorzugen, gibt es doch einige ältere Rassen, die sie benutzt haben und von denen manche große Macht erreichten. Was Teal'c jedoch so nervös macht, sind die regenerativen Fähigkeiten, die man Unas zuspricht …

Auch Sam macht sich Sorgen. Zwar haben sie mittlerweile das Labyrinth erreicht, aber sie befürchtet, daß Kendra sie im Kreis führt, weil sie diesen Ort nicht noch einmal betreten will. Als Daniel die Frau verteidigt, wirft Sam ihm vor, die Hoffnung, Hilfe für Sha'uri gefunden zu haben, mache ihn blind.

Im Labyrinth begegnen Jack und Teal'c erneut Unas. Diesmal haben die Kugeln fast keine Wirkung auf ihn.

Kendra entdeckt den Eingang zum Labyrinth. Sie erinnert sich an Thors Botschaft und daran, daß etwas Lebendiges an diesem Ort war. Daniel stellt es ihr frei, wieder zu gehen, aber Kendra lehnt ab: Thor will, daß sie es versucht.

Jack und Teal'c haben mittlerweile die Halle gefunden. Der Ausgang ist wie ein Hammer geformt. Es ist der echte Hammer Thors: Als Teal'c versucht, durch den Ausgang zu gehen, wird er von einem Strahl erfaßt, der furchtbare Schmerzen auslöst. Frustriert geht er zurück, wo Unas auf ihn und Jack wartet. Teal'c bittet Jack zu gehen, aber der lehnt ab und stellt sich mit seinem Freund zum Kampf. In diesem Moment betreten Daniel, Sam und Kendra das Labyrinth. Als Jack anfängt auf Unas zu feuern, folgen sie dem Lärm und gelangen zur Halle. Jacks Dauerfeuer reicht nicht aus, um Unas zu stoppen, der sich auf Teal'c stürzt und mit ihm in den Strahl gerät. Teal'c hält Unas mit aller Kraft in den Strahl, bis er tot zusammenbricht. Jack gelingt es, Teal'c gerade noch rechtzeitig wieder aus dem Strahl zu ziehen.

Daniel, der auf der anderen Seite des Ausgangs steht, erkennt, daß sie den Hammer, Sha'uris einzige Hoffnung auf Rettung, zerstören müssen, um Teal'c zu befreien. Zwar bietet der Jaffa an, im Labyrinth zurückzubleiben, doch Jack lehnt das ab. Er wirft Daniel Teal'cs Stabwaffe zu. Daniel zögert, zerstört aber dann den Hammer.

Kendra dankt ihnen, weil sie sich durch sie ihren Ängsten stellen mußte. Sie schenkt ihnen einen Stein als Erinnerung an ihre Welt. Daniel gibt ihr daraufhin die Schachtel, die er von Hammond bekommen hat. Es donnert, und Kendra sagt ihnen, Thor sei zufrieden.

Kommentar:

● Thors Auftritt ist eher peinlich als majestätisch. Man fragt sich, wer auf die Idee gekommen ist, einen Kriegergott in ein Broadway-Kostüm zu stecken.

● Kleiner Dialog zwischen Teal'c und O'Neill:

Teal'c: Überlegen Sie gerade die gleiche Taktik wie ich?

Jack: Teal'c, das Klischee lautet: Denken Sie, was ich denke – und die Antwort ist ja.

Hintergründe:

● Der nordische Gott Thor war der Sohn des Odin (Gott der Schlachten und der Zauberer) und der Erdmutter Jord. Er war der Gott des Donners und ein Hauptfeind der Giganten, deren Köpfe er mit seinem mächtigen Hammer Mjollnir einschlug. Um diese Waffe zu stemmen, benötigte er eiserne Handschuhe und einen Gürtel (Megingjard), der ihm die doppelte Stärke verlieh. Einmal geworfen, kehrte der Hammer immer wieder zu Thor zurück.

In erster Linie kontrollierte Thor das Wetter, war aber aufgrund der engen Verbindung zwischen Wetter und Ernte auch ein Fruchtbarkeitsgott. Obwohl Thor ein Krieger war, galt er nicht als Kriegsgott, sondern als Beschützer der Menschen vor den Kräften des Bösen. Im Gegensatz zu dem wesentlich bekannteren Kult um Odin, dem die professionellen Wikinger-Piraten folgten, wurde Thor vor allem von der friedlichen Landbevölkerung, den Handwerkern und den Künstlern verehrt. Seine Anhängerschaft war vermutlich wesentlich größer als die Odins, fiel aber weniger auf. In den nordischen Mythen ist Thor eine der unumstrittensten Gestalten. Er wird in allen Texten verehrt und als ehrlicher und fairer Gott beschrieben, der seine Versprechen hielt und daher auch als Gott der Gerechtigkeit und des Gesetzes galt. In diesem Zusammenhang kam es auf Island auch zu Menschenopfern für Thor, wenn schuldig gesprochene Kriminelle in seinem Namen hingerichtet wurden.

Die Norweger glaubten, daß Gewitter von Thors Wagen ausgelöst werden, der von zwei Ziegen gezogen wurde und mit dem er durch den Himmel ritt. Thors größter Feind war Jormungand, die Midgard-Schlange. Am Tag von Ragnarök, der Götterdämmerung, wird Thor die Schlange töten, aber an ihrem Gift sterben.

Es bleibt abzuwarten, ob STARGATE weiter in die nordische Sagenwelt eindringt und der Handlung, die zu Ragnarök führen wird, folgt. Zumindest bietet die nordische Mythologie mit ihren klar definierten guten und bösen Seiten das bisher beste Material für eine Umsetzung.

Bemerkungen:

● Dem deutschen Publikum bleibt in der synchronisierten Fassung eines leider verborgen: Unas' Stimme. Das Monster selbst wird von dem Schauspieler Vincent Hammond dargestellt, dessen Gesicht unter diversen Latexschichten verborgen ist. Gesprochen wird Unas von niemand Geringerem als James Earl Jones. James Earl Jones gehört seit rund drei Jahrzehnten zu den beliebtesten farbigen Charakterdarstellern der Vereinigten Staaten. Erstmals machte er das Publikum auf sich aufmerksam in dem mit mehreren Preisen ausgezeicheten Drama DER WEG IN DEN ABGRUND (END OF THE ROAD, USA 1969); zumeist auf Nebenrollen abonniert, spielte er auch mit in allen drei Tom-

Clancy-Kinofilmen JADG AUF ROTER OKTOBER (THE HUNT FOR RED OCTOBER, USA 1990), DIE STUNDE DER PATRIOTEN (PATRIOT GAMES, USA 1993) und DAS KARTELL (CLEAR AND PRESENT DANGER, USA 1995). In den USA wird James Earl Jones gerade von Science-fiction-Fans fast kultisch verehrt, denn in der englischsprachigen Originalversion der STAR WARS-Filme (USA 1977, 1981, 1983) leiht der große Charakterdarsteller Darth Vader seine Stimme.

10 DIE QUALEN DES TANTALUS
OT: THE TORNAMENT OF TANTALUS
Erstausstrahlung USA: 3. Oktober 1997
Erstveröffentlichung Deutschland: 12. Juni 1998 (Video)

Regie: Jonathan Glassner. Drehbuch: Robert C. Cooper. Gaststars: Elizabeth Hoffman (Catherine Langford), Keene Curtis (Ernest Littlefield), Gary Jones (Techniker), Duncan Fraser (Professor Langford), Nancy McClure (junge Catherine), Paul McGillion (junger Ernest), Sheelah Megill (Martha).

Kurzinhalt:
Im Jahr 1945 ordnete der damalige amerikanische Präsident an, ein seltsames, ringförmiges Objekt zu erforschen, das man 17 Jahre zuvor in der ägyptischen Wüste gefunden hatte. Die Experimente waren angeblich ein Fehlschlag ... doch dann entdeckt das SG-1-Team, daß ein Mann durch das Stargate geschickt wurde und vielleicht seit 50 Jahren auf einer fremden Welt allein gefangen ist.

Langinhalt:
Daniel sieht sich alte Aufnahmen der Stargate-Experimente aus dem Jahr 1945 an. Zu seiner und Jacks Überraschung zeigt der Film, daß es bei diesen frühen Experi-

menten gelang, das Stargate zu öffnen und einen Mann hindurchzuschicken, der nie zurückkehrte.

Daniel besucht Catherine Langford (aus dem Stargate-Film). Sie begrüßt ihn freundlich und fragt, wann er aus Abydos zurückgekommen sei.

In der Station geht Jack die Aufzeichnungen der alten Experimente durch. Als Hammond ihn fragt, wo Daniel sei, erfindet Jack eine Ausrede.

Daniel versucht, eine wütende Catherine zu beruhigen, die nicht verstehen kann, warum man ihr nichts von dem neuen Stargate-Projekt erzählt hat. Erst als Daniel sie damit konfrontiert, daß sie ihm auch nie etwas von den früheren Experimenten erzählt hat, beruhigt sie sich. Es stellt sich heraus, daß Catherines Vater Leiter des Teams war, das das Stargate damals untersuchte. Man hielt das seltsame Objekt für eine Waffe. Obwohl Catherine nicht an den Untersuchungen beteiligt war, erfuhr sie viel darüber von ihrem Verlobten Ernest, der für ihren Vater arbeitete.

Die gesamten Aufzeichnungen wurden nach dem Scheitern des Projekts von der Regierung beschlagnahmt. Catherine besitzt nur noch die privaten Aufzeichnungen ihres Vaters. Als Daniel ihr sagt, daß das Stargate aktiviert wurde, ist sie überrascht – ihr Vater hatte das nie erwähnt. Ernest hatte damals herausgefunden, daß die Symbole Koordinaten waren, wußte aber nicht, wofür die Bezeichnung ›Tor zum Himmel‹ stand. Er sagte Catherine damals, das könne für unterschiedliche Ziele, aber auch für den Tod stehen.

Daniel zeigt Catherine die Aufnahmen des Experiments, bei dem ein Mann durch das Tor geschickt wurde. Catherine erkennt ihn sofort – es ist Ernest. Sie ist schockiert, weil ihr Vater ihr damals gesagt hatte, Ernest sei bei einer Explosion im Labor ums Leben gekommen. Warum hat er gelogen? Daniel kann eine Erklärung anbieten: Vielleicht wollte ihr Vater einfach verhindern, daß sie erfuhr, daß ihr Verlobter bereit war, sein Leben zu riskieren, obwohl er wußte, daß sie auf ihn wartete. Catherine nickt und erinnert sich an die Leidenschaft, mit der Ernest seiner Arbeit nachging. Sie erzählt Daniel, daß sie ihn für das Stargate-Projekt genommen habe, weil er sie an den jungen Ernest erinnerte und weil sie wußte, daß er die Geheimnisse des Stargate lüften würde. Aber Daniel hat noch eine weitere Überraschung für sie – die Koordinaten des Planeten, zu dem Ernest geschickt wurde.

In der Station, wo Catherine den Rest des Teams wiedertrifft und Teal'c kennenlernt, zeigt General Hammond wenig Verständnis für Daniels Entscheidung, streng geheime Informationen weiterzugeben. Erst als er begreift, daß der erste Mensch, der je ein Stargate betrat, noch auf einem fremden Planeten leben könnte, autorisiert er eine Mission zu diesem Planeten und erlaubt Catherine, das Team zu begleiten.

Als sie aus dem Stargate herauskommen, stehen das Team und Catherine in einer dunklen, scheinbar verlassenen Burg, die zusammenzubrechen droht. Dort werden sie von einem sehr alten und sehr nackten Mann begrüßt – Ernest Littlefield. Er ist völlig überwältigt und beginnt, die Mitglieder des Teams zu umarmen. Dann jedoch sieht er Catherine. Nach einer Sekunde erkennt er sie und reagiert völlig unerwartet. Er räuspert sich kurz und verläßt den Raum.

Catherine ist verwirrt. Daniel folgt Ernest in einen anderen Raum, wo er ihn dazu bewegen kann, die Überreste seines alten Taucheranzugs anzuziehen. Es stellt sich heraus, daß Ernest seit 50 Jahren allein in dieser Burg lebt.

Catherine kann es noch nicht begreifen, daß sie Ernest lebend gefunden haben. Sie weiß nicht, wie sie sich verhalten soll. Sam drängt sie, mit Ernest zu reden. Der zeigt Daniel gerade eine weitere Kammer der Burg. Er vergleicht die Burg mit einer ägyptischen Stadt, in der Philo-

RICHARD DEAN ANDERSON

STARGÅTE

KOMMANDO SG·1

6

IM REICH DES DONNERGOTTES

DIE QUALEN DES TANTALUS

Das deutsche Cover von Warner Home Video zu den Episoden ›Im Reich des Donnergottes‹ und ›Die Qualen des Tantalus‹.

sophie und Astronomie studiert wurde – und in der Ra verehrt wurde. Als Daniel fragt, ob er ägyptische Hieroglyphen gefunden habe, zeigt Ernest ihm seine Aufzeichnungen, die so geschrieben sind, als ob Catherine die ganze Zeit mit ihm auf dem Planeten gewesen wäre. Die echte Catherine betritt in diesem Moment den Raum. Daniel zieht sich zurück, um ihnen ein wenig Privatsphäre zu geben. In ihrer Unterhaltung stellt sich heraus, daß Catherine in Ernests Vorstellung mit ihm zusammengelebt hat und ihm schon vor sehr langer Zeit seine Lüge über das Stargate-Projekt verziehen hat. Die echte Catherine hat ihm nie vergeben.

Es gibt jedoch noch andere Probleme. Die Burg ist in sehr schlechtem Zustand und wird den Sturm, der sich nähert (und der jedes Jahr einmal kommt, wie Ernest sagt), wohl kaum durchstehen. Jack möchte den Planeten so schnell wie möglich verlassen, während Daniel die Burg lieber noch gründlicher erforschen will. Die Diskussion endet allerdings fruchtlos, als sich herausstellt, daß das DHD (das Hyperantriebsgerät) nicht funktioniert. Sie sitzen fest.

Während Teal'c und Sam versuchen, das DHD zu reparieren, zeigt Ernest Daniel einen weiteren Raum im Inneren der Burg. Darin befinden sich Schriftzeichen von vier verschiedenen außerirdischen Rassen, die sich in diesem Raum vermutlich zu einer Art ›Vereinte Nationen‹ zusammenfanden. In der Mitte des Raums steht ein Gerät, das ähnlich aussieht wie ein DHD. Als Daniel es berührt, spielt sich eine spektakuläre, dreidimensional wirkende Lightshow ab. Jack, der hinzugekommen ist, fragt, ob die Lichter eine Bedeutung haben. Ernest erklärt, einige der Lichter repräsentierten die Basiselemente (Sauerstoff, Wasserstoff etc.). Insgesamt hat er 146 Elemente erkannt, wobei auf der Erde nur 111 bekannt sind. Diese Elemente sind die Bausteine des Universums. Daniel erkennt, daß die Lichter eine universelle Sprache darstellen, ein Buch, das Ernest selbst in 50 Jahren nicht richtig übersetzen konnte. Der Inhalt könnte die Herkunft der vier Rassen erklären, vielleicht sogar den Ursprung des Universums.

Jack geht zurück in die Haupthalle, um zu sehen, wie weit Sam und Teal'c gekommen sind. Die beiden haben mittlerweile das DHD repariert und versuchen, das Stargate anzuwählen. Der Versuch schlägt auf dramatische Weise fehl: Durch die Vibrationen bricht ein Teil der Wand in sich zusammen, und das DHD stürzt durch den Boden ins Meer.

Weder Daniel noch Ernest bemerken etwas von dem Drama, das sich oben abspielt. Sie sind versunken in die Interpretation der Lichter. Daniel erkennt, daß eine der vier Rassen die des Thor ist (siehe THOR'S HAMMER). Der Rest des Teams kommt ebenfalls in die Kammer. Sie brauchen dringend eine Energiequelle, um das Stargate zu aktivieren – die einzige, die ihnen einfällt, ist das Gerät, von dem die Lichter erzeugt werden. Daniel ist entsetzt, kann aber keine Alternative anbieten. Seine Aufregung stellt sich allerdings als unbegründet heraus, weil es dem Team nicht gelingt, das Gerät zu öffnen.

Jack kommt die Idee, die Blitze zu nutzen, die bei dem mit jeder Minute heftiger werdenden Sturm entstehen. Da das Stargate ein Superconductor ist, sollte es in der Lage sein, auch die Energie eines Blitzes zu absorbieren. Das Team beginnt sofort, Kabel von der Decke zum Stargate zu ziehen. Nur Daniel weigert sich, die Kammer zu verlassen, wie Catherine Ernest erzählt. Dieser vergleicht Daniel mit Tantalus, der von den Göttern damit bestraft wurde, immer nach etwas greifen zu müssen, was außerhalb seiner Reichweite liegt. Ernest hat in den 50 Jahren, die er allein auf dem Planeten war, begriffen, daß auch er so war, als er Catherine verließ.

In der Kammer versucht Ernest Daniel davon zu überzeugen, daß die Dinge, die er dort lernen könnte, es nicht wert sind, sein Leben zu ruinieren.

Währenddessen hat das Team Glück: Ein Blitz schlägt

in das Kabel ein und aktiviert das Stargate. Jack geht zu Daniel und Ernest, die sich immer noch streiten, und sagt dem widerstrebenden Daniel, daß er das Risiko nicht eingehen wird, ihn allein zurückzulassen. Die Gefahr, daß der Sturm die Burg einreißt, sei einfach zu groß. Schließlich packt Daniel zögernd seine Notizen zusammen und folgt Jack zum Stargate.

Der Rest des Teams ist bereits durch das Stargate getreten und wartet auf der anderen Seite, während das Wurmloch langsam instabil wird.

Jack und Daniel rennen durch die in sich zusammenbrechende Burg auf das Stargate zu und springen im letzten Moment hindurch.

Etwas später versucht das Team, eine Sonde durch das Stargate zu schicken, aber es kann keinen Kontakt herstellen. Es muß davon ausgehen, daß das Stargate auf der anderen Seite mitsamt der Burg vernichtet worden ist. Daniel wäre getötet worden, wenn er in der Burg geblieben wäre …

Kommentar:

● Wie die meisten SF-Serien hat auch STARGATE die verwirrende Eigenschaft, von einem Ort auf den ganzen Planeten zu schließen. So geht auch Ernest davon aus, daß es keine anderen Menschen (oder sonstige Wesen) auf dem Planeten gibt, weil in seiner unmittelbaren Umgebung keine sind. In der Episode SOLITUDES werden Jack und Sam genau mit diesem Phänomen zu kämpfen haben.

● »Ich bin offensichtlich kein Wissenschaftler, aber könnten wir nicht diese Ben-Franklin-Sache versuchen?« Ausspruch von Jack O'Neill, als er die Idee hat, einen Blitz als Energiequelle zu nehmen.

Hintergründe:

● In der griechischen Legende wurde Tantalus von den Göttern in den Hades verbannt, weil er sie zu einem Fest gebeten hatte, auf dem er ohne das Wissen der Götter Menschenfleisch servierte. Zur Strafe muß er bis in alle Ewigkeit bis zum Kinn im Wasser stehen. Versucht er, von dem Wasser zu trinken, verschwindet es. In seiner Nähe hängen Früchte, aber wenn er nach ihnen greifen will, weht der Wind die Zweige aus seiner Reichweite.

● Benjamin Franklin (1706–1790) war ein amerikanischer Staatsmann, Wissenschaftler und Schriftsteller und einer der führenden Verfasser der amerikanischen Unabhängigkeitserklärung. »Diese Ben-Franklin-Sache«, die O'Neill erwähnt, bezieht sich auf ein Experiment Franklins, bei dem er einen Drachen während eines Gewitters aufsteigen ließ und durch einen Blitzeinschlag bewies, daß Blitze mittels Elektrizität entstehen.

● Das Stargate-Experiment während des Zweiten Weltkriegs erinnert an das berüchtigte Philadelphia-Experiment oder ›Project Rainbow‹, bei dem die Navy angeblich versuchte, das Schlachtschiff USS Eldrigde unsichtbar zu machen. Der Test spielte sich 1943 ab und wurde kurz darauf vertuscht. Die wenigen Tatsachen, die bekannt sind, ergeben zusammen mit den Spekulationen eine höchst bizarre Geschichte: 1943 lief die USS Eldrigde in die Bucht von Delaware ein, wo die Schiffshülle von Wissenschaftlern der Navy komplett mit Draht umwickelt wurde. Offiziellen Navy-Angaben zufolge diente der Draht dazu, das Magnetfeld des Metalls auszugleichen. Damit sollte das Schiff unsichtbar werden für magnetische Unterwasserminen, die mit Metalldetektoren ausgestattet waren und auf Magnetfelder reagierten. Das Ziel des Experiments war es (laut der Navy), das Schiff für diese Minen, aber nicht für Radar oder das nackte Auge unsichtbar zu machen.

Wie immer erklären die offiziellen Angaben nicht die Tatsachen, zum Beispiel, daß zahlreiche Besatzungsmitglieder das Schiff gesund betraten und geistig und körperlich krank zurückkehrten. Die Navy kann auch nicht erklären, aus welchen Gründen das Schiff von einem grünlichen Nebel umgeben war und kurz zu verschwinden schien. Und zu guter Letzt hat die Navy nicht die geringste Erklärung für die Beobachtung der Besatzung der SS Andrew Furuseth, die das Schiff während des Experiments im Ozean vor dem US-Bundesstaat Virginia sah, mehrere hundert Meilen südlich von Philadelphia.

Die interessanteste und natürlich auch unglaublichste Theorie über das Philadelphia-Experiment geht davon aus, daß das Schiff durch Raum und Zeit transportiert wurde. Die Pläne der Navy sahen damals vor, die Eldridge auch für das Auge unsichtbar zu machen. Um das zu erreichen, mußte ein Weg gefunden werden, das Licht um das Schiff herumzuleiten. Aus diesem Grund wurde das Schiff mit Draht umwickelt, durch den man Strom schickte. Dadurch formte sich ein riesiges Magnetfeld, das nicht nur ausreichte, das Licht zu verändern, sondern auch das Raum-Zeit-Gefüge durcheinanderbrachte. Als die Navy den Test das erste Mal durchführte, verschwand das Schiff nicht komplett; die Besatzung war nach dem Test wohlauf, wenn auch leicht desorientiert.

Als der Test jedoch wiederholt wurde, verschwand das Schiff komplett für 15 Minuten. In dieser Zeit wurde es in Norfolk, Virginia gesehen, wo es nach wenigen Minuten ebenso spurlos verschwand und wieder in Philadelphia auftauchte. Diesmal hatte die Besatzung weniger Glück: Alle waren extrem desorientiert, manche geistesgestört, einige tauchten halb eingebettet in die Schiffshülle auf, und einige blieben spurlos verschwunden. Manche Crewmitglieder schienen nicht endgültig zurückgekommen zu sein, wie ein von mehreren Zeugen beobachteter Zwischenfall zeigt, bei dem ein ehemaliges Besatzungsmitglied der Eldridge in einem voll besetzten Restaurant verschwand. Es gibt auch Berichte über Besatzungsmitglieder, die noch Jahre später plötzlich in Flammen auf-

gingen. Die Ursache für all diese Vorfälle wurde nie zufriedenstellend geklärt, aber wenn es der Navy damals
wirklich gelang, ein ganzes Kriegsschiff über Hunderte
von Meilen zu transportieren, warum wurde die Technologie später nie wieder eingesetzt? Oder wissen wir einfach nichts davon?

11 BLUTSBANDE
OT: Bloodlines
Erstausstrahlung USA: 10. Oktober 1997
Erstveröffentlichung Deutschland: 19. Juni 1998 (Video)

Regie: Mario Azzopardi. Idee: Mark Saraceni. Drehbuch:
Jeff King. Gaststars: Tony Amendola (Bra-Tac), Salli Ri-
chardson (Drey-Auc), Teryl Rothery (Dr. Frasier), Neil
Denis (Rya'c), Brian Jensen (Hoherpriester), Bob Wilde
(Priester).

Kurzinhalt:
Teal'c muß ein Geheimnis preisgeben, das er vor dem
SG-1-Team verborgen hat. Auf seiner Heimatwelt hat er
eine Frau und einen Sohn zurückgelassen. Nun muß er
zurückkehren, wenn er verhindern will, daß auch seinem
Sohn ein Parasit eingesetzt wird.

Langinhalt:
Die Priester der Goa'uld führen eine Zeremonie durch,
bei der einem Jungen ein Goa'uld-Parasit eingepflanzt
werden soll. Teal'c sieht zu und findet sich plötzlich
selbst anstelle des Jungen wieder. Als der Priester
beginnt, den Parasiten einzusetzen, schreit Teal'c,
während der Junge teilnahmslos zusieht. In der gleichen
Sekunde erwacht Teal'c auf dem Operationstisch der
Station. Dr. Frasier teilt ihm mit, daß der Versuch, den
Parasiten aus ihm zu entfernen, gescheitert ist. Teal'c ist
enttäuscht und reagiert auch nicht, als Daniel ihn fragt,

was das Wort Rya'c bedeutet, das er während der Operation gerufen hat.

In der Besprechung erklärt Frasier, daß Teal'cs Organe in dem Moment aufhörten zu funktionieren, als kein Kontakt mehr zum Goa'uld bestand. Das beweist, daß die Larve das Immunsystem eines Jaffa ist. Frasier hatte gehofft, Teal'cs Parasit studieren zu können, um herauszufinden, wie das System funktioniert. Könnte man es duplizieren, hätten viele Befallene eine Chance, geheilt zu werden. Teal'c macht Hammond darauf aufmerksam, daß es auf seiner Heimatwelt Chulak Hunderte von Larven gibt. Der Rest des Teams glaubt, er mache einen Witz, immerhin mußten es sich bei seinem ersten Besuch den Weg förmlich freischießen. Teal'c steht auf und geht.

Jack folgt ihm wenige Minuten später und findet Teal'c meditierend in seinem Quartier. Als Jack versucht, ihm die Haltung des Teams zu erklären, gesteht Teal'c, daß er sich Sorgen um seinen Sohn macht, den er auf Chulak zurückgelassen hat. Jack ist schockiert: Niemand wußte, daß Teal'c Familie hat, und er selbst hatte vor Hammond geschworen, keine Bindungen auf Chulak zu haben. Damals kannte Teal'c die Menschen noch nicht und wollte unbedingt, daß sie ihm vertrauten. Jetzt jedoch muß er nach Chulak zurückkehren, um zu verhindern, daß seinem Sohn in der Implantationszeremonie ein Goa'uld eingesetzt wird und auch er zum Sklaven falscher Götter wird.

Das Team versucht Hammond dazu zu bringen, die Mission zu genehmigen, ohne ihm die Wahrheit zu sagen, aber der General gibt nicht nach. Statt dessen bittet er Jack zu einem privaten Gespräch und fragt ihn, was das Team verheimlicht. Schließlich gibt Jack nach und erzählt Hammond von Teal'cs Sohn.

Teal'c kann nicht mehr länger warten. Er geht in seiner Jaffa-Uniform zum Stargate, wo er von Hammond und den Wachen gestoppt wird. Er verspricht Hammond, nichts über das Stargate preiszugeben. Alle Überzeugungsversuche und Drohgebärden des Generals sind umsonst. Teal'c hat sich geschworen zu gehen, und genau das wird er tun. Hammond, der weiß, daß Teal'c allein die Mission nicht überleben wird, gibt dem Team schließlich den Befehl, mit Teal'c zu gehen.

Das Team – Teal'c in seiner Jaffa-Uniform, die anderen in langen Roben – kommt auf Chulak an und trifft sogleich auf eine Reihe von Jaffas und Mönchen. Besonders ein Mönch scheint Verdacht zu schöpfen. Teal'c erklärt, die anderen seien Gelehrte, die er zu Apophis bringen soll. Der Mönch scheint mit dieser Erklärung zwar nicht glücklich zu sein, hat aber keine andere Möglichkeit, als sie passieren zu lassen.

Im Wald legt das Team die Verkleidung ab und macht sich auf den Weg zu Teal'cs Haus. Dort erlebt es allerdings eine böse Überraschung: Das Haus ist bis auf die Grundmauern niedergebrannt und mit dem Symbol für Verräter beschmiert worden. Teal'c ist erschüttert und läßt sich auch durch das Team nicht beruhigen. Unvermittelt taucht ein älterer Mann auf, der Teal'c begrüßt und umarmt. Es stellt sich heraus, daß er Bra-Tac ist, Teal'cs Lehrer, der ihn auch über die wahre Rolle der Jaffa aufklärte. Bra-Tac erzählt, daß Teal'cs Frau und Sohn dem Feuer entkamen und mit anderen Ausgestoßenen in einem Lager vor der Stadt leben. Er hatte damit gerechnet, daß Teal'c zur Zeremonie zurückkehren würde, ist aber überrascht, die Menschen zu sehen. Teal'c stellt seine Freunde vor und lobt ihre Kampfkraft und ihren Wagemut. Bra-Tac ist nicht überzeugt, ändert aber seine Meinung, als ein spontaner Ringkampf zwischen ihm und Jack unentschieden verläuft.

Jack schickt Daniel und Sam zurück zum Stargate und schließt sich den beiden Jaffa an, die auf dem Weg zum Lager sind.

Daniel und Sam entdecken im Wald eine Gruppe von

Priestern, die eine Kiste tragen. Sie folgen ihnen bis zu einem kleinen Tempel am Rande der Stadt. Währenddessen sind die anderen im Lager angekommen. Die Bewohner fliehen in Panik, als sie Teal'c in seiner Jaffa-Uniform sehen, aber er ignoriert sie und rennt auf ein weißes Zelt zu, das nicht in die verdreckte Umgebung zu passen scheint.

Hinter dem Zelt beginnt ein Priester gerade mit der Implantation des Parasiten. Teal'c bittet ihn, von seinem Sohn zurückzutreten, aber der Priester greift ihn an. Versehentlich tötet Teal'c den Priester. Drey-Auc, Teal'cs Frau, ist entsetzt, als sie ihn sieht. Sie hatte monatelang darum gebettelt, daß Rya'c den Goa'uld bekommt, damit sie in die Stadt zurückkehren können und keine Ausgestoßenen mehr sind. Sie hat ihrem Sohn sogar erzählt, sein Vater sei tot, weil sie die Wahrheit nicht ertragen konnte. Teal'c entgegnet, er habe gewollt, daß sein Sohn frei sei, aber Drey-Auc schüttelt nur den Kopf. Rya'c ist schwer krank, und der Parasit war seine einzige Chance zu überleben. Teal'c wollte seinem Sohn die Freiheit schenken, hat ihn so jedoch zum Tode verurteilt. Rya'c wacht aus der Betäubung auf und begrüßt seinen Vater glücklich. Er sagt, er habe nie geglaubt, daß er tot sei. Als Jack den Jungen sieht, erkennt er, daß er Scharlach hat. Zwar hat er ein paar Medikamente bei sich, aber nicht genug, um Rya'c zu helfen. Nur ein Arzt auf der Erde wäre in der Lage, ihn zu retten.

Sam und Daniel warten, bis die Priester gegangen sind, bevor sie den kleinen Tempel aufsuchen, in dem sich ein ganzer Tank voller Goa'uld-Larven befindet. Angewidert fischt Sam eine aus dem Tank und sperrt sie in einen kleinen Behälter. Als sie sich umdreht, um zu gehen, sieht sie Daniel, der wie gebannt auf den Tank starrt. Er weiß, daß diese Larven eines Tages Menschen töten könnten. Sam erkennt seinen Haß, sagt ihm aber, er sei nicht besser als die Goa'uld, wenn er die hilflosen Larven jetzt töten würde. Daniel nickt und geht ein Stück mit ihr den

Weg entlang, dann dreht er sich jedoch um und zertrümmert den Tank mit einer Gewehrsalve. Die Larven zappeln hilflos im Dreck, während das Wasser um sie herum versickert.

Jack, Teal'c, Drey-Auc und Bra-Tac sind auf dem Weg zum Stargate, aber Rya'c geht es mit jedem Meter schlechter. Er wird es nicht bis zum Gate schaffen. In seiner Verzweiflung sieht Teal'c nur noch einen Ausweg. Obwohl es ihn innerhalb weniger Stunden töten wird, nimmt er seinen eigenen Symbionten und setzt ihn seinem Sohn ein.

Während es Rya'c nur wenig später schon wesentlich besser geht, wird Teal'c immer schwächer. Er bittet Bra-Tac, sich seinen letzten Willen anzuhören, aber bevor er damit beginnen kann, tauchen Daniel und Sam mit der Larve auf. Sie setzen sie Teal'c ein, dem es schon Minuten später bessergeht.

Rya'c wacht auf und ist begeistert, als er erfährt, daß auch er jetzt einen Goa'uld in sich hat. Die Begeisterung legt sich allerdings, als Teal'c ihm mitteilt, daß er nicht bleiben kann. Teal'c bittet seinen Sohn, den Lehren Bra-Tacs und seiner Mutter zu folgen, und verspricht, daß er eines Tages zurückkehren wird, damit sie gemeinsam gegen die Goa'uld kämpfen können. Dann verabschiedet er sich.

Bra-Tac begleitet das Team zum Stargate, wo die Priester noch immer Wache stehen. Obwohl Bra-Tac behauptet, die Menschen und Teal'c seien seine Gefangenen, weigern sich die Priester, sie passieren zu lassen. Bra-Tac überrascht die Priester mit einem Angriff und überwältigt sie ohne fremde Hilfe. Teal'c bedankt sich bei Bra-Tac für seine Hilfe, der sich wiederum bei Teal'c für den neuen Krieger (Rya'c) bedankt, den er im Kampf unterrichten wird. Vor dem Stargate stoppt das Team ein letztes Mal, dreht sich zu Bra-Tac um und salutiert. Dann verschwindet es im Gate.

Kommentar:

● Die Folge bezieht sich mehrfach auf den Pilotfilm der Serie.

● Drey-Auc muß das kürzeste Langzeitgedächtnis der Welt haben. Nur so ist es zu erklären, daß sie (die von Teal'c verlassen wurde, deren Haus niedergebrannt wurde, die aus der Stadt vertrieben wurde, mit ihrem Sohn in einem Zeltlager lebt, diesen Sohn beinahe durch eine Krankheit verliert, es schafft, die Priester schließlich von ihrer Loyalität zu überzeugen, und die dann mit ansehen muß, wie Teal'c genau jenen Priester tötet, damit den gemeinsamen Sohn zum Tode verurteilt und jede Hoffnung zerstört, daß sie wieder ein normales Leben führen kann) nach zwei Szenen kein Wort mehr über die Probleme verliert, die Teal'c der Familie bereitet hat.

12 FEUER UND WASSER

OT: Fire and Water
Erstausstrahlung USA: 17. Oktober 1997
Erstveröffentlichung Deutschland: 22. Mai 1998 (Video)

Regie: Allan Eastman. Idee: Brad Wright & Katharyn Powers. Drehbuch: Katharyn Powers. Gaststars: Gerard Plunkett (Nem), Teryl Rothery (Dr. Frasier), Gary Jones (Sergeant), Eric Schneider (Dr. McKenzie).

Kurzinhalt:
SG-1 kehrt von einem Planeten zurück, auf dem das Team nur haarscharf einem Vulkanausbruch entgangen ist. Allerdings haben nicht alle den Rückweg geschafft. Daniel Jackson starb in den Flammen ... denken die anderen zumindest.

Langinhalt:
SG-1 ist ganze drei Stunden auf Mission, um vollkommen überhastet den Heimweg antreten zu müssen. Als es

durch das Sternentor tritt, fehlt jedoch Dr. Jackson. Die übrigen drei sind durchnäßt und stehen offensichtlich unter Schock. Während Dr. Frasier sie untersucht, bemüht sich Hammond, Antworten auf seine Fragen zu bekommen. Schließlich eröffnet ihm Jack, daß Daniel offensichtlich tot ist. In der medizinischen Station versucht die aufgewühlte Sam Frasier zu berichten, was vorgefallen ist, doch alles, was sie sagen kann, ist, daß überall Feuer war, Daniel schrie und dann im Feuer verschwand.

Jack und Teal'c sind in keinem besseren Zustand. Teal'c ist aggressiv, Jack deprimiert. Hammond befiehlt sie zu einer Besprechung, um zu klären, was eigentlich auf dem Planeten passiert ist. Dabei werden die Teammitglieder einzeln befragt. Es stellt sich heraus, daß sie auf einem Planeten landeten, der vulkanisch aktiv ist. In der Nähe des Stargate lag ein Ozean. Es gab keine Anzeichen von Gefahr. Jack beschreibt, wie aus einem der vulkanischen Löcher plötzlich Flammen schossen, die Daniel einschlossen. Er versuchte noch, ihn zu erreichen, doch die Hitze war zu groß. Um dem Ausbruch zu entgehen, sprang Jack mit dem Rest des Teams in den Ozean. Als sie wieder auftauchten, war Daniel verschwunden. Jack befahl die sofortige Rückkehr. Hammond ist mit dieser Version der Ereignisse zufrieden und kündigt an, er werde ein Team auf den Planeten schicken, um Daniels Leiche zu bergen. Jack drängt ihn, die Mission abzublasen, da das Gebiet viel zu instabil sein. Der General hört sich seine Argumente an und stimmt seiner Einschätzung schließlich zu.

Wenig später kommt es zum Streit zwischen Hammond und Frasier. Die Ärztin befürchtet, SG-1 leide noch unter posttraumatischen Streßsymptomen, und lehnt daher jeden Einsatz ab. Hammond hingegen will seine Leute so schnell wie möglich wieder einsetzen, getreu dem Motto: Wer vom Pferd fällt, steigt am besten umgehend wieder auf. Frasier kann aber ihre medizinische Autorität durchsetzen und ordnet eine siebentägige Pause an.

In der Basis findet Daniels ›Beerdigung‹ vor dem aktivierten Stargate statt. In seiner Rede hebt Jack vor allem Daniels Beteiligung am Stargate und im Team hervor und nennt ihn das Gewissen von SG-1. Am Ende der Zeremonie wird die amerikanische Fahne an SG-1 überreicht. Jack und Sam schicken einen Blumenkranz durch das aktivierte Stargate auf den Planeten.

Daniel ist natürlich nicht tot. Er befindet sich allein in einem außerirdischen Labor am Grund des Ozeans.

Währenddessen findet auf der Erde außerhalb der Basis die eigentliche Trauerfeier für ihn statt. Teal'c wundert sich über das Essen und die Getränke. Er erklärt Sam, daß es auf seiner Welt üblich ist, während einer Trauerfeier zu fasten. Jack gesellt sich zu ihnen und bietet Sam ein Bier an. Als er die Flüssigkeit in ein Glas schüttet, sieht er in einer Vision Daniel und aufgewühltes Wasser darin auftauchen. Ohne ein weiteres Wort zu verlieren, verläßt er das Haus.

Im Labor taucht aus einer Luftschleuse ein Außerirdischer auf, der sich Nem nennt. Daniel stellt sich vor und versucht aus ihm herauszubekommen, wo seine Freunde sind. Statt dessen zeigt ihm Nem eine Steinplatte, die von babylonischen Schriftzeichen bedeckt ist. Offensichtlich soll Daniel die Zeichen übersetzen. Er kommt Nems Aufforderung nach und liest: »Enthülle Schicksal ... Omarrokah.« Damit gibt sich Nem jedoch nicht zufrieden. Er will etwas anderes, aber Daniel kann ihn nicht verstehen.

Vor der Garage brütet Jack vor sich hin und schlägt dabei mit einem Hockeyschläger Bälle ins Tor. Nach ein paar Versuchen verliert er die Beherrschung und schlägt mit dem Schläger die Scheibe eines Wagens ein, der in der Einfahrt steht. Als Hammond, dessen Wagen Jack gerade beschädigt hat, wissen will, worüber er nachdenkt, antwortet Jack, er denke daran, aufzuhören. Um den Colonel auf andere, wenn auch nicht bessere Gedanken zu

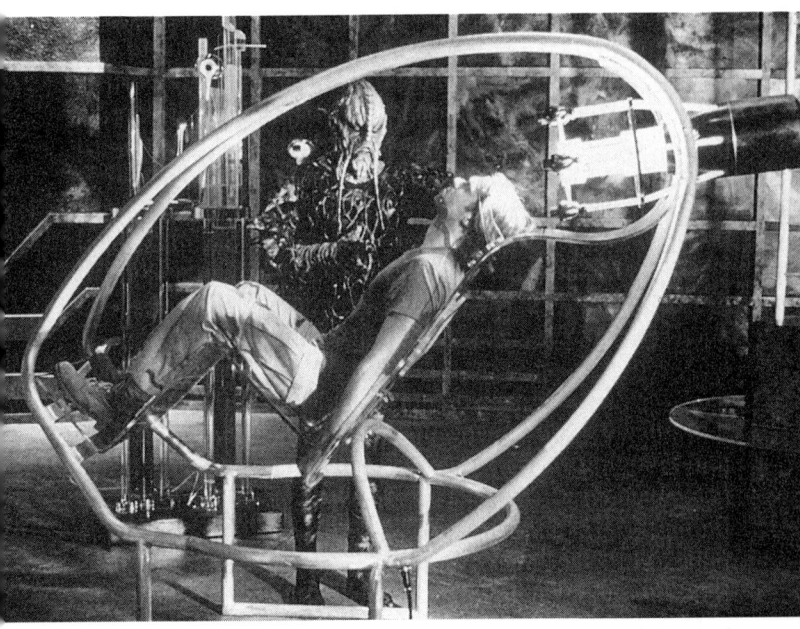

*Daniel Jackson befindet sich in der Gewalt eines geheimnis-
vollen Außerirdischen.*

bringen, bittet Hammond ihn, Teal'c und Sam, Daniels
Apartment auszuräumen.

Nem hat Daniel in der Zwischenzeit weitere Platten gegeben, die, wie er herausgefunden hat, mit alten babylonischen Gesetzestexten beschriftet sind. Immer und immer wieder fragt Nem nach dem Schicksal Omarrokahs.
Daniel beharrt darauf, daß er keine Ahnung hat. Ärger-
lich und vielleicht auch enttäuscht, gibt der Außerirdische Daniel schließlich etwas zu essen und ein Bett.
Gleichzeitig droht Nem jedoch, Daniel zu töten, wenn dieser ihm nicht sagt, was er wissen will.

Jack, Sam und Teal'c packen in Daniels Apartment alles zusammen. Dabei entdecken sie, daß Daniel ein Tage-
buch über jeden Planeten angelegt hat, auf dem er gewe-

sen ist. Sogar über Abydos hat er eins geschrieben ... Als Sam das Aquarium betrachtet, erlebt sie die gleiche Vision, die Jack während der Trauerfeier hatte. Als sie davon erzählt, stellt sich heraus, daß auch Teal'c und Jack dieses Bild vor Augen sahen. Jack spricht aus, was alle denken: Daniel ist nicht tot.

Nem kehrt zurück, und Daniel fragt ihn erneut nach seinen Freunden. Er weiß, daß sie ihn nie zurückgelassen hätten. Der Außerirdische erklärt, er habe ihnen die Erinnerung an Daniels Tod eingesetzt. Daniel ist entsetzt und fordert eine Erklärung von Nem. So erfährt er, daß Omarrokah Nems Frau war, die vor 4000 Jahren in Babylon lebte. Er ist der festen Überzeugung, daß Daniel weiß, was aus ihr geworden ist, und es nur nicht verrät, weil er den Goa'uld dient. Daniel verneint die Anschuldigung und berichtet statt dessen von Sha'uris Schicksal. Nem ist nicht überzeugt und fragt erneut nach Omarrokah.

Dr. Frasier findet heraus, daß die Mitglieder des Teams extrem niedrige Serotoninwerte im Gehirn haben, was die Depressionen und anderen Symptome erklärt. Außerdem finden sich an den gleichen Punkten ihrer Gehirne schwarze Flächen, für die es keine Erklärung gibt. Frasiers Ausführungen werden unterbrochen, als ein Alarm ertönt, der anzeigt, daß das Stargate geöffnet wird. Das Team rennt zum Stargate und sieht Daniel auf der Rampe stehen, dessen Gesichtszüge sich einen Sekundenbruchteil später in die eines anderen Mannes verwandeln – das Team hat nichts anderes gesehen als die Rückkehr eines anderen Teams ... Verwirrt sehen sie sich an und Sam sagt, sie wisse, daß Daniel tot sei, aber gleichzeitig wisse sie auch, daß er es nicht sei. Jack will den Vorschlag machen, zurück zum Planeten zu reisen. Bevor er den Satz jedoch aussprechen kann, greift er mit schmerzverzerrtem Gesicht nach seinen Schläfen und bricht zusammen. Hammond befiehlt das Team zurück in die Krankenstation und verlangt eine Erklärung von Dr. Frasier.

258

Im Labor sucht Daniel nach einer Fluchtmöglichkeit, wird jedoch von Nem ertappt. Er erklärt dem Außerirdischen, daß das Wissen über die Jahrtausende verlorengegangen sein könnte, und berichtet von den großen Bibliotheksbränden, Kriegen und anderen Katastrophen, die viele Etappen der Menschheitsgeschichte verschütteten. Nem weiß nur, daß Omarrokah Angst vor Bellos hatte, einem Eroberer, über den Daniel vor einigen Jahren etwas gelesen hat. Allerdings kann er sich nicht an mehr erinnern. Er bietet Nem an, ihn mit zur Erde zu nehmen und dort die alten babylonischen Texte zu studieren, aber Nem ist mißtrauisch. Da Daniel ein Mensch ist, befürchtet er, in eine Falle der Goa'uld zu geraten. Er sagt, selbst Omarrokah habe nicht verhindern können, daß die Erde unter die Herrschaft der Parasiten gerät. Daniel begreift, daß sie damals nur zur Erde kam, um gegen die Goa'uld zu kämpfen. Er versucht Nem davon zu überzeugen, daß die Goa'uld die Erde vor langer Zeit nach einem Aufstand verließen, aber der Außerirdische bleibt mißtrauisch. Schließlich hat Daniel eine Idee: Wenn Nem in der Lage war, die Erinnerungen des Teams zu verändern, kann er dann nicht auch in seinem, Daniels, Gehirn nach den Informationen über Bellos suchen? Nem bejaht die Frage, warnt Daniel aber, daß die Prozedur ihn verletzen oder töten könne. Daniel ist bereit, das Risiko einzugehen.

Frasier und MacKenzie finden heraus, daß das Team glaubt, nur 20 Minuten auf dem Planeten gewesen zu sein, obwohl es doch in Wirklichkeit drei Stunden weg war. Das bedeutet, daß ein Großteil der Erinnerungen fehlt. Außerdem wurden die Leute konditioniert, daß sie versuchen werden, jede Reise zu diesem Planeten zu verhindern. Sam läßt sich unter Hypnose setzen und berichtet, was wirklich vorgefallen ist. Sie kamen auf den Planeten und fanden vulkanisch aktive Löcher und einen Ozean vor. Als sie am Strand standen, tauchte aus dem Wasser ein Außerirdischer (Nem) auf und zeichnete einige Schriftzeichen in den Sand. Daniel konnte sie entziffern. Dort stand: Kommt ihr von der Welt, die Babylon baute? Daniel antwortete auf die Frage, worauf Nem angriff und alle in sein Labor brachte. Er löschte ihre Erinnerung, konditionierte sie und ließ es zu, daß sie fliehen konnten – allerdings ohne Daniel. Das Team bricht sofort auf, um ihn zu holen.

Unter starken Schmerzen erinnert sich Daniel an den Text und an eine Stelle, in der erwähnt wird, daß Bellos Omarrokah tötete. Nem ist erschüttert.

SG-1 trifft auf dem Planeten ein und geht direkt zum Strand. Nem schwimmt auf sie zu, während es Daniel im Labor gelingt, den Ausgang zu finden. Er schwimmt an die Oberfläche und sieht, daß SG-1 die Waffen auf Nem gerichtet hat. Daniel ruft der Gruppe zu, nicht zu schießen. Am Strand verabschieden sich die beiden. Daniel hofft, daß ihre Völker eines Tages Freunde werden können. Nem antwortet zögernd, das wäre möglich, und wünscht Daniel, daß er eines Tages auch das Schicksal seiner Frau erfahren möge.

Kommentar:

● Daniels Trauerfeier findet nicht auf der Basis, sondern außerhalb statt. Ist es nicht verwunderlich, daß das SG-1-Team inklusive Teal'c daran teilnimmt? Immerhin ist das Stargate-Projekt streng geheim, und Teal'c ist selbst ›verkleidet‹ nicht gerade unauffällig.

● Bellos ist auch nicht unbedingt ein phantasievoller Name für einen Eroberer (bellum ist das lateinische Wort für ›Krieg‹). Allerdings sollte man deswegen nicht allzusehr meckern, denn schon Gene Roddenberry hatte in der ersten STAR TREK-Serie einige Aussetzer in der Namengebung. So gab er in einer Episode einer angeblichen Französin den klangvollen Namen Helen Noel – Helene Weihnachten …

Hintergründe:

● Geht man davon aus, daß Bellos Belus sein soll, eröffnen sich einem interessante Einblicke in die babylonische und assyrische Geschichte. Belus war der Sohn von Poseidon und Libya in der griechischen Mythologie, doch ist sein Name vermutlich eine Erinnerung an den kanaanischen Gott Baal, der schon in vielen Rollenspielen und Geschichten von H. P. Lovecraft als ›der Böse‹ herhalten mußte, von der damaligen Bevölkerung jedoch verehrt wurde.

Baal (auch Baal-Zephon, Hadad, Pidar und Rapiu genannt) war der Sohn von El, dem Gott der Fruchtbarkeit. Er ritt auf Wolken und kontrollierte Blitz und Donner. Er war der Herr der Erde und der größte aller Krieger. Seine Stimme war der Donner und sein Schiff eine Wolke, die den Schnee bringt.

In Babylon wurde Baal als Bel verehrt und galt als der Schlaueste der Schlauen und der Weiseste unter den Göttern. Sein Name bedeutet ›Herr‹, ein Hinweis darauf, daß hier ein anderer Gott gemeint war. Da Bel ebenso wie Marduk der Sohn von Ea und Dumkina war, geht man davon aus, daß mit Bel eigentlich Marduk gemeint war. Marduk war der Aufsteiger unter den babylonischen Göttern und stieg nach und nach zur zentralen Figur des Pantheons auf. Er hatte mehr als 50 Namen, von denen viele von den Göttern stammten, deren Attribute er übernahm. Marduk war stolz und stark, weise, mächtig und perfekt – eine Art antiker Superheld. Er hatte vier Augen, vier Ohren und atmete Feuer, wenn er sprach. Er war außerdem magisch begabt. Wenn Omarrokah sich mit ihm angelegt haben sollte, ist es wohl kein Wunder, daß sie die Auseinandersetzung nicht überlebt hat …

Bemerkungen:

● Der kanadische Regisseur Allan Eastman arbeitet seit den 80er Jahren regelmäßig für das kanadische Fernsehen. Seine bedeutendste Regiearbeit stellt der Spielfilm VERRÜCKTER MOND (CRAZY MOON, Kanada 1986) dar, der die Geschichte eines taubstummen Mädchens erzählt, das sich eines neurotischen jungen Mannes annimmt und ihm hilft, sich wieder in die Gesellschaft zu integrieren. Der Film, der für mehr Verständnis für Behinderte eintritt, wurde mit mehreren Preisen ausgezeichnet und verhalf Hauptdarsteller Kiefer Sutherland zum Durchbruch.

13 DER KUSS DER GÖTTIN

OT: HATHOR
Erstausstrahlung USA: 24. Oktober 1997
Erstveröffentlichung Deutschland: 19. Juni 1998 (Video)

Regie: Brad Turner. Idee: David Bennett Carren & J. Larry Carroll. Drehbuch: Jonathan Glassner. Gaststars: Suanne Braun (Hathor), Teryl Rothery (Dr. Frasier), Dave Hurtubise (Dr. Kleinhouse), Amanda O'Leary (Dr. Cole), Bob Frazer (Airman), Ikkee Battle (S.P. Guard), Tracy Westerholm (weiblicher Soldat).

Kurzinhalt:
Eine alte Behauptung bezüglich des gemeinsamen Ursprungs der verschiedenen Mythologien wird bewiesen, als ein ägyptischer Sarkophag in einer Maya-Ruine gefunden wird. Darin befindet sich eine uralte Göttin, die von Ra zur Erde verbannt wurde und jetzt wieder zum Leben erwacht. Sie will eine neue Rasse Goa'uld schaffen – und O'Neill soll ihr erster Jaffa werden.

Langinhalt:
Irgendwo in Mittelamerika kriechen zwei Archäologen durch eine Maya-Ruine. Hinter einer Tür entdecken sie einen Sarkophag, dessen Verzierungen eindeutig ägyptisch sind. Als sie den Sarkophag öffnen, um zu sehen, ob

der Inhalt noch intakt und komplett ist, steigert sich ihre Überraschung zum Schock: Im Inneren liegt nicht etwa eine Mumie, sondern eine wunderschöne junge Frau in ägyptischer Kleidung. Sie erhebt sich und tötet beide Archäologen.

In der Stargate-Basis melden zwei Wachen General Hammond, daß eine verwirrt wirkende Frau auf dem Gelände aufgegriffen wurde, die über das Stargate Bescheid weiß. Hammond übernimmt das Verhör. Das Team begleitet ihn und erlebt mit, wie sich die Frau als Hathor vorstellt und behauptet, die Schwester und Geliebte Ras zu sein. Hammond hält sie für geisteskrank, will aber herausfinden, woher sie über das Stargate Bescheid wußte. Er beendet das Verhör und bittet Daniel, noch einmal mit ihr zu sprechen und zu ergründen, wieviel sie über ägyptische Mythologie weiß und was ihre Verbindung zum Stargate ist.

Als Daniel allein mit ihr ist, fragt Hathor, ob Ra noch lebt und wo er sich befindet. Daniel versucht vergeblich das Thema zu wechseln und gesteht ihr schließlich, daß sie Ra getötet haben. Hathor dankt ihm und erzählt, Ra habe sie mißbraucht und gequält. Von ihm wurde sie auch verbannt. Scheinbar aus Dankbarkeit nimmt sie Daniels Hand und küßt sie. Der Archäologe bemerkt nicht, daß ein heller Nebel aus ihrem Mund in seine Haut dringt. Daniel wirkt plötzlich völlig verändert. Er verläßt Hathor und begibt sich sofort zu Hammond. Begeistert erzählt er dem General, Hathor könne eine neue Verbündete im Kampf gegen die Goa'uld sein. Hammond reagiert verwirrt, immerhin ist Hathor selbst eine Goa'uld, und er sieht keinen Grund, ihr mehr zu vertrauen als den anderen. Daniel besteht jedoch darauf, ihr wenigstens eine Chance zu geben. Schließlich läßt sich der General dazu überreden, sie zu einer Besprechung einzuladen.

Hathor erscheint zur Besprechung und hat innerhalb von Sekunden sämtliche Männer durch die nebelartige Substanz in ihren Bann geschlagen. Carter und Teal'c sehen mit steigendem Mißtrauen zu, wie Hammond, Daniel und Jack jeden Wunsch Hathors erfüllen und sich nicht im geringsten um Geheiminformationen und Sicherheitsvorkehrungen kümmern. Als Carter versucht einzugreifen, winkt Hammond nur ab und wirft ihr vor, der neuen Verbündeten gegenüber viel zu mißtrauisch zu sein.

Nach der Besprechung sucht Carter Dr. Frasier auf. Beiden ist klar, daß sie etwas unternehmen müssen, sonst wird Hathor bald die gesamte Basis in der Hand haben. Bevor sie jedoch reagieren können, werden sie von zwei Wachen gefangengenommen und in einen Raum gesperrt, in dem bereits alle anderen Frauen der Basis festgehalten werden.

In ihrem Quartier becirct Hathor Daniel. Sie verspricht ihm, sie würden gemeinsam über die Welt herrschen. Sie erzählt Daniel, daß sie die Mutter aller Goa'uld ist und daß aus ihr die ersten Larven entsprangen und auch wieder entspringen werden, sobald sie über eine Probe menschlicher DNA verfügt. In dem Moment regt sich Daniels Verstand, und er versucht sich von ihr zu entfernen, doch eine neuerliche Nebelschwade läßt ihn wieder alles vergessen. Schließlich entnimmt Hathor ihm gewaltsam DNA und stößt ihn zur Seite. Er hat ihr gegeben, was sie braucht – sie benötigt ihn nicht mehr.

Carter und Frasier planen währenddessen ihre Flucht. Sie stellen die Theorie auf, daß Hathor auf irgendeine Weise den Verstand der Männer benebelt hat und sie in gewisser Weise nur noch mit ihrer Libido denken. Das bedeutet aber, daß sie auch sonst für weibliche Reize offen sind. Schweren Herzens entledigen sich die Frauen einiger Teile ihrer Uniformen und locken die Wachen an. Wie vorhergesehen, fallen diese auf den Trick rein und öffnen die Tür. Nur Sekunden später sind die beiden überwältigt. Carter befreit Teal'c, der in einer Einzelzelle gefangengehalten wurde. Der Parasit hat dafür gesorgt, daß er immun gegen Hathors Betörungsversuche ist.

Als die Frauen in einem der Waschräume der Basis ankommen, werden sie angegriffen. Mit Mühe und Not können sie die Angreifer zurückschlagen und entdecken Jack, der auf dem Boden liegt. Als Carter ihn umdreht, sieht sie, daß Hathor ihn zu ihrem ersten Jaffa gemacht hat ...

Hintergründe:

● Hathor war ursprünglich die Göttin der Liebe sowie die Fürstin des Tanzes und der Freude. Als solche ist sie gleichbedeutend mit der griechischen Göttin Aphrodite. Im altägyptischen Kalender verkörperte sie den dritten Monat. Im Laufe der Zeit wurde Hathor, die zwar in menschlicher Gestalt dargestellt wurde, allerdings die Ohren einer Kuh (!) hatte, zur Himmelsgöttin, weshalb ihr Name übersetzt soviel wie ›Haus des Horus‹ bedeutet. Unter anderem wurden ihr Titel gegeben wie ›die Glänzende‹, ›die Strahlende‹, ›die Leuchtende‹ und nicht zuletzt ›das Gold unter den Göttern und das Elektron unter den Göttinnen‹. Im Laufe der Jahrhunderte entstand die Geschichte, Hathor sei Osiris ins Reich der Toten gefolgt, was sie zur Göttin der Unterwelt werden ließ. Als solche wurde sie die Beschützerin der Verstorbenen, was ihr den Titel ›Schutzgöttin des Wüstengebirges der Toten‹ einbrachte und sie zur Schicksalsgöttin erhob. Der Sage nach war sie mit dem Göttersohn (Horus) Edfu verheiratet. Aus dieser Beziehung entsprang ein Sohn, Ihi, der Gott der Musikanten.

● Die in der vorliegenden Episode dargestellte Verbannung der Hathor läßt sich ebenfalls aus dem Religionsglauben der Ägypter herleiten. Als Tochter des Ra wurde sie damit beauftragt, die Menschheit zu vernichten, nachdem diese sich von den Göttern abgewandt hatte. Als Ra diesen Entschluß bereute, hatte Hathor bereits ihr Werk begonnen und war durch Worte nicht mehr aufzuhalten. Also lockte Ra seine Tochter in eine Falle und hielt sie mit

Gewalt davon ab, weitere Verwüstungen anzurichten (siehe hierzu auch die Hintergründe des STARGATE-Spielfilms).

14 CASSANDRA

OT: SINGULARITY
Erstausstrahlung USA: 31. Oktober 1997
Erstveröffentlichung Deutschland: 10. Juli 1998
(Video)

Regie: Mario Azzopardi. Drehbuch: Robert C. Cooper. Gaststars: Teryl Rothery (Dr. Frasier), Katie Stuart (Cassandra), Gary Jones (Techniker), Kevin McNulty (Dr. Warner).

Kurzinhalt:
Eine wissenschaftliche Mission wird zur Katastrophe, als die gesamte Bevölkerung des Planeten von einer geheimnisvollen Krankheit ausgelöscht wird. Nur eine einzige Überlebende hat die Antwort auf die Frage, wodurch die Seuche ausgelöst wurde. Sie wird zu einer tickenden Zeitbombe, die von Sekunde zu Sekunde gefährlicher wird. SG-1 muß sich zwischen dem Leben eines kleinen Mädchens und der Zerstörung des irdischen Stargate entscheiden.

Langinhalt:
SG-1 reist zu einem Planeten, auf dem SG-7 ein Observatorium aufgebaut hat. Die Teammitglieder wollen während einer herannahenden Sonnenfinsternis die Ereignisse rund um ein Schwarzes Loch beobachten. Sie kommen in einem kleinen Dorf an und sind überrascht, daß SG-7 nicht zu ihrer Begrüßung erschienen ist. Sie glauben anfangs, das andere Team sei mit dem Aufbau des Teleskops beschäftigt, dann finden sie jedoch einen einheimischen Toten, der am Rande eines Feldes liegt. Als

Jack ihn umdreht, sehen sie, daß der Mann mit Pusteln bedeckt ist. Das Team legt sofort Isolationsanzüge an (alle außer Teal'c, der durch die Goa'uld immun gegen Krankheiten ist) und begibt sich auf die Suche nach Überlebenden.

Jack und Sam finden SG-7 im Observatorium – alle sind tot. Daniel und Teal'c finden ebenfalls keine Überlebenden, was bedeutet, daß die gesamte Bevölkerung von 1432 Menschen tot ist. Das STARGATE-Kommando schickt Dr. Frasier mit einem medizinischen Team zum Planeten, um das Observatorium von möglichen Bakterien und Viren zu befreien. Frasier fragt sich, warum das SG-7-Team keine Warnung schickte, als sich die Krankheit anbahnte. Daniel glaubt, daß die Seuche zu schnell zugeschlagen hat. Beide Teams kehren zur Erde zurück und werden auf Krankheitserreger untersucht. Als klar ist, daß alle unverseucht sind, reisen sie erneut zu dem Planeten, um die Toten zu kennzeichnen. Daniel erzählt, daß er nur drei Monate zuvor auf dem Planeten war und ihm die Einheimischen berichteten, sie hätten Angst vor der Sonnenfinsternis, weil mit ihr eine große Katastrophe den Planeten heimsuchen würde.

Sam kennzeichnet gerade eine Leiche, als sie ein Rascheln in den Büschen hört und eine Gestalt zu sehen glaubt. Sam bittet sie herauszukommen, allerdings ohne Erfolg. Sie befürchtet, daß die Anzüge und Helme des Teams der Person Angst einjagen. Jack schaltet Teal'c ein, der keinen Anzug trägt, und bittet ihn, ausnahmsweise freundlich auszusehen. Es gelingt Teal'c, die Person aus den Büschen zu locken. Es ist ein kleines Mädchen, das sich ängstlich von ihm aus dem Wald führen läßt. Im Observatorium untersuchen Frasier und Sam das Mädchen. Frasier ist zu der Überzeugung gelangt, daß es sich um eine bakterielle Infektion handelt, daher kann Sam in der Gegenwart des Mädchens ruhig die Maske abnehmen, wenn sie ihm nicht zu nahe kommt. Während Frasier das

Blut des Kindes analysiert, geht Sam mit ihm spazieren und versucht, es zum Sprechen zu bringen, was scheitert. Das Mädchen nimmt eine Kennung von einer der Leichen und hält sie fest. Obwohl Sam ihm versichert, daß es nicht sterben wird, hält es den Plastikstreifen fest an sich gedrückt.

In der Zwischenzeit macht Frasier eine seltsame Entdeckung: Das Mädchen hat keine Bakterien im Blut, dafür aber Spuren des Materials, aus dem Stargates sind. Frasier meldet ihre Schlußfolgerungen dem Rest des Teams: Die gesamte Gegend rund um die Siedlung ist verseucht, der Boden ebenso wie das Wasser. Zum Glück haben sich weder SG-1 noch das Mädchen angesteckt, was bedeutet, daß alle mit dem Kind zur Erde zurückkehren können. Sam meldet Bedenken an. Die Untersuchung der Sonnenfinsternis ist wichtig, es sollte jemand zurückbleiben, um sie zu Ende zu führen. Als Sam das sagt, läuft das Mädchen zu ihr und hält sie fest. Damit ist für Jack die Entscheidung klar. Sam und Daniel werden zurück zur Erde reisen, während er und Teal'c auf dem Planeten bleiben, bis die Sonnenfinsternis abgeschlossen ist.

In der Basis bekommt das Mädchen ein eigenes Zimmer. Es macht einen verängstigten Eindruck und hält Sam fest, als sie gehen will. Sam erklärt ihm, sie müsse einige Dinge erledigen, würde aber auf das Mädchen über die Kamera im Zimmer aufpassen. Als es das nicht zu beruhigen scheint, bleibt Sam im Zimmer.

Hammond, Daniel und Frasier beobachten sie über den Monitor, während Frasier ihren Bericht abliefert. Sie befürchtet, daß SG-7 vielleicht die Bakterien eingeschleppt hat und sie auf dem anderen Planeten zu einer tödlichen Seuche mutierten. Sie hat keine neue Antwort auf die Frage, warum sich SG-7 nicht gemeldet hat. Sie möchte das Mädchen auch weiterhin untersuchen, da sie dessen Immunität für den Schlüssel zur Heilung dieser

Seuche hält. Außerdem könnte dies auch der Schlüssel zur Heilung irdischer Krankheiten sein.

Sam ist immer noch bei dem Mädchen. Sie hat das Zimmer inzwischen etwas wohnlicher gestaltet. An den Wänden hängen Bilder, auf dem Bett liegt ein Plüschelefant, und auf dem Tisch steht eine Vase mit Blumen. Davor sitzt das Kind und malt. Sam sieht sich das Bild an – darauf sind die Toten aus der Siedlung zu sehen und das Mädchen, wie es über ihnen steht und weint. Sam malt noch eine weitere Figur neben das Mädchen, sich selbst, um ihm zu zeigen, daß es nicht mehr allein ist.

Wenig später kommt Daniel herein, um sie abzulösen, aber als Sam gehen will, spricht das Mädchen zum erstenmal und bittet sie, nicht zu gehen. Sam freut sich über den Fortschritt und fragt die Kleine nach ihrem Namen. Sie heißt Cassandra und sagt, sie habe Schmerzen. Sam bringt sie sofort zu Dr. Frasier, die lediglich einen Mangel an Potassium feststellt, was aber nicht die Ursache sein kann. Nur Sekunden später hört Cassandras Herz auf zu schlagen. Frasier leitet sofort Wiederbelebungsmaßnahmen ein, die erfolgreich sind. Als sie aber noch einmal die Herztöne des Mädchens abhört, stellt sie ein auffälliges Geräusch fest. Sie macht eine Röntgenaufnahme und findet ein Gerät in Cassandras Brustkorb, das bei ihrer ersten Röntgenaufnahme noch nicht da war. Um eine Probe des Geräts zu entnehmen, führen Frasier und die anderen Ärzte eine Operation durch, bei der eine Sonde in Cassandras Brustkorb geschoben wird. Dabei hört ihr Herz wieder auf zu schlagen. Ihr Zustand stabilisiert sich erst, als sie die Sonde wieder entfernen. Frasier ist überzeugt, daß sie das Gerät nicht entfernen könnte, ohne das Mädchen zu töten.

Als Cassandra aufwacht, ist Sam bei ihr und verspricht, daß sie ihr die Erde zeigen wird, sobald es ihr besser geht.

Im Observatorium bereiten sich Jack und Teal'c auf die Beobachtung der Singularität vor.

Frasier und Sam erklären Daniel, was für ein Gerät sich in Cassandra befindet. Die eine Hälfte besteht aus Potassium und Eisen, die andere aus Stargate-Material. Zwischen diesen beiden Seiten ist eine Fettschicht, die sich langsam auflöst, was die Seiten näher zusammenbringt. Potassium reagiert mit dem Stargate-Material. Wenn die beiden Seiten sich treffen, wird das Ergebnis wie eine Atombombe sein – und das Stargate Command vernichten.

Bei der Beobachtung der Singularität macht Jack eine ganz eigene Entdeckung – einen Angriffskreuzer der Goa'uld, der durch das Sonnenlicht verborgen war. In der Basis berichtet das Team Hammond von der Zeitbombe, die in ihrer Mitte tickt. Die Goa'uld wußten, daß das Team Cassandra als einzige Überlebende mit zur Erde nehmen würde, und setzten dem Kind die Bombe ein, um das SGC zu vernichten. Nur deshalb ließen sie zu, daß es die Seuche überlebte. Noch zwei Stunden, bis die Bombe explodiert. Cassandra ist sich ihres Zustandes nicht bewußt, sie merkt nur, daß es ihr von Minute zu Minute schlechter geht. Daniel und Sam sind entsetzt über die Grausamkeit der Goa'uld, für die Menschen nicht mehr als Werkzeuge sind.

Teal'c erkennt den Angriffskreuzer. Es handelt sich um einen Gegner von Apophis. Als das Schiff einen Todesgleiter in Richtung der Siedlung startet, weiß Teal'c, daß sie sich schnellstens zum Stargate aufmachen müssen.

Währenddessen hat Hammond eine Entscheidung getroffen. Cassandra ist eine zu große Gefahr für die Basis und wird durch das Stargate zurückgeschickt.

Teal'c und Jack werden von dem Todesgleiter angegriffen, während sie zum Stargate rennen. Als sie in Deckung gehen müssen, erzählt Teal'c, dieser Goa'uld hätte einmal Apophis angegriffen, indem er ein Stargate sprengte. In diesem Moment begreift Jack, daß Cassandra eine Art Trojanisches Pferd sein könnte, von dem das irdische Stargate zerstört werden soll. SG-4 und Sam bereiten sich darauf vor, Cassandra zurück zu ihrem Planeten zu bringen, aber als sie das Stargate erreichen, bricht das Mädchen zusammen und fällt in ein Koma. Fast im gleichen Moment kehren Jack und Teal'c zurück. Nun wissen sie zumindest, warum sich SG-7 nicht gemeldet hat – die Goa'uld haben es verhindert. Die Frage ist, was sie jetzt mit dem Mädchen machen sollen. Sie können es nicht durch das Stargate schicken, da der Übergang die Bombe auslösen könnte. Es im SGC zu behalten, ist allerdings viel zu gefährlich. Jack schlägt einen verlassenen Nuklearreaktor vor, der nicht weit entfernt liegt. Hammond stimmt zu.

SG-1 begleitet das bewußtlose Mädchen, das die ganze Zeit über in Sams Armen liegt, zum Reaktor. Der Plan sieht vor, Cassandra mit einem Aufzug in das 30. Kellergeschoß zu bringen und dort in einem mit Blei gepanzerten Raum unterzubringen. Jack bietet Sam an, das Kind herunterzubringen, doch sie lehnt ab und betritt den Aufzug allein mit Cassandra. Bereits nach einigen Stockwerken wacht das Mädchen auf und scheint sich wesentlich besser zu fühlen. Sam kann ihre Tränen nicht mehr zurückhalten, als sie Cassandra in den gepanzerten Raum führt. Das Mädchen bittet sie, nicht zu gehen. Sam beruhigt sie zwar, aber als sie die schwere Metalltür schließt, hört sie Cassandra ängstlich aufschreien. Im Aufzug nach oben bricht Sam weinend zusammen. Sie kann das Mädchen einfach nicht allein lassen.

Oben sieht der Rest des Teams nur, wie sich die digitale Stockwerksanzeige des Aufzugs plötzlich wieder nach unten bewegt.

Sam öffnet die Tür des gepanzerten Raums und nimmt Cassandra in ihre Arme. Als Jack ihr über das Intercom befiehlt, sofort den Raum zu verlassen, weigert sie sich und sagt ihm, das Mädchen sei aufgewacht. Sie ignoriert alle weiteren Befehle.

Oben verfolgt das Team angespannt den Countdown. Als er Null erreicht, passiert nichts. Sekunden später hören sie erleichtert Sams Stimme über das Intercom. Die Bombe ist nicht explodiert. Jack fragt sie, wie sie wissen konnte, daß nichts passieren würde, und sie erklärt, daß der Zustand des Mädchens sich nur in der Nähe des Stargate verschlechterte. Je weiter entfernt sie davon waren, desto besser ging es ihm.

Die Krise ist überwunden, und das Gerät löst sich langsam und harmlos in Cassandras Körper auf. Das Team nimmt Cassandra mit in einen Park, wo ihr Jack mit dem Kommentar, es sei Gesetz auf der Erde, daß jedes Kind einen Hund haben müsse, ihr einen Welpen schenkt. Bis passende Eltern, die über das Stargate Bescheid wissen und ein Geheimnis behalten können, gefunden worden sind, wird sich Frasier um Cassandra kümmern. Sam verabschiedet sich von Cassandra und verspricht ihr, sie häufig zu besuchen.

Kommentar:

● Frasiers erste Annahme, das SG-Team habe vielleicht Bakterien mit zu dem Planeten gebracht, die sich dort als tödlich erwiesen, ist nicht unbegründet. Die nord- und südamerikanischen Ureinwohner wurden bei der ›Besiedelung‹ ihres Kontinents durch Europäer weniger von deren Kugeln als von deren Krankheiten dahingerafft. Bis zu diesem Zeitpunkt gab es auf dem Kontinent weder Mumps noch Masern noch all die anderen Kinderkrankheiten. Was in Europa (zumeist) harmlos verlief, tötete dort Tausende, da sie nie Abwehrkräfte gegen diese Krankheiten entwickelt hatten. Ähnlichen Fragen muß man sich auch bei Ausflügen zu anderen Planeten stellen. Wer weiß denn schon, wie die rigellianische Version der Masern aussieht und ob sie auf uns übertragbar wäre?

Hintergründe:

● Zum Thema Singularität und Schwarze Löcher siehe das Kapitel »Ein Loch im All«.

● Der Name Cassandra ist nicht zufällig gewählt. Im griechischen Troja war Cassandra die Seherin, die den Untergang der Stadt voraussah, ihn aber nicht aufhalten konnte (oder wollte).

15 VERGELTUNG

OT: COR-AI

Erstausstrahlung USA: 23. Januar 1998

Erstveröffentlichung Deutschland: 10. Juli 1998 (Video)

Regie: Mario Azzopardi. Drehbuch: Tom J. Astle. Regie: Mario Azzopardi. Gaststars: David McNally (Hanno), Peter Williams (Apophis), Paulina Gillis (Byrsa-Frau), Christina Jastrzembska (alte Frau), Kirby Morrow (Milizsoldat), Michasa Armstrong (Shak'l), Devon Finn (junger Hanno).

Kurzinhalt:

Teal'c wird beschuldigt, den Vater eines Dorfbewohners ermordet zu haben, als er als Jaffa für Apophis arbeitete.

Langinhalt:

Der Weg durchs Sternentor führt das SG-1 auf einen Planeten, auf dem eine kleine Gemeinschaft von Menschen lebt, deren Technologie etwa der des westlichen Mittelalters gleichkommt. Teal'c muß feststellen, daß er schon einmal auf diesem Planeten war. Damals kam es zu einem Zwischenfall, bei dem ein Dorfbewohner getötet wurde. Für diesen Zwischenfall wird nun Teal'c verantwortlich gemacht. Zwischen dem Team und der Dorfgemeinschaft kommt es zu ernsten Spannungen, die O'Neill ausschließlich aufgrund der Zusicherung, daß er den Fall genauestens und unvoreingenommen untersuchen wird, vor der

Eskalation bewahrt. Das Problem ist Teal'c, der sich verschlossen gibt und damit indirekt zugibt, in diesen Vorfall involviert gewesen zu sein.

Kommentar:

● Jede Serie hat ihren Aussetzer, egal ob sie AKTE X, STAR TREK, OUTER LIMITS oder BABYLON 5 heißt. In STARGATE heißt dieser Aussetzer COR-AI. Uninspiriert und langweilig wird eine Geschichte erzählt, die keinen Esprit besitzt und die offenbar aus übriggebliebenen Ideen anderer Geschichten am Reißbrett zusammengestellt wurde. Möchte man positiv werten, nennt man diesen Vorgang wohl konstruktivistisch. Nennt man es beim Namen, handelt es sich ganz einfach um ein großes Nichts, von dem man am Ende nicht weiß, was man eigentlich gerade gesehen hat. Wie auch, wenn rein gar nichts passiert – abgesehen davon, daß man sich fragt, warum die Bewohner einer nicht gerade fortschrittlichen Welt Teal'cs Rolle als Goa'uld und damit auch Killer im Auftrage Apophis' geklärt haben wollen, während es auf der hochentwickelten Erde offenbar niemanden interessiert. Denn wenn man sich an den Beginn der Serie erinnert, war es schließlich Teal'c, der die Gruppe der Goa'uld, die mit Apophis durch das Sternentor auf die Erde kam, anführte und damit maßgeblich Schuld am Tod mehrerer Soldaten trägt.

Bemerkungen:

● Erneut ist Peter Williams in dieser Episode in der Rolle des Apophis zu sehen. Wie die meisten Darsteller ist auch er Kanadier. In Kanada erlangte er Bekanntheit durch seine Mitwirkung in der TV-Serie NEON RIDER aus dem Jahre 1990, die die Geschichte eines Professors erzählt, der sich mit straffällig gewordenen Jugendlichen in die Berge zurückzieht, um ihnen hier die Chance zu geben, einen Neuanfang, weit weg von ihren alten Freunden und ihrem sozialen Umfeld, zu beginnen. Einen dieser Jugendlichen spielte Peter Williams. Der Pilotfilm der 24teiligen Serie ist in Deutschland 1991 auf Video erschienen.

16 ENIGMA

OT: ENIGMA
Erstausstrahlung USA: 30. Januar 1998
Erstveröffentlichung Deutschland: 16. Juli 1998 (Video)

Regie: William Gereghty. Drehbuch: Katharyn Powers. Gaststars: Tobin Bell (Omack), Garwin Sanford (Nereem), Tom McBeath (Colonel Mayborne), Gerard Plunkett (Tuplo), Gary Jones (Techniker), Frida Betrani (Lya), Tracy Westerholm (Airwoman), Woody Jeffreys (Wache).

Kurzinhalt:
SG-1 rettet die Überlebenden eines sterbenden Planeten und versucht, einen neuen Platz für sie zu finden, bevor das Pentagon sie für immer einsperrt.

Langinhalt:
Das Team landet auf einer Welt, die durch vulkanische Aktivitäten in Trümmern liegt. Inmitten der Ruinen findet es eine kleine Gruppe Überlebender, die infolge von Hitze und Sauerstoffmangel das Bewußtsein verloren haben. Ein junger Mann kommt kurz zu sich, sieht Carter und bittet um Hilfe. Das Team rettet insgesamt zehn Überlebende von dem Planeten und bringt sie in die Basis, wo sie in der Krankenstation versorgt werden.

Bei der Missionsbesprechung berichtet Jack, die Zivilisation, aus der die Überlebenden stammen, sei der irdischen überlegen. Auf die Frage Hammonds, wie das denn sein könne, da doch alle Menschen von der Erde auf die verschiedenen Planeten verschleppt wurden, antwortet Daniel, auf der Erde habe es aber seitdem verschiedene dunkle Zeitalter gegeben, in denen die Menschen altes Wissen wieder vergessen hätten. Eine Zivilisation, die diese Perioden der Unwissenheit nicht durchlebt habe, könne bereits 800 Jahre weiter sein.

Die Besprechung wird unterbrochen, weil der Anführer der Geretteten mit dem Team sprechen möchte. In der Krankenstation will er zuerst wissen, wo er ist und wer seine Retter sind. Als er erfährt, daß er auf der Erde ist, reagiert er unfreundlich und weist darauf hin, daß ein Rettungstransporter bereits zu ihm und den anderen unterwegs gewesen sei. Jacks Einwand, die Ankunft hätten sie wohl kaum mehr erlebt, ignoriert er. Statt dessen sagt er, er könne nicht verstehen, wie so primitive Menschen jemals das Stargate entschlüsseln konnten. Hammond fragt ihn, wer er eigentlich sei, worauf sich der Mann als Omack vom Planeten Tollan vorstellt. Er kennt die Goa'uld, sagt aber, daß seine Zivilisation sich nicht mit ihnen beschäftigt. Er lehnt jeden freundschaftlichen Ton ab und behauptet, die Goa'uld seien auch nicht seine Feinde. Von Hammond verlangt er die Herausgabe aller Sachen, die seine Leute bei sich hatten, und den sofortigen Rücktransport nach Tollan. Daniel bittet ihn abzuwarten, bis die vulkanischen Aktivitäten nachgelassen haben. In der Zwischenzeit, so schlägt er vor, könnten sie sich über die Bräuche und die Geschichte beider Welten unterhalten. Omack lehnt ab.

Das Team begreift, daß eine weitere Unterhaltung keinen Sinn mehr machen würde, und verläßt die Krankenstation. Auf dem Weg sieht Sam den Mann, der auf dem Planeten um Hilfe gebeten hat. Sie erwidert seinen Blick und geht in den Stargate-Raum, um eine Minisonde zum Planeten zu schicken. Dort trifft sie Daniel, der versucht hatte, noch ein wenig mit den Tollanern zu sprechen, allerdings ohne Erfolg. Nur einer, ein Mann namens Nereem, erzählt Daniel augenzwinkernd, habe sehr viele Fragen über Sam gestellt.

Als Hammond davon erfährt, bittet er Sam, mit dem Mann zu reden, um vielleicht mehr über die Tollaner zu erfahren. Sam stimmt zu, und Hammond stellt ihr Nereem vor. Der General schlägt zu Sams Überraschung sogar vor, sie könnten ein wenig an der Oberfläche spazierengehen, da Nereem Interesse an der Erde gezeigt habe. Nereem verspricht, nicht zu fliehen, und die beiden verlassen die Basis. Nur zwei Wachen folgen ihnen in diskretem Abstand. Nereem bedankt sich bei Sam für die Rettung und bittet sie, für ihn auch den anderen zu danken. Als sie fragt, warum er sich nicht selbst bedanke, schüttelt er den Kopf und erklärt, er dürfe eigentlich noch nicht einmal mit ihr reden. Auf die Frage nach dem Grund, wechselt er das Thema. Nereem hat von Daniel erfahren, daß Sam eine begabte Wissenschaftlerin ist, und bittet sie, ein wenig von ihrer Welt zu erzählen. Auf Tollan, fügt er an, gibt es zum Beispiel schon seit Generationen keine Tiere mehr, deshalb faszinieren ihn die Tiere auf der Erde um so mehr. Sam bietet an, ihm Bilder von Tieren mitzubringen, aber Nereem bittet sie, vorsichtig zu sein, weil das Omack nicht gefallen würde. Nereem warnt Sam aber gleichzeitig davor, Omack zu verurteilen, er wirke zwar hart und unfreundlich, habe aber nur das Ziel, sie alle zu schützen. Allerdings will er nicht sagen, wovor.

In der Basis schickt das Team eine Minisonde durch das Stargate. Die Daten, die sie von der anderen Seite überbringt, sind alles andere als positiv: Die Luft ist heiß, voller Asche und ohne Sauerstoff, und die Lava bewegt sich unaufhaltsam auf das Stargate zu und wird es in wenigen Tagen verschlungen haben. Man kann die Tollaner unmöglich dorthin zurückschicken. Daniel informiert Omack, der daraufhin nur sagt, der Natur sei gelungen, wobei sie versagt hätten. Er berichtet, daß sein Team nach der Evakuierung Tollans zurückblieb, um das Gate zu zerstören. Damit wollten sie verhindern, daß nichtsahnende Reisende auf dem sterbenden Planeten landen.

Leider ist die Welt, auf die sich die Tollaner gerettet haben, nicht durch ein Stargate zu erreichen, und die Menschen haben nicht die Technologie, um ein Schiff dorthin zu schicken.

Hammond steht vor einen Dilemma. Man kann die Tollaner nicht nach Hause schicken, und diese wollen auch nicht auf der Erde bleiben. Kurzerhand beauftragt er Jack und Teal'c, einige alte Gefallen einzufordern und einen Planeten zu finden, auf dem die Tollaner leben können. Als Omack davon erfährt, ist er besorgt und fragt, ob die Tollaner kein Mitspracherecht bei der Wahl eines Planeten hätten. Daniel versichert ihm zwar, daß Selbstbestimmung ein wichtiges Grundrecht in der Gesellschaft sei, aber als Hammond wenig später erwähnt, die Tollaner dürften zu ihrem eigenen Schutz das Gelände nicht verlassen, wird Omack mißtrauisch.

Sam besucht Nereem und schenkt ihm eine Katze. Sie fangen gerade an, über Naturwissenschaften zu philosophieren, als Omack hinzukommt. Sam spürt, daß ihre Anwesenheit nicht erwünscht ist, und läßt die beiden allein.

Jack und Teal'c haben gute Neuigkeiten: Viele der Planeten, auf denen sie waren, wären bereit, die Tollaner aufzunehmen. Bevor sich jedoch jemand darüber freuen kann, platzt Hammond mit der Nachricht, die Tollaner seien geflohen, in die Besprechung.

Suchtrupps, die den nächtlichen Wald durchkämmen, finden die Tollaner schließlich auf einer Lichtung. Sie behaupten, sie hätten nur die Sterne beobachtet. Als Jack sie zurück in die Basis beordert, sagt ihm Omack, sie seien also doch Gefangene.

Währenddessen fragt sich das Team, wie den Tollanern die Flucht gelungen ist. Das Überwachungsvideo ist zwar voller merkwürdiger Störungen, aber Sam ist sich sicher, daß sie noch einiges herausholen kann.

Das Team und Omack treffen sich mit einer Abordnung vom Planeten der Unberührten (siehe DIE SEUCHE), die bereit wären, die Tollaner aufzunehmen. Aber Omack weigert sich mit der Begründung, diese Leute seien ja sogar noch primitiver als die Menschen von der Erde.

Sam fragt Nereem nach Omacks verbohrter Haltung. Der berichtet, vor einiger Zeit wären die Tollaner auf einen anderen bewohnten Planeten in ihrem Sonnensystem gestoßen. Die Tollaner teilten ihre Technologie mit der weniger fortschrittlichen Rasse, die die neuerworbenen Kenntnisse prompt als Waffe einsetzte und ihre Welt vernichtete. Durch die Explosion wurde Tollan aus seiner Umlaufbahn geschleudert und schließlich auch unbewohnbar. Er sagt auch, daß Omack am vorangegangenen Abend die Wahrheit sagte; sie hätten wirklich die Sterne betrachtet, um die Entfernung zu ihrer neuen Heimatwelt zu kalkulieren. Leider ist sie so weit weg, daß sie auch mit Raumschiffen unerreichbar ist.

Omack hat eine andere Version der Ereignisse. Er behauptet, ihre Flucht sei nicht mehr als ein Test für die Menschen gewesen, um zu sehen, wie sie reagieren. Ihre Handlungen waren genau, wie er befürchtet hatte: Sie drohten mit Gewalt und rückten mit Waffen an. Jack widerspricht ihm: Die Tollaner haben sich nie vertrauenswürdig verhalten. Unter diesen Umständen konnte er sein Team nicht riskieren. Omack glaubt jetzt, die Menschen würden die Tollaner nur wegen ihrer Technologie festhalten.

In der Zwischenzeit ist es dem Team gelungen, das Überwachungsvideo zu entstören. Darauf sehen sie, wie ein Tollaner nach dem anderen verschwindet. Teal'c sagt, die Technologie der Tollaner sei wesentlich weiter als die der Goa'uld. Diese letzte Bemerkung hört Colonel Mayborne vom NID, der gerade den Raum betritt. Er will die Tollaner in seine Basis bringen, um sie zu verhören. Hammond weigert sich und behauptet, die Fremden stünden noch unter Quarantäne. Mayborne verläßt wütend den Raum. Das Team erhält von Hammond die Anweisung, sofort nach einer Alternative zu suchen, denn er hätte den Tollanern nicht mehr als einen Tag verschafft. In 24 Stunden wird Mayborne sie übernehmen.

Sam erzählt Nereem von den Ereignissen. Er ist schockiert, weil Omack recht hatte und die Menschen das Wissen der Tollaner für ihre Vorteile nutzen wollen.

Hammond trifft sich mit dem Team vor der Basis. Es ist Mayborne gelungen, die Genehmigung des Präsidenten zu bekommen, die Tollaner am nächsten Tag abzuholen. Das Team will den Tollanern helfen, aber das würde Kriegsgericht bedeuten. Daniel ist jedoch kein Mitglied des Militärs, könnte also auch nicht vor ein Kriegsgericht gestellt werden. Daniel hat eine Idee, die er auch Omack mitteilt: Die Nox sind mindestens so fortschrittlich wie die Tollaner, das Problem ist nur, daß Daniel nicht weiß, wie er die Nox erreichen soll. Die Tollaner wissen es. Zusammen mit Daniel gehen sie durch die Wände in den Wald. Dort gibt Daniel ihnen die Koordinaten des Planeten, und sie senden eine Botschaft ab, die – so versichert Omack – die Nox sehr schnell erreichen wird.

Nereem besucht Sam, um sich von ihr zu verabschieden. Sam scherzt, er würde sie doch schnell vergessen. Darauf gibt Nereem ihr ein Geschenk, ein tollanisches Aufnahmegerät, das Gefühle aufzeichnen kann, genauer gesagt, seine Gefühle für sie. Sie küssen sich in dem Moment, als Daniel hereinkommt.

Mayborne diskutiert gerade mit Hammond seine Pläne für die Tollaner, als er die Nachricht erhält, daß sie geflohen sind. Fast gleichzeitig erfährt er, daß das Stargate von außen aktiviert wird. Mayborne, Hammond und das Team sehen, wie Daniel mit den Tollanern den Stargate-Raum betritt. Mayborne droht mit Kriegsgericht, aber Daniel ignoriert ihn einfach und geht auf die Rampe zu. Das Gate öffnet sich, und Lya von den Nox tritt heraus. Sie begrüßt Daniel mit einem Lächeln und teilt Daniel mit, daß die Nox die Tollaner als gleichberechtigtes Volk akzeptieren und sie gerne aufnehmen. Omack bedankt sich bei Daniel. Währenddessen droht Mayborne, sie alle erschießen zu lassen. Lya hebt nur einmal den Arm, und die Tollaner sind verschwunden. Lya lächelt und tritt durch das Stargate.

Kommentar:

● Die vorliegende Episode bezieht sich auf zwei vorangegangene Folgen, einmal auf DIE SEUCHE und außerdem auf DIE MACHT DER WEISEN, in der das SG-1-Team erstmals mit einer menschlichen Zivilisation konfrontiert wurde, deren Technologie der der Erde weit überlegen war.

● Das Konzept einer fortschrittlichen Rasse, die unsere Zivilisation als primitiv und brutal ansieht, ist nicht neu. Es findet sich in STAR TREK-Episoden, in Filmklassikern wie DER TAG, AN DEM DIE ERDE STILLSTAND und selbst, wenn auch fast bis zur Unkenntlichkeit entstellt, in Ed Woods furchtbarem Trash-Klassiker PLAN 9 FROM OUTER SPACE.

● »Wow, cool ...« – Jack O'Neills Kommentar zur Fähigkeit der Tollaner, durch Wände gehen zu können.

Hintergründe:

● Interessant ist die Tatsache, daß ab Folge 14 keine irdischen Kulturen mehr in der Serie aufgegriffen werden. Gab es anfangs noch Völker, die klar den Mongolen oder Wikingern entsprachen, gaben die Autoren und Produzenten dieses Gestaltungselement im letzten Drittel der Staffel auf. Über die Gründe läßt sich nur spekulieren: Vielleicht lag es daran, daß STARGATE in der Handhabung dieser Kulturen keine glückliche Hand bewiesen hatte. Der wenig gelungenen Darstellung der Mongolen folgte die ebenso faktisch falsche Darstellung der Neandertaler und darauf – sozusagen als Höhepunkt – der wenig erquickliche Auftritt Thors. Vielleicht zeigten diese Ausrutscher den Produzenten, daß es nicht gut ist, sich darauf zu verlassen, daß die Autoren der einzelnen Folgen ihre Hintergründe schon richtig recherchiert haben werden. Hinzu kommt, daß bei dem brutalen Terminplan einer Serienproduktion, bei der Folgen in sieben bis zehn Tagen abgedreht sein müssen, niemand mehr die Zeit hat, die Drehbücher auf historische oder kulturelle Ungereimtheiten durchzugehen.

Vielleicht lag es aber auch daran, daß die Handlung dieser Folgen nirgendwo hinzuführen schien. Ähnlich dem Monster der Woche in der alten US-Serie LOST IN SPACE, lief STARGATE Gefahr, langsam die Kultur der Woche zu propagieren, und das ist für den Durchschnittszuschauer nicht nur langweiliger als ein Monster, sondern reduziert auch die Möglichkeiten der Serie in dramatischer Weise. Selbst der gutmütigste Zuschauer wird sich nach einiger Zeit zwei Fragen stellen: 1. Wieso haben sich Kulturen, die seit 5000 Jahren auf einem anderen Planeten leben, nicht im geringsten weiterentwickelt? 2. Wieso reist SG-1 von Planet zu Planet, wenn man ohnehin auf jedem dasselbe (mit geringfügigen Abweichungen) findet? Zum Glück scheinen sich die Produzenten die gleichen Fragen gestellt zu haben, denn in den letzten Folgen der Serie treten die Goa'uld und ihre Machtstrukturen stark in den Vordergrund, während die sogenannten ›Stand alone‹-Episoden sich mit anderen Themen beschäftigen, wie auch die nächste Episode, SOLITUDES, zeigen wird.

17 IM EWIGEN EIS

OT: SOLITUDES
Erstausstrahlung USA: 6. Februar 1998
Erstveröffentlichung Deutschland: 30. Juli 1998 (Video)

Regie: Martin Wood. Drehbuch: Brad Wright. Gaststars: Gary Jones (Techniker), Dan Shea (Sergeant Siler).

Kurzinhalt:

O'Neill und Carter geraten in Gefahr, als sie durch ein unbekanntes Stargate geschleudert werden und in einer Gletscherspalte mitten auf einer Eiswelt landen... Zumindest glauben sie das.

Langinhalt:

In der Basis wird Alarm ausgelöst, als sich das Stargate ohne Ankündigung öffnet. Es scheint von einem heftigen Energiestoß getroffen zu werden, dann fliegen der bewußtlose Daniel und der verletzte Teal'c förmlich aus dem Stargate heraus. Danach schließt sich das Wurmloch in einem Kurzschluß. Während ein Sanitäter Daniel verarztet, berichtet Teal'c, daß Jack und Sam nur einige Meter hinter ihnen waren. Er weiß nicht, wo sie geblieben sind. Allerdings wurden sie auf dem Planeten von Außerirdischen angegriffen. Möglicherweise benutzten diese Waffen der Goa'uld. Teal'c glaubt nicht, daß Jack und Sam verwundet wurden, und will direkt wieder zurück, um nach ihnen zu suchen. Hammond hält ihn jedoch zurück: Es ist viel zu gefährlich.

Sam wacht in einer Eishöhle auf. Neben ihr liegt Jack, ein wenig entfernt steht ein Stargate. Sie versucht, es Jack, dessen Bein gebrochen ist, so bequem wie möglich zu machen, während beide überlegen, was passiert sein könnte. Sam glaubt, daß Daniel sich >verwählt< haben könnte; das erklärt jedoch nicht, warum er und Teal'c nicht auch in der Höhle sind. Sam untersucht die Umgebung. Offensichtlich befinden sie sich in einer Art Gletscherspalte. Sam kann an einem Punkt Tageslicht erkennen, doch scheint es ein langer Weg bis zur Oberfläche zu sein. Ob sie das Stargate benutzen können, ist noch unklar, denn Sam konnte bis jetzt das DHD nicht entdecken.

In der Basis sind die Reparaturen in vollem Gang, allerdings wird es noch 24 Stunden dauern, bis das Team eine Sonde zur anderen Seite schicken kann, um nach den Vermißten zu suchen.

Sam schient Jacks Bein, ein schmerzvoller Vorgang, über den er nicht sehr glücklich ist. Um ihn abzulenken, beginnt Sam ihn ein wenig auszufragen und erfährt, daß er sich während einer Geheimmission im Iran/Irak eine Schädelfraktur zuzog und allein aus dem Gebiet herauskommen mußte. Sam fragt ihn, wie er das geschafft habe, und Jack antwortet, er habe einfach nur seine damalige Frau Sarah wiedersehen wollen.

Sam macht eine Liste ihrer Vorräte. Sie haben Nahrung für drei Tage, Taschenlampen, Kochgeräte – und mehr als genug Eis. Jack versucht sie davon zu überzeugen, daß sie überleben werden, aber Sam ist sich nicht so sicher.

Währenddessen ist Daniel aufgewacht. Teal'c berichtet ihm von den Ereignissen.

Sam gräbt im Eis auf der Suche nach dem DHD. Jack versucht sie davon zu überzeugen, die Höhle allein zu verlassen, aber in diesem Moment findet sie das Gerät. Jack klettert langsam und unter Schmerzen auf den Vorsprung, um ihr beim Graben zu helfen. Als er oben ankommt, bemerkt Sam, daß er offensichtlich Schmerzen in der Brust hat. Jack muß zugeben, daß er sich wohl auch einige Rippen gebrochen hat. Während sie das DHD ausgraben, fragt sich Sam, was aus Daniel und Teal'c geworden ist. Sollte sich Daniel nicht verwählt haben, könnte es nur während des Transports Probleme gegeben haben, so daß ein Teil des Teams am Bestimmungsort und der andere Teil in der Eishöhle ankam. Jack versucht ihr mit der Aussicht auf eine Rettungsmission Hoffnung zu machen, aber Sam hält die Chancen, daß sie gefunden werden, für sehr gering.

Die Reparaturen des Stargate sind abgeschlossen. Teal'c und SG-3 haben sich auf eine Rettungsmission vorbereitet und warten auf die Daten der Sonde. Als diese

auf der anderen Seite ankommt, wird sie sofort angegriffen und zerstört. Daraufhin bläst Hammond die Mission
ab.

Sam unterbricht die Grabungsarbeiten, um etwas zu
essen. Sie ist zu der Schlußfolgerung gekommen, daß die
Außerirdischen eine Waffe in das Wurmloch abgefeuert
haben und es dadurch zu Problemen beim Transport kam.
Das würde bedeuten, daß sie auf einer Welt sind, die zwischen dem Planeten und der Erde liegt. Jack hat Probleme, der Unterhaltung zu folgen. Sein Zustand ver-
schlechtert sich.

Auf der Erde beschäftigen sich Daniel und Teal'c mit
dem Problem. Wenn sie davon ausgehen, daß Jack und
Sam nicht im Wurmloch ums Leben kamen, dann müssen
sie durch ein anderes Stargate auf der gleichen Strecke
herausgekommen sein. Daniel will eine Suchmannschaft
losschicken.

Das DHD ist endlich ausgegraben, als Jack anfängt
Blut zu husten. Sam gibt die Koordinaten ein und wählt –
aber es passiert nichts. Sie will weiter nach den Schaltern
am Boden des DHD graben, aber Jack lehnt den Plan ab.
Sie sind lange genug wach gewesen und sollten erst einmal schlafen. Er wiederholt noch einmal, daß sie aus der
Höhle kommen werden – es wird vielleicht nur etwas länger als geplant dauern.

Auf der Erde schickt SG-Command ein Team nach dem
anderen durch das Stargate, jedoch ohne Erfolg.

Währenddessen ist Sam nach mehr als zwölf Stunden
Arbeit verzweifelt. Das funktionsuntüchtige DHD und
Jacks immer schlechter werdender Zustand bereiten ihr
große Sorgen. Sie entschuldigt sich bei dem Colonel, weil
es ihr nicht gelungen ist, sie beide aus der Höhle zu retten. Jack will nichts davon hören, sondern bittet sie, allein
aus der Höhle hinauszuklettern, um Hilfe zu holen. Carter
weigert sich und versucht noch einmal, das Stargate zu
öffnen. Diesmal gelingt es ihr fast.

Auf der Erde beginnen in der Basis die Gläser zu wackeln. Daniel stutzt, und dann fällt ihm auf, daß er eine Welt bei seiner Suche übersehen hat ...

Jack befiehlt Sam, die Höhle zu verlassen, und läßt keine Gegenargumente zu. Er weiß, daß er im Sterben liegt, und will nicht, daß Sam seinetwegen ebenfalls nicht überlebt. Schließlich erklärt sich Sam einverstanden und verläßt die Höhle. Als sie dem Tageslicht entgegenklettert, schickt ihr Jack über Funk eine letzte Meldung: Es war eine Ehre, mit ihr gedient zu haben.

Daniel hat eine Theorie – was wäre, wenn es ein zweites Stargate auf der Erde geben würde? Teal'c hält es nicht für unwahrscheinlich, daß die Goa'uld ein zweites Stargate gebaut hätten, wenn das erste verlorengegangen wäre. Es müßte sich an einem unzugänglichen Ort befinden und hätte die gleichen Koordinaten wie das ihre. Wenn Jack und Sam versucht hätten, es zu aktivieren, hätten sie nur ein ›Besetztzeichen‹ bekommen. Daniel hat auch eine Idee, wie sie es finden könnten. Das Stargate in der Basis ist mit Frequenzdämpfern ausgestattet, um die erdbebenähnlichen Vibrationen zu stoppen, die durch die Energiestöße ausgelöst werden. Wenn das zweite Stargate nicht damit ausgerüstet ist, könnten sie es einfach durch eine Analyse der Erdstöße in den letzten Stunden finden.

Sam gelangt endlich ans Tageslicht und steht in einer riesigen Eiswüste. Währenddessen konnte SG Command die Erdstöße zuordnen. Einer geschah im gleichen Augenblick, in dem Teal'c und Daniel das Stargate aktivierten. Der Ort des Erdstoßes: die Antarktis.

Sam kehrt zu Jack zurück und berichtet ihm, es gäbe keine Rettung, weil sie sich auf einem Eisplaneten befänden. Jack hat fast schon das Bewußtsein verloren und ruft in seinem Delirium sogar nach Sarah. Sam legt sich neben ihn und schläft ein.

Der Suchtrupp trifft zusammen mit Hammond, Teal'c

und Daniel ein und rettet die beiden. Hammond sagt, SG-3 würde das Gelände sichern und sich um das neue Stargate kümmern.

Kommentar:

● Die Folge hat einen sehr schönen STAR TREK-Moment: General Hammond fragt einen Techniker, wie lange seine Leute für die Reparatur des Stargate benötigen werden. Der Techniker antwortet: »24 Stunden.« Hammond schüttelt den Kopf. »Sie haben zwölf.« Diesmal ist es der Techniker, der den Kopf schüttelt und antwortet: »Das geht nicht, Sir. Wenn ich 24 Stunden sage, meine ich das auch.« Wie lange haben Science-fiction-Fans vergeblich darauf gewartet, daß Scotty diesen Satz einmal zu Kirk sagt ...

● Wie schon in DIE QUALEN DES TANTALUS angesprochen, haben die meisten SF-Filme die irritierende Angewohnheit, von einem Kilometer Land auf einen ganzen Planeten zu schließen. Carters Schlußfolgerung, sie sei auf einem Eisplaneten, ist durchaus logisch, wenn man in diesem Rahmen denkt. In Wirklichkeit wäre es aber schon schade, wenn eine außerirdische Kultur, deren Sonde zufällig in der Sahara landet, davon ausginge, die Erde sei ein Wüstenplanet, und ihre Suche nach Leben woanders fortsetzt. SOLITUDES spielt genau mit dieser Annahme und bringt uns als Zuschauer so auf eine völlig falsche Fährte, die erst in dem Moment auffliegt, als Daniel seine Theorie erwähnt.

● Das zweite Sternentor ist eine interessante Theorie. Allerdings hätten die Autoren in den nächsten Folgen daran denken sollen, denn scheinbar erinnert sich keiner mehr daran (wir wollen nicht schon zu früh nörgeln, denn es könnte sein, daß dieses Stargate noch eine Rolle spielen wird und die Autoren nur darauf spekulieren, daß wir es vergessen haben). Das fällt besonders in der Folge POLITICS auf, aber mehr dazu später.

● Zitat: »Na ja, ein paar Fenster rein, einen Kamin, hier und da Möbel – und es wäre ein schönes Wohnzimmer« – Jack O'Neill über die Eishöhle.

18 ÜBERMENSCHEN
OT: TIN MAN
Erstausstrahlung USA: 13. Februar 1998
Erstveröffentlichung Deutschland: 16. Juli 1998 (Video)

Regie: Jimmy Kaufman. Drehbuch: Jeff King. Gaststars: Jay Brazeau (Harlan), Teryl Rothery (Dr. Frasier), Dan Shea (Sergeant Siller).

Kurzinhalt:
Das SG-1-Team erfährt, daß sie alle in einer unterirdischen Industrieanlage zu Robotern umgeformt wurden. Sie sind entsetzt und versuchen, den Prozeß rückgängig zu machen.

Langinhalt:
Das SG-1-Team landet in etwas, das wie eine verfallene außerirdische Industrieanlange aussieht. Die Technologie scheint zwar fortschrittlicher als auf der Erde zu sein, wirkt aber seltsamerweise älter. Gemeinsam erkunden die Teammitglieder die unmittelbare Umgebung, als sie von einem kugelartigen Objekt gescannt werden. Sekunden später verlieren sie das Bewußtsein.

Sie erwachen in einem außerirdischen Labor. Statt ihrer Uniformen tragen sie einfache schwarze Overalls, Waffen und Transmitter fehlen. Wenig später betritt ein kleiner Humanoide das Labor und grüßt sie mit dem Wort ›Cumtria‹. Er stellt sich als Harlan, der letzte Überlebende des Planeten Altair, vor. Während er sie zu ihren Waffen und Uniformen führt, erkundigt er sich mehrmals nach der Gesundheit der Menschen und erzählt ihnen, daß der Industriekomplex unterirdisch ist. Vor Jahrtausenden ist sein Volk von der Oberfläche hierher gekommen, nachdem die Strahlung auf dem Planeten so stark zugenommen hatte, daß es unmöglich geworden war, dort zu überleben. Nun ist er der Letzte und hat große Probleme, den Komplex betriebsbereit zu halten. Der Schöpfer der Anlage starb vor 99.207.000 Erdenstunden. Ohne auch nur eine Sekunde nachzudenken, sagt Jack spontan, das seien 11.000 Jahre. Auch Carter weiß die Antwort, ohne sie nachrechnen zu müssen. Als Harlan bemerkt, wie verwirrt sie über ihre plötzlichen intellektuellen Meisterleistungen sind, lächelt er nur und sagt, sie seien bereits ›besser‹ geworden. Als Jack wissen will, in welcher Weise sie besser seien, sagt Harlan nur, er habe sie eben besser gemacht. Jack ordert das Team zurück zur Erde. Als es in das Stargate hineingeht, sieht Harlan ihm traurig nach und verkündet, daß es zurückkommen wird.

Auf der Erde untersucht Dr. Frasier das Team. Sie kann bei dem Colonel keinen Puls finden, und als sie versucht, ihm Blut abzunehmen, dringt nur eine milchig-weiße Flüssigkeit aus seinem Arm. Im gleichen Moment bemerkt Teal'c, daß sein Goa'uld auch nicht mehr da ist. Verstört greift Jack nach einem Messer und schneidet seinen Arm auf – darin findet er Kabel und Mikrochips … Frasier löst sofort Alarm aus und läßt das Team in eine Zelle bringen. Sie befürchtet, daß es sich bei dem Team um Doppelgänger handelt. Hammond glaubt ihr, obwohl Jack alles über ihn und die Basis zu wissen scheint.

Sam glaubt, daß Harlan das Bewußtsein der einzelnen Teammitglieder in die Maschinen transferiert hat. Jack denkt über die Zukunft nach: Wird man ihnen auch weiterhin erlauben, am Stargate-Projekt zu arbeiten? Haben sie als Maschinen überhaupt Rechte? Hammond will ein weiteres Team zum Planeten schicken, aber Jack rät ihm dringend davon ab: Harlan, der vermutlich selbst eine Maschine ist, würde das Team genauso verändern, wie er es mit ihnen getan hat. Mitten in der Unterhaltung brechen die vier Teammitglieder zusammen. Dr. Frasier weiß nicht, wodurch der Zusammenbruch ausgelöst wurde. In ihrer Hilflosigkeit weiß Frasier sich keinen anderen Rat, als sie zurück zum Planeten zu schicken.

Auf dem Planeten kehrt ihre Energie sofort zurück. Carter begreift, daß ihren Maschinenkörpern der ›Saft‹ ausgegangen ist. Harlan begrüßt sie freundlich, aber Jack greift ihn direkt an und will ihn dazu zwingen, zu sagen, was er mit ihnen gemacht hat. Er verlangt, daß Harlan sie sofort wieder in ihre Körper zurückbringt, aber der Außerirdische behauptet, das könne er nicht, weil ihre Körper nicht mehr vorhanden seien. Mit dieser Nachricht läßt er sie zurück, um sich um Reparaturen zu kümmern.

Carter glaubt, daß Harlan sie zu Maschinen gemacht hat, weil ihm die Arbeit an der Anlage über den Kopf gewachsen ist und er dringend Hilfe braucht. Jack beschließt, nach Harlan zu suchen, um mit ihm zu reden. Der Rest des Teams spekuliert über die neue Existenz als Maschinen. Weder Carter noch Daniel scheint die Veränderung viel auszumachen, Teal'c allerdings steht mitten im Gespräch auf und verläßt ohne ein Wort den Raum. Daniel und Carter folgen ihm, verlieren ihn aber in dem labyrinthartigen Komplex. Dafür finden sie Jack und Harlan, denen sie mitteilen, daß der Jaffa verschwunden ist. Harlan stört das nicht, er meint, Teal'c sei ohnehin »anders« gewesen.

Teal'c hat sich währenddessen in eine Ecke zurückgezogen und scheint unter einer Art von Anfall zu leiden.

Harlan kann einfach nicht verstehen, daß sie das ›Geschenk‹ der Unsterblichkeit nicht würdigen können. Gleichzeitig gibt er jedoch zu, daß viele seiner ›Kollegen‹ sich nach einigen Jahrtausenden umbrachten, weil sie mit ihrem langen Leben nicht mehr umgehen konnten. Das Gespräch endet jäh, als es ein Problem mit dem Energie-Emitter gibt. Harlan gerät in Panik – sie müssen das Gerät reparieren, oder sie werden alle sterben. Er gibt dem Team einige Instruktionen und schickt die Leute in verschiedene Teile der Anlage. Carter und Daniel stellen ein Team, Jack geht allein los. Dem ersten Team gelingt es, die Ventile rechtzeitig zu schließen, aber als Jack sein Ventil schließen will, wird er von Teal'c angegriffen. Der scheint schier unbesiegbar zu sein und läßt sich von nichts aufhalten. Harlan, Daniel und Sam treffen genau in dem Moment ein, als Teal'c Jack den Rest geben will. Harlan schießt mit einer eigenartigen Waffe auf Teal'c und löst ihn auf. Harlan verspricht dem Team, daß alles wieder gut werden wird, daß er Jack reparieren und auch Teal'c wieder in Ordnung bringen wird. Daniel und Carter sollen nur in ihr Quartier gehen und warten.

Statt dessen entscheiden diese sich, Harlan zu folgen. Sie stellen ihn in einem zweiten Labor zur Rede, wo er gerade einen neuen Teal'c herstellt. Harlan glaubt, daß das Bewußtsein des Parasiten und Teal'cs Bewußtsein nicht miteinander verschmelzen konnten und es deshalb zur Fehlfunktion kam. Carter hat jedoch eine wesentlich elementarere Frage: Wie kann er einen neuen Teal'c herstellen, wenn er keinen Körper mehr hat? Harlan nimmt sie in einen weiteren Raum mit, wo das sehr lebendige und sehr menschliche SG-1-Team gefangengehalten wird. Carter begreift, daß nicht ihr Bewußtsein transferiert wurde, sondern daß sie geklont wurden. Das bedeutet aber auch, daß sie nie wieder in ihre Körper zurückkehren können – und auch nie wieder zur Erde. Harlan sagt, er hofft, daß sie sich eines Tages an ihre Existenz auf dieser Welt gewöhnen werden, einer Welt, auf der sie als Klone akzeptiert werden. Jacks Klon trifft die Nachricht besonders hart. Er verläßt stumm das Labor, während die Klone von Daniel und Carter in eine lebhafte Diskussion geraten.

Jack folgt seinem Klon, der noch zu wütend ist, um sein Schicksal zu akzeptieren. Sie unterhalten sich, und der echte Jack kann seinen Klon schließlich davon überzeugen, das Stargate zu vernichten, sobald das Team wieder auf der Erde ist. Harlan entschuldigt sich bei den Klonen und bittet sie, ihm einfach eine Weile zu helfen.

Das Team verabschiedet sich von seinen Klonen und kehrt zurück zur Erde.

Kommentar:

● Warum schufen die Altairer eigentlich die Androiden? Es ist doch für eine Kultur wesentlich gesünder, sich normal fortzupflanzen und so immer wieder frisches Gedankengut in die Gesellschaft zu bringen? Oder haben sie durch die hohe Strahlung die Fähigkeit zur Fortpflanzung verloren?

● Wieso haben sie ein Verfahren entwickelt, bei dem das Bewußtsein kopiert und nicht transferiert wird? Welche Verwendung könnten sie noch für die Originalkörper haben? Und wäre es nicht für den Androiden emotional schwer zu verkraften, wenn er mit ansehen müßte, wie sein früherer Körper langsam alt wird und stirbt?

● Und was genau heißt ›Cumtria?‹

Hintergründe:

● Die Androiden als Klone zu bezeichnen ist nicht ganz richtig. Klone sind biologische Kopien eines Originalkörpers, keine Maschinen. Außerdem wird beim Klonen (wie beim berühmten schottischen Schaf Dolly) nicht die Persönlichkeit dupliziert, sondern die physischen Anlagen. Das heißt, daß der Klon eines Menschen zwar eine exakte körperliche Kopie des Originals wäre mit den gleichen genetischen Anlagen, aber durch sein spezielles soziales Umfeld eine ganz eigene Persönlichkeit entwickeln würde. Er hätte auch nicht die Erinnerungen oder das Wissen des Originals.

● Die Fragen, die sich die Mitglieder des Teams stellen,

als sie entdecken, daß sie jetzt Maschinen sind, tauchen auch in der Scienc-fiction auf. STAR TREK beschäftigte sich mit den Rechten von Androiden in der NEXT GENERATION-Episode WEM GEHÖRT DATA? Darin kommt es zu einem Gerichtsverfahren, als ein wissensdurstiger Sternenflotten-Offizier Data in seine Einzelteile zerlegen will. Der britische SF-Autor Iain Banks beschäftigt sich in seinen ›Kultur‹-Romanen ebenfalls mit diesem Thema. Diese ebenso komplexen wie unterhaltsamen Romane spielen in einer entfernten Zukunft, in der das bekannte Universum von einer Zivilisation beherrscht wird, in der Menschen und Maschinen gleichberechtigt existieren. Gesteuert werden die Belange dieser Zivilisation von den sogenannten Gehirnen, ungeheuer weit entwickelten Maschinen, deren Wissen und Denkvermögen dem der Menschen um das Tausendfache überlegen sind. Trotzdem leben sie in einer Art Symbiose mit ihnen, weil den Gehirnen menschlicher Einfallsreichtum und Esprit fehlen.

Der Wegbereiter der Roboter/Androiden-Romane ist jedoch kein anderer als Isaac Asimov, der in seinen Robotergeschichten bereits einige der Probleme vorwegnimmt, mit denen wir uns vielleicht in nicht allzu ferner Zukunft beschäftigen müssen.

Bemerkungen:

● Der Schauspieler Dan Shea, der in der Rolle des Seargent Siller zu sehen ist, gehört zu den meistbeschäftigten Nebendarstellern Hollywoods. Es gibt kaum eine TV-Serie, in der er nicht mindestens einmal aufgetreten wäre. Im Kino war er zuletzt als Raumschiffkommandant in ALIEN 4 (ALIEN 4, USA 1997) zu sehen.

19 DIE INVASION, Teil 1
OT: THERE BUT FOR THE GRACE OF GOD
Erstausstrahlung USA: 20. Februar 1998
Erstveröffentlichung Deutschland: 30. Juli 1998 (Video)

Regie: David Warry-Smith. Idee: David Kemper. Dreh-buch: Robert C. Cooper. Gaststars: Elizabeth Hoffman (Catherine Langford), Gary Jones (Techniker), Stuart O'Connell (Marine), Michael Kopsa (Nachrichtenspre-cher), Shawn Stewart (Jaffa).

Kurzinhalt:
Daniel Jackson gerät auf eine parallele Erde, die einer Invasion der Goa'uld ausgeliefert ist. Dort zwingt er O'Neill, eine schwere Entscheidung zu treffen.

Langinhalt:
Das Team landet in einem abgedunkelten Raum auf dem fremden Planeten P3R233. Daniel, der den ganzen Be-reich auf Video filmt, entdeckt einen Raum, der voller außerirdischer Artefakte ist. Währenddessen macht Teal'c eine bestürzende Entdeckung. Die Goa'uld haben eine Warntafel auf dem Planeten hinterlassen, die darauf hinweist, daß sie die Bewohner vernichtet und die Ober-fläche radioaktiv verseucht haben. Jack ruft das Team so-fort zum Stargate zurück, aber Daniel zögert. Er bleibt lang genug, um noch einige kleinere Teile aufzusammeln, und entdeckt dabei eine Art Spiegel, in dem er aber sich selbst nicht sehen kann. Er berührt den Spiegel und spürt, wie er von einem Energiestrahl getroffen wird. Er geht zurück zum Gate, um den anderen von seiner Ent-deckung zu erzählen, aber der Raum ist leer. Schulter-zuckend tritt er ins Stargate und kehrt zurück zur Erde, wo er von einer Gruppe Soldaten erwartet wird, die ihre Waffen auf ihn richten. Die Soldaten erkennen ihn nicht.

Hammond taucht auf und beginnt ihn zu verhören. Er korrigiert Daniel, als dieser ihn mit General anspricht, immerhin sei er nur Colonel, und als Daniel verlangt, Co-lonel O'Neill zu sprechen, ein zweites Mal, da O'Neill Ge-neral sei. Die Soldaten betäuben Daniel und bringen ihn in eine Zelle, wo er wenig später aufwacht. Er ist über-

Ob in parallelen Welten, auf der Erde oder auf fremden Planeten: Sternentore sehen überall gleich aus.

rascht, als Dr. Catherine Langford (siehe auch DIE QUALEN DES TANTALUS) die Zelle betritt. Sie ist ebenso überrascht, als Daniel sie erkennt und mit dem Vornamen anspricht. Sie kennt nur seinen Namen und einige seiner Arbeiten, hat ihn aber nie persönlich getroffen. Sie macht sich jedoch Sorgen über seinen Zugangscode und seine Anwesenheit auf der Basis. Erst als Daniel Ernest erwähnt, wird sie hellhörig. Sie geht zu O'Neill und bittet ihn, sich mit Daniel zu unterhalten. Während des Gesprächs fragt Daniel, ob Jack und seine Leute jemals auf Chulak waren. Jack verneint, fragt statt dessen aber, ob Daniel die Koordinaten wisse. Daniel schreibt sie auf. Ihm wird mittlerweile klar, daß er sich in einer Art Parallelwelt befinden muß, wo einiges anders ist als auf seiner Erde. Da das

Stargate Command auf dieser Erde nie auf Chulak war, kennen sie auch Teal'c nicht, und so könnten ihnen wichtige Informationen fehlen.

Carter trifft ein. Sie ist eine Astrophysikerin und gehört nicht dem Militär an. Sie hat schlechte Nachrichten: Die Goa'uld haben Washington und Philadelphia vernichtet. Die Erde wird von den Außerirdischen belagert.

Als letztes Verteidigungsmittel schickt Jack gegen den Protest von Sam und Daniel eine Atomrakete durch das Stargate nach Chulak. Catherine hat inzwischen von Daniel gehört, wie er auf diese Erde gekommen ist. Sie vermutet, daß der Spiegel etwas damit zu tun hatte. Sam berichtet, daß das sogenannte ›Genesis-Projekt‹, bei dem Wissenschaftler, Ärzte und Führungspersonal auf einem fernen Planeten in Sicherheit gebracht werden, in seiner letzten Phase ist. Während die Evakuierung läuft, nimmt Daniel sich einen Moment Zeit, um nach sich selbst auf dieser Erde zu suchen. Er findet heraus, daß er zuletzt in Ägypten lebte – das Land wurde von den Goa'uld vernichtet.

Ein Flüchtling, der Präsident der Vereinigten Staaten, wird auf dem Weg zum Stargate von einem Kreuzer der Goa'uld getötet. Schlimmer ist jedoch, daß sich dieses Schiff auf dem Weg zur Stargate-Basis befindet. Innerhalb von Sekunden ist das Schiff auf dem Berg gelandet und bereitet eine Invasion der Basis vor. O'Neill will sein Personal evakuieren, aber es gibt ein Problem. Nachdem die Rakete nach Chulak geschickt wurde, öffneten die Goa'uld das Wurmloch von ihrer Seite. Sie halten es auch weiterhin offen, so daß von der Erde niemand andere Koordinaten einwählen kann. Sie müssen also warten, bis den Goa'uld auf der anderen Seite die Energie ausgeht. Man schätzt, daß ein Wurmloch rund 30 Minuten offengehalten werden kann.

Jack führt die Verteidigung gegen die Jaffa an, während Catherine, Sam und Daniel sich mit einem weiteren

Geheimnis herumschlagen. Vor drei Monaten erhielten sie eine Nachricht von dem mittlerweile zerstörten Planeten P3R233, konnten sie aber nicht entziffern. Daniel kann sie jedoch lesen, weil er die Sprache auf Abydos gelernt hat. Die Nachricht warnt vor der Ankunft der Zerstörer und nennt außerdem eine sechsstellige Nummer – eine Stargate-Adresse. Daniel glaubt, es handle sich dabei um die Adresse der Jaffa-Basis, von der die Attacke ausgeht. Und er hat die Adresse von P3R233 auf dem Video, das er während der Mission aufgenommen hat. Das Wurmloch bricht zusammen, wird aber wieder aufgebaut, bevor der Computer die neue Adresse komplett eingeben kann. Sie müssen einen Weg finden, das nächstemal schneller zu wählen.

Die Invasion der Jaffa wird von Teal'c geleitet. Daniel zeigt den anderen seine Videoaufnahmen, die er auf P3R233 aufgenommen hat, und erklärt, wer Teal'c auf seiner Welt ist. Sie haben jetzt die komplette Adresse und stellen damit O'Neill vor ein Problem: Versucht er, die Basis der Jaffa anzugreifen, oder bringt er mehr Menschen zu einem sicheren Planeten? Daniel hat einen dritten Vorschlag: Sie könnten ihn mit den Koordinaten zurück zu seiner Erde schicken, damit er wenigstens seinen Planeten retten kann. Jack meint, die Entscheidung sei ohnehin rein akademischer Natur, da sich das Gate erst wieder in 20 Minuten öffnen werde und seine Männer die Invasion nicht so lange aufhalten könnten. Daniel hat jedoch eine Idee, wie man Zeit herausschlagen könnte. Jack könnte Teal'c von Daniels Welt erzählen und welche Rolle er im Kampf gegen die Goa'uld spielt. Jack macht sich wenig Hoffnung, den Jaffa von dieser wilden Geschichte überzeugen zu können. Er weiß, daß es Selbstmord wäre, diesen Versuch zu starten, geht aber trotzdem. Er nimmt Daniels Video als Beweis mit und umarmt Sam ein letztes Mal. Als Catherine Daniels Blick sieht, fragt sie, ob er nicht gewußt habe, daß die beiden verlobt sind.

Während Hammond den Kommandoraum beschützen läßt, trifft sich O'Neill mit Teal'c.

Sam hat den Wahlvorgang des Computers beschleunigt und stellt zusammen mit Hammond den Selbstzerstörungsmechanismus der Basis ein.

Teal'c sieht sich Daniels Video ungläubig an. Jack erzählt ihm von der Parallelwelt, von Teal'cs Kampf gegen die Goa'uld. Teal'c reagiert kaum darauf, sondern erwähnt nur, daß sein Sohn und seine Frau von der Nuklearrakete auf Chulak getötet wurden. Dann ordnet er O'Neills Hinrichtung an.

Es bleiben noch vier Minuten, bis das Wurmloch geöffnet werden kann. Sam packt Daniels Artefakte für den Fall zusammen, daß sie irgendwie mit dem Spiegel zusammenhängen. Daniel bedankt sich bei Catherine, die ihm die Chance gibt, seine Welt zu warnen.

Die Jaffa stürmen die Kommandozentrale, als der Computer beginnt zu wählen. Hammond, Catherine und schließlich Sam werden getötet. Teal'c und seine Leute stürmen den Stargate-Raum, als Daniel gerade die Rampe hochläuft. Er springt in das Stargate. Sekunden später explodiert die Basis.

Daniel landet auf P3R233, berührt den Spiegel und landet wieder in seiner Realität, wo Jack und die anderen nach ihm suchen.

Kommentar:

● Wieso sind Menschen in Parallelwelten eigentlich immer dümmer als in unserer? Das scheint eines der ungeschriebenen Gesetze in der Science-fiction zu sein, das auch hier nicht gebrochen wird. Es ist Daniel, der auf jede Frage eine Antwort weiß und dessen Vorschläge besser als die der anderen sind. Auch brauchen alle Beteiligten ungewöhnlich lange, um auf die Idee zu kommen, daß Daniel aus einer anderen Realität stammt.

● Hätten die Außerirdischen auf P3R233 ein Gerät, das

die Macht hat, Personen von einer Realität in eine andere zu befördern, nicht irgendwie gesichert oder zumindest vor den Goa'uld versteckt? Und wenn sie schon über eine solche Macht verfügten, wieso sind sie dann nicht in eine andere Realität geflohen, als die Goa'uld sich ihrem Planeten näherten?

● Eine weitere Frage ist, ob es nur zwei verschiedene Realitäten gibt, zwischen denen der Spiegel einen Tunnel öffnen kann, oder ob es reiner Zufall ist, daß Daniel wieder in seiner eigenen Realität landete? Mit dem Problem einer unendlichen Anzahl verschiedener Realitäten schlagen sich ja die Hauptdarsteller der Serie SLIDERS schon seit einigen Jahren herum.

● Die Folge stellt den aufmerksamen Zuschauer vor eine ganze Reihe moralischer Probleme. Während STARGATE in der Episode TIN MAN sehr sensibel mit der Frage umging, wie sich ein Android fühlt, der die Erinnerungen seines Originals hat, aber nie dessen Leben leben kann, wählt man hier die Holzhammermethode. Die Autoren gehen einfach davon aus, daß Daniels Realität (die ja auch unsere Realität sein soll) wichtiger als die andere ist, in der die Goa'uld ja ohnehin kurz vor dem Sieg stehen. Die Gegenstücke des Teams in der anderen Realität besitzen keine echten Persönlichkeiten, was es dem Zuschauer zusätzlich erschwert, sich mit ihnen zu identifizieren. Auch Daniel selbst scheint nicht sonderlich beeindruckt davon zu sein, daß die Erde von den Goa'uld zerstört werden soll. An keinem Punkt setzt sich die Folge ernsthaft mit dem Thema auseinander, daß für die Menschen in der anderen Realität ihre die wichtigste ist und ebenso real ist wie die unsere. Es gibt keine Wertigkeit, die entscheidet, welches Paralleluniversum realer ist. Das Universum, in dem man lebt, ist das Maß aller Dinge. Das ist eine Tatsache, die von den Autoren leider nicht bedacht wurde.

● Was ist mit dem Stargate in der Antarktis (siehe SOLITUDES)? Die Wahrscheinlichkeit ist hoch, daß es auch in der anderen Realität existiert. Wäre es nicht logisch gewesen, das Personal zu diesem Sternentor, von dem die Goa'uld nichts wissen, zu evakuieren und erst dann die Basis zu sprengen (womit auch die Koordinaten in der Antarktis freigegeben würden) und in aller Ruhe die Leute in Sicherheit zu bringen?

Hintergründe:

● Die Theorie, daß es eine unendliche Anzahl von Universen gibt, die in verschiedenen Dimensionen nebeneinander existieren, ist ein beliebtes Thema in der Sciencefiction. STAR TREK machte bereits in der Originalserie einen Ausflug dorthin, DEEP SPACE NINE mittlerweile schon mehrfach, und die TV-Serie SLIDERS hat diese Theorie sogar zum Serienthema erhoben.

In Paralleluniversen kann man sich mit ›Was wäre wenn‹-Gedanken austoben. So schrieb zum Beispiel Harry Harrison 1972 mit *Der große Tunnel* einen Roman, in dem der Zweite Weltkrieg nie passierte und die Luftfahrt deswegen weniger gefördert wurde, wodurch sich die Schiffahrt stark weiterentwickelte. *Vaterland* von Robert Harris beschrieb eine Welt, in der Deutschland den Zweiten Weltkrieg gewann und in 60 Jahren fast die ganze Welt beherrscht. In einem anderen Roman erobern die Südafrikaner nach und nach die Welt und versklaven sie, bis sie schließlich durch ein Dimensionstor in unsere Realität kommen; in einem weiteren sind die Dinosaurier nie ausgestorben und immer noch die beherrschende Lebensform auf dem Planeten. Der Phantasie sind keine Grenzen gesetzt, alles ist möglich.

Manche Realitäten unterscheiden sich auch nur in Details von der unsrigen. So geraten die Protagonisten der Serie SLIDERS in einer Folge in eine Welt, die der unserer Erde fast 100prozentig gleichen würde – vorausgesetzt, 80 Prozent der US-Bevölkerung würden kein Jura studieren, was dazu geführt hat, daß in jedem Menschen Neid

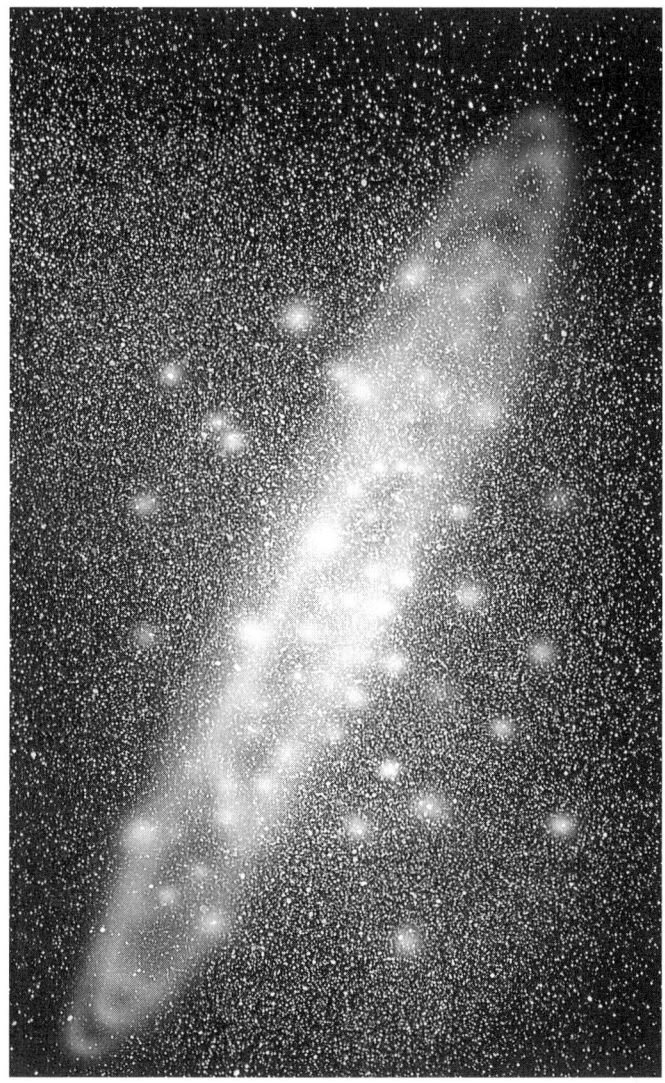

Eine wunderschöne, ringförmige Galaxie. Ist sie einzigartig, oder existiert sie unendlich oft in ebenso vielen Realitäten?

und Mißgunst vorherrschen, da ein jeder hinter der Bemerkung eines anderen einen indirekten Angriff wittert. In anderen Episoden der Serie verschlägt es die Protagonisten in eine Welt, in der in einem Reservat noch Dinosaurier leben. Sie treffen auf eine Welt, in der die Mafia Kalifornien regiert, und finden sich in einem San Francisco wieder, in dem man mit 30 Jahren seine Rechte verliert, was zu einem unerträglichen Yuppietum geführt hat.

Besonders erwähnenswert sind jene Episoden, in denen die Protagonisten auf ihre anderen Ichs treffen. So muß die weibliche Hauptfigur eines Tages feststellen, daß ihr anderes Ich in einer anderen Welt eine hinterlistige Mörderin ist. Die Hauptfigur, Malory Quinn, sieht sich gar mit einem weiblichen Ich konfrontiert (bekanntlich unterscheidet Mann und Frau nur ein Chromosom) – das über seine Genialität, aber vor allem über eine erhebliche Portion Skrupellosigkeit und Machthunger verfügt.

● Eine physikalische oder astronomische Begründung für die Existenz von Paralleluniversen gibt es nicht, allerdings gibt es auch keine Berechnung, die sie klar widerlegt …

20 DIE INVASION, Teil 2
OT: Politics
Erstausstrahlung USA: 27. Februar 1998
Erstveröffentlichung Deutschland: 6. August 1998 (Video)

Regie: Martin Wood. Drehbuch: Brad Wright. Gaststars: Ronny Cox (Senator Kinsey), Robert Wisden (Lieutenant Colonel Samuels).

Kurzinhalt:
Senator Kinsey hält die Forschungsergebnisse des Stargate-Projekts für wenig erfreulich. Er will Resultate sehen (die sich vor allem militärisch verwerten lassen), ansonsten droht er damit, das Projekt einzustellen.

Langinhalt:

Daniel versucht, die anderen davon zu überzeugen, daß er wirklich auf einer parallelen Erde war. Während sie über die Möglichkeit diskutieren, betritt Hammond mit Lt. Colonel Samuels im Schlepptau den Raum. Samuels ist wegen der Anhörung durch Senator Kinsey anwesend. Er macht keinen Hehl daraus, daß der Senator die Ergebnisse des Projekts für minderwertig hält und überlegt, das Stargate für immer zu schließen. Das Team ist schockiert und spricht eine Taktik durch, um das Schlimmste zu verhindern. Vor allem bittet Jack Daniel, nichts von seinem Ausflug auf eine parallele Erde zu erwähnen.

Der Senator trifft ein und verbreitet die Aura eines Menschen, der sich seine Meinung bereits gebildet hat. Jedes Teammitglied versucht Kinsey die Bedeutung des Stargate klarzumachen, aber der Senator sieht nur die Kosten und die möglichen Gefahren des Projekts, wobei er von Samuels kräftig unterstützt wird. Schritt für Schritt gehen die beiden die Missionen des Teams durch. Jack ist schockiert, als er bemerkt, daß Kinsey die Bedrohung durch die Goa'uld verharmlost und sie für keine wirkliche Bedrohung hält. Statt dessen spielt er die Gefahren, die von den Teams mitgebracht wurden, hoch und stellt sie als die wahre Bedrohung dar. Schließlich gelangt der Senator zu der (natürlich schon vorgefaßten) Meinung, das Stargate schließen zu müssen, um die amerikanische Bevölkerung vor den ungeheuren Kosten und möglichen Gefahren zu schützen.

Daniel erkennt, daß alles verloren ist. In einem letzten Versuch berichtet er dem Senator von seinen Erfahrungen auf der Parallelwelt und von dem anstehenden Angriff der Goa'uld. Da er keine Zeugen für seine Behauptung hat, lacht der Senator ihn nur aus. Daniel schlägt vor, die Koordinaten zu überprüfen, die er mitgebracht hat, um herauszufinden, ob die Goa'uld dort eine Armee aufstellen. Kinsey hält das für einen armseligen Versuch, Zeit zu schinden, und fügt hinzu, die Goa'uld sollten ruhig kommen, die Armee der Vereinigten Staaten würde es ihnen schon zeigen. Jack und Teal'c werfen ihm vor, Selbstmord auf Raten zu begehen. Der Senator aber läßt sich nicht umstimmen und verläßt den Raum.

Teal'c bittet Hammond, ihn durch das Stargate auf eine Welt zu schicken, wo er weiter gegen die Goa'uld kämpfen kann, und Jack schließt sich seinem Wunsch an. Hammond lehnt jedoch ab und kündigt an, sie würden das Stargate schließen, sobald die letzten Teams zurückgekommen sind. Mit diesen Worten verläßt er den Raum und läßt SG-1 vor dem Stargate zurück.

Kommentar:

● Und wieder einmal ein unsympathischer Politiker, der jedoch, wie man lobend herausstellen muß, nicht korrupt ist, sondern einfach nur die Prioritäten völlig falsch einschätzt. Allerdings hat er in einem Punkt recht: Die Missionen des SG-1-Teams haben wirklich bisher mehr Gefahren als Nutzen zur Erde zurückgebracht.

Hintergründe:

● POLITICS ist eine sogenannte Bottle-Show, eine Folge, für die keine neuen Sets gebaut werden mußten, die ohne Spezialeffekte auskommt und keine Statisten benötigt. Solche Folgen werden normalerweise vor oder nach extrem teuren Episoden gedreht, um Kosten zu sparen. Hier benutzt man sogar den beliebten Trick, kurze Szenen aus bereits gesendeten Folgen als Rückblick zu tarnen, um noch kosteneffizienter drehen zu können.

Bemerkungen:

● Der Schauspieler Ronny Cox, der in der vorliegenden Episode als Senator zu sehen ist, ist wie kaum ein anderer Schauspieler auf das sogenannte Type-Casting festgelegt: In den 70er und 80er Jahren war er vor allem auf die Rolle des ehrlichen Polizisten oder Soldaten im mittleren Dienst festgelegt; jetzt, da er die 60 überschritten hat, wird er vor allem für Politikerrollen engagiert. Sein Leinwanddebüt feierte er in einem für ihn untypischen Film, nämlich John Boormans BEIM STERBEN IST JEDER DER ERSTE (DELIVERANCE, USA 1971), in dem vier Großstädter zu einer Kanufahrt aufbrechen, um plötzlich von einer Reihe Hillbillys, die sich durch die Anwesenheit der Städter bedroht fühlen, in Todesgefahr zu geraten.

In U-BOOT IN NOT (GRAY LADY DOWN, USA 1977) wurde er, in der Rolle eines Offiziers, neben dem Katastrophenfilm-Experten Charlton Heston erstmals einem größeren Publikum bekannt. Seinen größten Erfolg feierte er schließlich als Chef der Polizei von Beverly Hills, Lieutenant Bogomil, in dem Eddie-Murphy-Film BEVERLY HILLS COP (BEVERLY HILLS COP, USA 1984). Paul Verhoeven erlaubte es ihm schließlich, sich gleich zweimal in für ihn eher ungewöhnlichen Rollen zu präsentieren. In ROBOCOP (ROBOCOP, USA 1987) stellte er einen machtbesessenen Topmanager dar, in TOTAL RECALL – DIE TOTALE ERINNERUNG (TOTAL RECALL, USA 1990) war er als brutaler Mars-Diktator Cohaagen zu sehen. Seither wirkte Ronny Cox fast ausschließlich in Fernsehproduktionen mit.

21 DIE INVASION, Teil 3

OT: IN THE SERPENT'S GRASP
Erstausstrahlung USA: 6. März 1998
Erstveröffentlichung Deutschland: 6. August 1998 (Video)

Regie: David Warry-Smith. Idee: James Crocker. Drehbuch: Jonathan Glassner. Gaststars: Peter Williams (Apophis), Gary Jones (Techniker), Alexis Cruz (Skaara/Klorel), Brent Stait (Major Ferretti), Michael Richard Dobson (Jaffa).

Kurzinhalt:

Das SG-1 schleicht sich heimlich an Bord eines Goa'uld-Schiffes, wo es erfährt, daß eine Invasion der Erde unmittelbar bevorsteht ...

Langinhalt:

Das Stargate soll zwar endgültig geschlossen werden, aber das hält SG-1 nicht davon ab, es noch einmal zu aktivieren, um Daniels Koordinaten einzugeben. Die Überraschung ist groß, als es nicht etwa auf einem Planeten landet, sondern im Inneren eines Kampfkreuzers der Goa'uld. Dort beobachten sie die Ankunft von Skaara, den Jack entsetzt wiedererkennt. Skaara spricht über eine Bildwand mit Apophis, den er mit Vater anspricht. Er berichtet, daß sich die Flotte auf dem Weg zur Erde befindet und Apophis bald über den Planeten herrschen wird. Als Skaara mit seinem Gefolge den Raum verläßt, folgt ihm das Team bis zu seinen Gemächern. Dort beschließt Jack, Skaara zu befreien, da er glaubt, daß die Persönlichkeit des Jungen trotz des Goa'uld noch vorhanden ist und nur an die Oberfläche gebracht werden muß. Weder Daniel noch Carter sind mit dem Plan einverstanden, können O'Neill aber nicht davon abbringen. Während er und Teal'c den Befreiungsversuch starten, durchkämmen Daniel und Carter das Schiff und plazieren Granaten an den Todesgleitern der Goa'uld. Carter hat errechnet, daß das Schiff ungefähr ein Jahr benötigen wird, um die Erde zu erreichen.

Jack und Teal'c gelingt es, bis zu Skaara vorzudringen, der jedoch fest unter der Kontrolle des Goa'uld steht. Erst als Jack ihm schweren Herzens mit einer entwendeten Waffe der Jaffa starke Schmerzen zufügt, taucht seine Persönlichkeit für einen Moment auf. Doch nur wenig später dringen die ersten Jaffa in Skaaras Gemächer ein ...

Daniel und Carter erforschen weiter das Schiff. Sie gelangen in eine Art Observationsraum und betrachten durch die Scheiben das Weltall. Sie drehen sich stumm um und sehen einander an – das Schiff der Goa'uld muß wesentlich schneller sein, als sie gedacht haben, denn in einiger Entfernung, aber doch deutlich sichtbar, schwebt die Erde …

Fortsetzung folgt!

Kommentar:

● Obwohl inhaltlich eher eine der unergiebigen Episoden, handelt es sich bei IN THE SERPENT'S GRASP um einen starken, da ungemein spannenden Abschluß der ersten Staffel. Vor allem der Cliffhanger ist so raffiniert gesetzt, daß man unbedingt wissen will, wie es weitergeht.

● Mit IN THE SERPENT'S GRASP wird der Pilotfilm direkt fortgesetzt. Schon nach der Ausstrahlung des Piloten haben die Produzenten versprochen, man würde von Alexis Cruiz, dem Darsteller des Skaara, noch viel zu sehen bekommen. Sah dies zu Beginn nicht so aus, blieb er verschollen, kehrt er nun im Cliffhanger zurück und wird auf eine größere Rolle in der zweiten Staffel der Serie vorbereitet.

Bemerkungen:

● Ursprünglich hatte man als Episode 21 eine Folge namens PUBLIC ENEMY angekündigt, ein Cliffhanger war nicht geplant. Da die Serie in der zweiten Hälfte der ersten Staffel das Tempo deutlich anzog und sich von den ursprünglichen Geschichten, in denen das Kommando einmal pro Woche eine altertümliche Kultur besuchen mußte, weit entfernte, wurden einige Drehbücher vorläufig auf Eis gelegt.

AUSBLICK IN DIE ZUKUNFT

Was soll man über die Zukunft sagen, wenn sie so blendend aussieht? Von Anfang an hatte der TV-Sender Showtime 44 Episoden, also zwei Staffeln, geordert und für insgesamt fünf Staffeln eine Option bei den Produzenten hinterlegt. Während sich dieses Buch noch in Arbeit befand, gaben die Showtime-Redakteure grünes Licht für 44 weitere Episoden, womit 88 STARGATE-Folgen garantiert sind und sich bereits in Arbeit befinden. Großartige personelle Veränderungen sind nicht geplant.

Was die Geschichten betrifft, sollen diese actionorientierter werden. Besuche menschlicher Kulturen auf fremden Planeten – in der ersten Staffel vor allem in den ersten Episoden dominierend – werden in der zweiten Staffel deutlich zurückgefahren und werden noch weiter in den Hintergrund treten. Lediglich die Kultur der Goa'uld soll verstärkt beleuchtet werden.

Eines ist sicher: 88 Episoden geben den Autoren viel Zeit und Raum, die Rahmengeschichte weiterzuentwickeln. Man darf also gespannt sein, denn

Fortsetzung folgt ...

Danksagung

Danksagungen haben den Zweck, all jenen eine kleine Anerkennung zukommen zu lassen, ohne die ein Buch niemals entstehen könnte. Und immer wieder ist man als Autor überrascht, wie viele Namen am Ende in einer solchen Danksagung zusammenkommen. Tausendfach bedanken möchte ich, Christian, mich bei Claudia Kern, Kai Krick (glaube mir, die Wahrheit ist da draußen!), Uwe Tächl (besucht das TV Serien Central!!!), Lorenzo Zucchetti, Nicole Maly, Sven Schellack, Ingo Marzina, Sascha Westphal, Timothy Sonderhüsken vom Heyne Verlag, Frau Retter von Tele München, dem Comicland in Dortmund-Bövinghausen für unendliche Stunden des Stöberns, Michael Hühne und der Firma UUNET in Dortmund für ihren großartigen Support, Louisa Tayman von Warner Home Video, Candice Nutting (Thanx for all your mails!), Stephanie Thompson sowie D. Louise Baines für Informationen aus dem fernen Amerika, Christian Frank und Roland Heep. All jene, die ich vergessen habe, mögen es mir verzeihen.

Auch Claudia vergißt ihre Helfer nicht: Wie immer gibt es viel zu viele Leute, denen es zu danken gilt. Zuerst einmal ist da mein Koautor Christian, der mich eingeladen hat, mit ihm zusammen dieses Buch zu schreiben, und es hoffentlich auch nicht bereut hat. Tiefe Kotaus gehen an Torsten Dewi, den HAL 9000 unter den TV-Kennern, ohne den dieses Buch nur schwer hätte entstehen können, und an dich, Stephan, weil du ohne mit der Wimper zu zucken mein ständiges Gelaber über STARGATE ertragen hast.

Danke auch an all die Leute, die mit ihrem Wissen über die seltsamsten Dinge dieses Buch ein ganzes Stück interessanter gemacht haben: allen voran Per Inge Oestmoen, mit dem ich einen regen E-mail-Austausch über die Mongolen führte, Alexander White, der sich nicht nur mit Naturwissenschaften auskennt, sondern sie auch erklären kann, Gabi Bennemann, ihres Zeichens größter RDA-Fan auf Erden und eine Quelle des Wissens, und zu guter Letzt steht hier der mittlerweile traditionelle Gruß an die Mutanten vom Stern und noch ein herzliches Dankeschön an Sean Connery, nicht, weil er irgendwas zu diesem Buch beigetragen hat, sondern weil kein Buch vollständig ist, in dem der Name Sean Connery nicht mindestens dreimal erwähnt wird (einmal ist er ja schon im Episodenführer aufgetaucht ...).

Register

Die Zukunft in Gefahr

Iain Banks
Die Spur der toten Sonne
Roman
559 Seiten. Gebunden
ISBN 3-453-12901-1

Vor zweieinhalb Jahrtausenden tauchte in einem entlegenen
Sektor des Raums eine riesige schwarze Kugel auf, die eine uralte
Sonne umkreiste. Messungen ergaben, daß dieses Gestirn über
tausend Milliarden Jahre alt sein mußte, also mindestens
fünfzigmal älter war als unser bekanntes Universum.
Ein fulminanter Roman, der bis an die Grenzen des sprachlich
Ausdrückbaren vorstößt.

HEYNE